中世社会史への道標

阿部　猛　著

同成社　中世史選書　10

目次

中世社会史への道標

一　開発神話覚書

㈠　開　発

『常陸国風土記』　行方郡条が記す古老の伝える開発物語はあまりにも名高い。石村玉穂宮大八洲所馭天皇、すなわち継体天皇のときというから六世紀後半のこととされている。のちの行方郡の地に、箭括麻多智《やはずのまたち》と称する土豪がいた。彼は郡家の西の谷の葦原を伐り墾《ひら》開き田とした。そのとき夜刀の神が群をひきいてその場にやってきて、耕田を妨げた。夜刀の神は蛇身であって、頭には角が生えていたという。人は蛇を見ると、害を受けるのを恐れて争って逃げるのであるが、もし後ろをふり返って見る者あれば、家門は滅び子孫は絶えるといわれている。「見るな」のタブーである。

そこで麻多智は大いに怒り、甲冑をつけて仗（武器）を持ち蛇をうち殺し、逐い払い、山の登り口に行って、境界の標《しるし》とする梲《つえ》(1)を堺の堀に立てた。開墾地の限界、すなわち湿原の谷の終わり、山の入り口に堀をつくり堺としたのである。麻多智は夜刀の神に向かっていう。「ここより上は神の地とすることを認めよう。但し、ここより下は人の田とする。今後は、私は夜刀の神を祀る祝《はふり》となり、永く敬い祀るであろう。だから、われらに祟るな、恨むな」と。そして社を建てて祀ったという。これが現在の茨城県行方郡玉造町新田の夜刀神社というが、定かではない。

麻多智が開墾したのは一〇町余の田であったが、彼の子孫が代々これを相伝し、また社の祝を相承したというのである。麻多智の子孫は祝として奈良時代に至るが、その一〇町余から地子を徴《と》っていたのであろう。神官箭括氏の谷《や》地《と》支配の根拠は「古老」の伝える「神話」に存するのであり、もちろん「券契」などを根拠とするものではない。(2)

その後、七世紀半ば、難波長柄豊前大宮臨軒天皇、すなわち孝徳天皇のとき、茨城国造で郡領となった壬生連麿《みぶのむらじまろ》が、神の地とされた谷の奥の葦原を開発した。彼は谷の入口に堤を築いて水をせき止め、池を造成した。(3)麻多智の場合は堀を掘ったが、池は築造しなかった。池の築造には多大の費用と労働力を必要とする。この築造は壬生氏の資力を用いたものであろうが、彼の律令国家権力を背景とする官人の立場を考慮しないわけにはいかない。開発を妨げる夜刀の神に対して麿が「此の池を修めしむるは、要《むね》は民を活かすにあり、何の神、誰の祇ぞ、風化《おもむけ》に従はざる」といい、工事に従事する役民に対して「目に見る雑《くさぐさ》の物、魚虫の類は、憚り懼るるところなく随尽《ことごとく》に打殺せ」と命じているところから、これが天皇の権威を背景とする国家的事業であることがわかる。築造された池は椎井の池というが、これが現在の椎井池に当たるか否か明らかではない。

麿の開発については夜刀の神の抵抗があったというが、これは祝である土豪麻多智の子孫ら在地勢力の抵抗と見てよいであろう。麻多智による第一段階の開発は、その技術的水準からしても谷の入口までであって、神の土地の中に踏み入ることはできなかったが、麿による開発は天皇の権威と権力を背景として神の領域にまで入り込むものであった。(4)

摂津国多田荘　元禄四年（一六九一）に刊行された『多田満仲五代記』はつぎのように述べている。

寛和二年(九八六)七月廿五日、源ノ満仲朝臣ハ、多田ノ地ヲ定ントテ、龍馬ニ乗テ四方ヲ廻リ給フ、先ツ南ノ界ハ鼓瀧ト名ヅケ給フ所ニ至リ、大石ノ上ニ馬ヲカケアゲ玉ヘハ、馬ノ足跡石ニ深ク入ル也、ソレヨリ北ハ丹波ノ国ノ境杓子峠ニ馬ヲ駐メ、岩ノ上ニ打アゲ玉ヘバ、足アト又爰ニ残ル、此ヨリ南ハ多田ト定メ玉フ也

右の記述は、もちろん史実を伝えるものではない。しかし東西南北の四至を定めて、四至内の占有・開発優先権を主張するのである。(5) また、寛文八年（一六六八）の『多田院縁起』は、つぎのように記している。

醍醐天皇の御宇延喜十弐年（九一二）壬申四月十日王家に在御誕生、御年廿四歳、朱雀天皇の御宇、始而因賜源姓を、源家の元祖、施二徳を天下に一、名四海に聞へ、其後御歳五十八歳安和元年（九六八）、花洛を辞し、住吉の社へ御参籠在て、明神の霊夢を蒙り給ふ、其瑞相に曰、吾に可レ施白羽の鏑矢を、此矢汝可レ住所と云々、然るに御鏑矢多田庄に至る、此所は深山岑に廻りて、湖水湛たり、爰に九頭の大蛇すむ、満仲彼を退治して、多田庄七十弐箇村となし給ふ、夫より多田の満仲と号し、剰へ彼の大蛇を神と崇め、九頭明神と号す、則ち住吉明神の霊夢にまかせ、多田の里新田に御館を構へ、源氏の御氏神平野大明神を勧請し給ふ

多田満仲は住吉社（摂津一の宮）の神威を背景として猪名川上流の盆地（湿地）を開発した。湿地の主は九頭の龍（水神）であって、満仲一党は敵対する大蛇を神として祀ることによって水源を確保し、開墾田支配の永続を図ったのである。(6) 満仲による「開発神話」は、その子孫による多田荘支配の正当性の根拠となった。

この説話は、かの『常陸国風土記』の箭括麻多智が夜刀の神を祀った話と同類型である。多田荘の名が初めて史料に見えるのは、「執政所抄」（『続群書類従』公事）とされる。この史料は十二世紀前半に成立したとされ、藤原忠実時代の家政機構について記している。そこで多田荘は、五月の京極殿南御堂における懺法の続松《ついまつ》を一二〇把負担したと記されている。

すでに指摘されているように、多田荘の名が史料上に登場するのは、満仲による開発が行われたとする伝承の時期

から一世紀半あまりのちのことである。多田荘が摂関家領となった時期は未詳である。多田荘を実質的に支配した満仲とその子孫は、平安末期に至って、摂関家という後楯を得て、支配の永続を確かにするのである。[7]

播磨国久富保　鎌倉時代末期十四世紀に、播磨国矢野荘の悪党寺田法念が所有していたという五通の文書は、延久三年（一〇七一）から承徳二年（一〇九八）に至り、秦為辰なる人物による開発に関わる文書の案文である。かつて矢野荘について、初めて本格的な検討を行った宮川満は、「五通とも案文であり、若干難解な点があることや、それを所持していた法念が後述する如く悪党の張本人であったこと等から考えれば、これら文書には若干疑問の余地がある」と指摘していた。[8]秦為辰の久富保開発に関する文書群は多分に偽文書の疑いがある。にもかかわらず、従来の諸研究[9]は久富保開発の「史実」を再構成する史料として扱ってきた。

延久三年（一〇七一）六月二十五日付の大掾秦為辰辞案[10]は、掾分王の押妨について郡裁を求めたものである。押妨されたのは先祖相伝の屋敷地（畠地）であった。この屋敷畠に関連しては承徳二年（一〇九八）二月十日付譲状[11]が「久富保公文職并重次名地主職等事」として、「右、件所帯名田畠桑原等者、開発之私領也」といい、保延二年（一一三六）久富保田畠在家等が美福門院領として立券[12]されたのちも、公文名として寺田氏に伝領されたとしている。

承保二年（一〇七五）三月十六日付赤穂郡司大掾秦為辰解[13]と、同年四月二十八日赤穂郡司大掾秦為辰解[14]は、開発についての具体的な史料とされる。久富保の荒井溝（「件井溝雖レ有二昔跡一、破損之後二不立申（用カ）一、而経二年序一也」とある）の復旧のため、郡内の人夫を動員することを国庁に求め、為辰は五〇〇〇余の労働力を用いて溝の修復に成功し、荒田の再開発を成就した。その勲功によって「久富保字庄荒井溝荒田」の領知を認めてほしいと要求したのである。そして、具体的に彼が確保し息男為包に譲与したものは「久富保公文職并重次名地主職」であり、これを「開発之私領[15]」と称している。

十一世紀末における秦為辰による久富保の井溝の修復と荒廃田の再開発の「史実」は必ずしも明らかではない。それを伝える文書じたい疑わしいし、偽文書の疑いがある。真偽のほどは定かではないとしても、しかし明らかなことは、後世、秦氏の後裔と称する悪党寺田法念が、自らの在地における支配の正当性を主張するために、根拠として秦為辰による開発↓私領の形成の「神話」を持ち出したということは紛れもない事実である。

開発領主　根本領主とも呼ぶ。「開発領主」の呼称は平安時代には見えず、鎌倉時代以降の呼び名であるという[16]。よく知られているように、「沙汰未練書」は「御家人」を定義して、「往昔以来、開発領主トシテ、武家ノ御下文ヲ賜ハル人ノ事ナリ」とか、「本領トハ、開発領主トシテ、代々武家ノ御下文ヲ賜ハル所領田畠等ノ事ナリ」という。すなわち、在地領主が「所領の領主権の根源を祖先の手による開発において、その不可侵性を主張した」のである[17]。

長徳三年（九九七）九月十日、玉手則光は山城国上桂の所領一所を院女房大納言殿局に寄進したが、中司職は則光の子々孫々に相伝するとした。則光の寄進状案[18]によると、該所は桂津守が建立した地[19]で津守津公↓兼枝↓則光と知行してきた所であった。のち文和元年（一三五二）、玉手則光の末流は、中司（下司）田の一部を他に寄進したが、そのとき「右の田地は……先祖玉手則光かいほつりやうしゆ《（開発領主）》としてよりこのかたちうたいさうてん《（重代相伝）》」と記した。前述の如く、則光は事実上の開発領主ではなく、この「所」を「建立」したのは桂津守であり、津守津公↓兼枝そして則光へと伝えられたものであった。実際の開発者より三代あとの則光を以て「開発領主」と称して寄進したのである。「開発領主」は土地の寄進と深い関係にあることがうかがわれる。

開発には特権が伴う。少し例を挙げる。

豊後国都甲荘の地頭大神惟永は、屋敷堀の内の免許を求めて、寛元元年（一二四三）五月六波羅に申状を提出した[20]。それによれば、

惟家先祖左近大夫経俊朝臣開発之私領也、然間自二八代相承一以来、於二件屋敷堀内等一者、前々検畠之時、全以不レ被レ向二馬之鼻一

とある。先祖開発の私領で、八代相承の事実が、免許の条件であった。

仁治二年（一二四一）尾張俊氏は、重枝名・次郎丸名の両名について、開発以降数十代の領主であるといい、当国の習いとして甲乙の輩が相伝の領を以て国務以下の免除を蒙り諸社修理領に寄進するのは古今の流例であると主張した[21]。

十四世紀前半、東大寺領美濃国大井荘の下司職をめぐって紛争が起こった。大井荘は、成立の由緒不詳で、東大寺はつねに天平勝宝八年（七五六）聖武天皇によって勅施入されたと主張しているが、根拠のあるものではない。天暦四年（九五〇）の東大寺封戸并寺用帳[22]には、五二町九段余と記載され、嘉保二年（一〇九五）に見作田一八八町余と見え、平安時代から東大寺領であったように思われるが明確ではない。荘の下司職については、寿永二年（一一八三）大中臣康平（＝藤原康則）が補任され、これが養子の奉則に譲られた。しかし承元二年（一二〇八）康則の後家尼生蓮と女妙蓮は奉則の下司職補任に反対し争いとなった。相論の中で奉則はつぎのように述べている。

奉則先祖開二荒野一、寄二進東大寺御領一、被二庄号一之後、経二四百余歳一畢、於二下司職一者、自二寄進之初一、至二于相伝之今一、大中臣氏八代所二相伝一事也

と。右の主張を裏付ける文書・証文などはもちろん存在せず、伝承にすぎない[23]。

摂津国垂水荘の下司職について、先の下司重経が平家与党のため所帯を没収されたあと、采女出雲房が「先祖開発之地、下司重代之所也、任二根本々主之旨一、欲二宛給一之[24]」と求めた。時代はさかのぼるが、保元二年（一一五七）三月八日付の左衛門督家政所下文は「依レ為二地主一、補二任下司職一」として源義重に上野国新田荘の下司職を与えた。こ

こにいう「地主」とは開発地主のことである。「以二開墾人一為二地主一」[25]「無主荒野以二荒墾之人一為レ主者、古来之恒典也」というのである。元亨三年（一三二三）三月尾張国長岡荘預所宛行状[26]は、「以二開発□(之)輩一、各々永代所二補任一也、但彼公用之足者、自二当年一至二于五ケ年一、彼荒野有レ限年貢一円所レ免也、自二六ケ年一者、□(随)二開発分限一、遂二検見一可レ備二進御年貢一」と述べている。開発後三年の間所当年貢が免除されるのは古代以来の例であった。永仁三年（一二九五）播磨国福井東保では「常荒令二開発一之後、参箇年之間、不レ可レ有二所当一、其後成二本田一、可レ備二公平一」[27]とされていた。

(二) 券文

先祖の地本券なし　「不動産物権の売買にあたって、売主が該物権の正当な権利者であることを証明する証文が買主に引き渡され」るが、副進すべき証文の存在しないとき、売主がはなはだしく不利な立場に立たされたことは想像にたやすい。にもかかわらず、「本券無レ之」「於二本券一無レ之」と公言してはばからぬ売券の存する事実を何と考えたらよいのか、すでに笠松宏至の著名な論文[28]がある。あとをなぞるようになるが、少し例を挙げてみる。

　貞観十二年（八七〇）四月二十三日付の某郷長解[29]に「望請依レ式立二券文一、但従来祖地無レ有二本券一」と見える。また、嘉祥二年（八四九）十一月二十一日付の秦鯛女立券文[30]に「右件地、故夫秦黒人先祖地者、然則無レ有二本券一」といっている。同年五月二十日、大宮伊治らは先祖相伝の私領田一段を直銭八貫文で対善首座に永代売り渡したが、「但証文事者、曩祖開発之条無レ之」と記している。同類のものをさらに挙げると、嘉元三年（一三〇五）十二月十一日永吉売券[31]は「但於二此地一者、無二本証文一、其故者永吉之先祖重代為二開発主一間、今更無二本証文一」といい、暦応四

年（一三四一）七月二十一日源駒五丸寄進状[32]は「依㆑為㆓開発進止㆒、於㆓本券㆒者無㆑之」といい、文和二年（一三五三）正月二十五日売券[33]は「於㆓本券㆒者、為㆓自名㆒之間自㆑元無㆑之」、嘉元元年（一三〇三）十二月十二日売券[34]は「於㆓此地㆒者、依㆑為㆓屋敷㆒無㆓本券㆒」という。

このほか、「本券なし」と称するのは、対象の地が巷所である場合[35]、屋敷である場合[36]、山の場合[37]、百姓職である場合[38]などに見られる。また、つぎのような場合、正和五年（一三一六）三月十四日、某国氏は熊野の出挙銭一〇貫文を借りて質物に京内の家地を入れたが、

たゝ《（但）》しこのてつき《（手継）》候てハ、こんほん《（根本）》かいとり候四郎くにふさ、その子くにきよ、その子くにうち《（国氏）》、いつれもみなひとり子にて候あいた、又あらそふへきかたなきによりて、いまにいたり候まてへちにてつき《（手継）》といふ事候はす候[39]

と文書にある。「相続人の間や、他の第三者と紛争の予想されない状態に於て、手継はつくられなくて不思議はない」[40]のである。

本券文のない場合は、売買に当たっては新券文を立てるのである。売買に際して作られる売券を新券文とするのである（「依㆑無㆓本券㆒、立㆓新券㆒」）。「従来祖地、無㆑有㆓本券㆒」と、本券文のないことを当たり前のように主張する文言を見れば、元来、券文など存在しなかったのではないかとさえ思われる。

文書主義　しかし「凡田地領掌之道、以㆓公験㆒為㆑本、以㆓子子孫孫㆒為㆓規模㆒、古今不易之例也」[41]とか「田地所領領掌之道、以㆓証文㆒為㆑先」[42]「田地以㆓公験㆒為㆑魂」[43]という文言があり、わが国中世社会において証文の果たす役割の重要さが示されている。中世社会を文書主義の時代と呼ぶこともある[44]。

領主の許に集積される公験の多い例として例えば天永二年（一一一一）十一月二十一日伊賀国黒田杣文書目録注進状案[45]を挙げることができる。

□通　六代手継十四枚 実遠、信良、三子、隆経、保房、実誉
一通　三子消息并嫡子平致遠田請文并消息等三枚
□通　五代国司庁宣十九枚 親房、清家、祐俊、孝言、遠宝
□通　東大寺政所下文八枚 法印慶信、法務経範、前律師永観、権少僧都勝覚
□通　陽明門院庁下文二枚
一通　被停止則綱父宣綱相論宣旨七枚 三ヶ度
一通　被停止国司妨宣旨案文二枚 於正文者被下国畢
　已上七通寺僧実誉所帯文書

田地ではなく宅地の場合であるが、建保三年（一二一五）四月二日平某家地売券(46)は一戸主の地を藤原惟貞に沽却したものであるが、「本公験十五枚并新券文相具」して買人に渡している。

紛失状を立てる　まず史料を掲げる。

勧修寺辺水田紛失状事
　合壱段小者 在下小野十九坪
　四至 限東大路　限西岸　限南小岸　限北中畔　於本役者政所升一斗
右件田者、橘国光相伝私領也、雖レ然、於二代々本券手継等一者、去承元四年九月十四日夜火難焼失之了、其後、依レ無二其用事一、不レ及レ立二紛失之状一、然今依レ令レ沽二却田一お、始天立二紛失之状一畢、爰以雖レ為二後々代々一、更以不レ可レ有二其異論一者也、故為レ備二向後亀鏡一、立二紛失証験一之状如レ件

文応元年庚申　五月　日　　　孫子橘則弘（花押）

依レ為二寺内一在地明白、加二署判一、

助入道（略押）

新地万（花押）

宮沙汰人僧行光（花押）[47]

火災にあったのは承元四年（一二一〇）で、文応元年（一二六〇）まで五〇年たっている。紛失ののち「依レ無二其用事一、不レ及レ立二紛失之状一」と記されている通り、この間に、国光から則光の手に水田が渡るまで、文書は作成されなかったことになる。いわゆる「無二券文一相続」が行われたのである[48]。文応元年に水田を売却するので紛失状を立てたのである[49]。紛失状については、ふつうつぎのように解説されている。火災あるいは盗難によって文書が紛失し、あるいは文書が効力を失った場合[50]、その文書の無効を宣言してそれに代わる案文を作って、それに社会的権威の確認を求める。このような手続きを経た案文が紛失状で、それ以後、紛失状が正文に代る働きをする[51]。確認する主体は時代により地域により異なるが、京職・記録所・検非違使・国司・郡司・郡老・刀禰・惣・乙名・寺の三綱・国の守護・近隣の地頭などが与判、証判を与える。

天喜五年（一〇五七）四月三日、河内国龍泉寺の氏人宗岡氏は寺の敷地・所領紺口荘の水田・氏人の家地・山一処を列記し、国および在庁官人による確認を求めた[52]。それによれば、承和十一年（八四四）の頃、氏長者公重が強盗に殺害され、住屋が焼亡したとき、調度文書も焼失した[53]。残る氏人と僧らは子細を記して寛平六年（八九四）三月五日国に訴え、国判を得て寺領であることを確認してもらった[54]。そして天喜五年に至り、証判を給い後代の公験としたいと願ったのである。いかなる事情があったのか、焼亡から最初の確認を得るまでに五〇年、その後再度の確認を得るまでに一六〇年余を経ている[55]。

紛失状の信憑性

永長二年（一〇九七）八月二十八日興福寺政所下文案[56]・同年十月十六日興福寺政所下文案[57]・同年十月十七日栄山寺牒案[58]などによると、大和国の栄山寺では、別当実昭が死去したとき、弟子の良昭が調度文書を奪って行方をくらました。これにより、本寺興福寺別当一乗院権僧正増誉の代に、郡の図師僧永真を召して寺領の坪付を作らせ、それによって数年来領知してきたが、永長二年春になって「度々官符・民部省勘文・代々国判等」が出てきた。永真が作成した坪付と対校すると「十五六町」が記載洩れになっていたことがわかった。そこで栄山寺はあらためてその坪を記して、寺領としての確認を大和国に求めたのである。

もっとも、永真の作った坪付については、当時から、とかくの風聞があった。しかし、公験も存在しないことであるから、いかんともし難く、数年を過ごしたのであった。案の定、記載洩れのあったことが明白になったのであるが、これは図師永真の単なる誤記より生じたものではなく、「田堵等同心、似$_{二}$謀計$_{一}$」と寺側は述べている。寺としては、不審には思ったものの拠るべき公験を失ったのであるから、「偏任$_{二}$彼口状$_{一}$」せて領知せざるをえなかったのである。

紛失状の内容を確認するための国・郡等の証拠書類が整っている場合は問題はないが、文書などに拠らず、「口状」[59]によって証拠だてる場合、その信憑性が当然問題となる。「在地随近」の者の証言が重んじられるのであろうが、栄山寺領の場合のように、在地の田堵らが自己の利害にかかわって偽証することも当然考えられるのであって、ことはひと筋縄ではいかない[60]。

注

（1）　境界の標《しるし》としての梲《つえ》については、柳田國男「地名の研究」（『柳田國男全集20』ちくま文庫、一九九〇年）二一四頁以下、

赤坂憲雄『境界の発生』（砂子屋書房、一九八九年）一二七頁以下参照。

（2）延喜二十二年（九二二）四月五日和泉国大鳥神社流記帳（『平安遺文』一巻二一八号）は、史料としての性質に疑問の存するものであるが、その記述の中に、

正三位井瀬社一所　庄（座カ）大鳥里卅《廿》五坪内

神田参段　勅施入　敷地一段　同廿三坪二段　川堰一所　字大鳥井　法尻（ママ）田一百余町

但、以二禰宜一為二井司一、以レ祝為二井守一々云　堰庭料田壱町　在二郡里卅四坪一　人々不二寄作一

とある。禰宜を以て井司、祝を以て井守とするこのあり様は、箭括麻多智による開発神話と重なるものである。

（3）郡の南の男（小）高里でも、国宰当麻大夫のとき池の築造が行われたといい、この池は小高の俗称エムスガ池という。池の造築とは、当然のことながら谷川の流れをせきとめて行うものである。『出雲国風土記』神門郡古志郷の項に「即属二郡家一、伊弉奈彌命之時、以二日淵川一築二造池一之爾時、古志国人等、到来而為レ堤」とある。新田の開発には用水の確保が伴う。その方策のひとつが溜池の築造である。中世の用水池の築造については、宝月圭吾「中世における用水池の築造について」「中世売券よりみた池灌漑について」（『中世日本の売券と徳政』吉川弘文館、一九九九年）がある。平安の末、応保年中（一一六一—六三）に穀倉院領播磨国小犬丸保で、平頼盛と時の国司が共謀して布施郷を立荘したとき、小犬丸保の水田以外の山林畠地悉くを押領した。保側はもちろん抗議したが、力づくで割き取られてしまった。保民たちは訴え出て、およそ畠地を点定されて何処に土民の住まいを置いて課役を勤仕すべきか、池を押領されてしまって、いかなる水を以て作田を養うべきか、在家を点定されてしまって誰人を以て保の田を耕作すべきか。当保は旱損の地であり、池水を欠かすことはできない。往古に土民らが計略をめぐらし、功力を尽くして池を築造したのである、と訴えた（建久八年四月三十日左弁官下文「続左丞抄」第一）。また、和泉国池田荘上方箕田村の百姓沙汰人連署契状（『鎌倉遺文』二十四巻一八四五八号）によると、承元年中（一二〇七—一一）に梨子本池を造って河より西側の水田を耕作してきたが、池水不足により毎年旱損に遭ってきた。そこで松尾寺に申し入れて寺領内に新池を築造し、この水で「助二旱田一」け、また新田三町を開きこれを寺に寄進した（『鎌倉遺文』二十四巻一八四五八号、永仁二年正月十八日契約状）。契約状に署判した人びとの名前とその権利継承者の一覧が残っている（同・

一八四六〇号)。

(4)『常陸国風土記』の場合、開発の主体を祝とし、大鳥神社の場合も、禰宜・祝が用水の管理権を握っていたことが認められ、開発主体も禰宜・祝の祖先と考えられる。これに対して、在地の土豪による開発の伝承が消えてしまうと、その田は神が開発したと説明される。『播磨国風土記』託賀郡荒田の項は、「此処在レ神、名二道主日女命一、无レ父而生レ児、為三之醸二盟酒一、作二田七町一、七日七夜之間、稲成熟竟」と記す。

(5)土地占定の方法については、いくつかのパターンがある。『播磨国風土記』では宍禾郡御方里の条に、地名のいわれについて記述がある。「御方と号くる所以は、葦原の志許乎の命と天の日槍の命と、黒土の土志爾嵩に到りまし、各黒葛三条を足に著けて投げ給ひき、一条は但馬の気多の郡に落ち、一条は夜夫の郡に落ち、一条はこの村に落ちき、故三条といふ。天の日槍の命の黒葛は、皆但馬の国に落ちき、故但馬の伊都志の地を占めてまします。一云わく、大神、形見として御杖をこの村に植へ給ひき、故御形といふ」と。黒葛を投げて、到着した地点を限りとして「占地」するのである。もちろん、これは史実ではなく、土地占定に関する類型的物語の一つにすぎない。法隆寺領播磨国鵤荘の場合は、荘園の範囲を示す牓示石がいくつか現存しているが、牓示石は聖徳太子の投げ石と呼ばれている。領域を定めるために聖徳太子が指で石を弾き、石の落ちたところを境としたのである。領域を定めるために何か物を投げる話は古くからある(谷岡武雄『聖徳太子の牓示石』学生社、一九七六年)。

(6)多田氏の開墾地が無人の荒野であったわけではない。この盆地には条里制施行の跡も認められるといい、古くから人びとが住みついていたのである(『かわにし』川西市、一九七四年、第一巻、第四章)

(7)多田盆地に居を据えた満仲は、清和天皇の曾孫に当たり、名門の出ではあったが、摂関家の手足となって働く武家の棟梁であった。左大臣源高明を失脚させた安和の変(九六九年)でひと役買ったことはよく知られている。彼は武士団の棟梁であるとともに、常陸介・武蔵守・摂津守・越前守・伊勢守・陸奥守および鎮守府将軍を歴任し、位階も正四位下まで陞った中流の貴族であった。多田に館をつくったが、郎等らは四、五百人に及んだ。それは①館ノ方ノ郎党等共、②宗とある郎等共、③眷族、④年来仕りける親しき郎等であった。①は満仲の館に住み、満仲の身辺の守護に当たる。②は館の周辺に住む郎等であろう。③は子どもなど肉親や一族。④は永年にわたり仕えてきた服心の者どもである。吉村亨「摂津国多田荘の開発と中世の郷村」(『中世地域社会の歴史像』阿吽社、一九九七年)参照。

(8) 宮川満「播磨国矢野荘」(柴田実編『庄園村落の構造』創元社、一九五五年)一八頁。

(9) 矢野庄についての研究は、宮川満論文のほか、戸田芳実「在地領主制の形成過程」(『日本領主制成立史の研究』岩波書店、一九六七年)、竹内理三「保の成立」森克巳博士還暦記念会編(『対外関係と社会経済』塙書房、一九六八年)、永原慶二『日本の中世社会』(岩波書店、一九六八年)、義江彰夫「保の形成とその特質」(『北海道大学文学部紀要』二二─一、一九七四年)、網野善彦「荘園公領制の形成と構造」(『日本中世土地制度史の研究』塙書房、一九九一年)、上島有「鎌倉時代の播磨国矢野庄について」(『古文書研究』七・八合併号、一九七五年)、久保田和彦「十一~十二世紀における国司・国衙権力の国衙領支配」(『日本歴史』三八七号、一九八〇年)、木村茂光『日本古代・中世畠作史の研究』(校倉書房、一九九二年)など。

(10) 『平安遺文』三巻一〇五九号。

(11) 同右・四巻一三八九号。

(12) 同右・五巻二三三九号。

(13) 同右・三巻一一〇九号。

(14) 同右・三巻一一二六号。

(15) 同右・四巻一三八九号・承徳二年二月十日譲状案。

(16) 『平安時代史事典』(角川書店、一九九四年)「開発領主」の項(大饗亮執筆)。

(17) 戸田芳実・前掲書(注9)一九二頁。

(18) 『平安遺文』二巻三七三号。

(19) この地は淀川(桂川)べりの津(河岸《かし》)であろう。

(20) 『鎌倉遺文』九巻六一八七号。

(21) 同右・八巻五八〇八号・仁治二年四月二十四日官宣旨案。

(22)『平安遺文』一巻二五七号。
(23) 竹内理三『寺領荘園の研究』(畝傍書房、一九四二年) 一八三頁。中村直勝『荘園の研究』(星野書店、一九三九年) 一八六頁。
(24)『鎌倉遺文』三十二巻二四九四二号・正和二年八月七日六波羅下知状。
(25)『平安遺文』六巻二八七五号・保元二年三月八日左衛門督政所下文。
(26)『鎌倉遺文』三十七巻二八七一〇号。
(27) 同右・二十五巻一八九四三号・一八九四四号。
(28) 笠松宏至「本券なし」(『日本中世法史論』東京大学出版会、一九七九年)。
(29)『平安遺文』一巻一六三号。
(30) 同右・一巻九二号。
(31)『鎌倉遺文』二十九巻二二四一三号。
(32)『高野山文書之二』九九号。
(33)『勝尾寺文書　一』五〇四号。
(34)『高野山文書之三』六八六号。
(35)『鎌倉遺文』八巻六〇六〇号・仁治三年八月十八日海包末永作巷所売券案。「但雖㆑須㆓本証文等相具㆒、依㆑為㆓巷所㆒、不㆑能㆓相副㆒」とある。
(36) 同右・二十八巻二一七〇三号・大中臣重房屋敷田売券、「於㆓此地㆒者、依㆑為㆓屋敷㆒、無㆓本券㆒」とある。
(37) 東大寺文書四―七四・永和三年十二月十一日売券。
(38) 東寺百合文書メ、応安二年十一月三日売券。
(39) 石井進編『長福寺文書の研究』(山川出版社、一九九二年) 一三六号。
(40) 笠松宏至前掲書(注28)二七八頁。

(41)『平安遺文』六巻三〇一九号・平治元年八月十三日僧義海申状。
(42)『鎌倉遺文』八巻五七二三号・仁治元年十二月日摂政家政所下文。
(43)『平安遺文』七巻三四九九号・仁安四年三月二十二日高乃末武畠地売券。
(44)西谷地晴美「中世的土地所有をめぐる文書主義と法慣習」(『日本史研究』三二〇号、一九八九年)。建久三年(一一九二)六月、藤原氏女は左京七条一坊十五町西十二行北七八門内自七条坊門北自匣毛東坊門面の一戸主の地を、直銭二〇貫文で大膳大夫業忠朝臣に沽却した(『鎌倉遺文』二巻五九九号)。その際彼女は、領有の正当性を示すために、①「相伝私領」であること、②「有由緒」ること、③「調度文書相具」すること、④今まで「全以無他妨」きことを記し、そのうえで「本券十四枚并新券文相具」して売却した。のち、同じ宅地について、平某は「本公験十五枚并新券文相具」して判官代左兵衛尉平朝臣に売却している(同・三巻二一五四号)。ことごとしく十数通の手継ぎを副えて売却するのは都の宅地の場合に著しい。
(45)『平安遺文』四巻一七五六号。
(46)『鎌倉遺文』四巻二一五四号。また、応永十六年(一四〇九)四月十六日、僧頼宥は、紀伊国荒川荘内の田地三段を吉川大刀帯左衛門に売ったが、このとき、本券一六通と売券二通を買人に渡している(『高野山文書之三』七二三号)。
(47)同右・十二巻八五一八号。
(48)菅野文夫「本券と手継—中世前期における土地証文の性格—」(『日本史研究』二八四号、一九八六年)。
(49)売券は『鎌倉遺文』十二巻八五一七号。
(50)例えば雨にぬれた券文である。乾元二年(一三〇三)二月十日付で如伊女は大和国山辺郡十一条三里三十一坪にあった三段の水田を実樹院に売却した。代価は米四石五斗であった。その際、もちろん券契を買人(実樹院)に渡すべきところであったが、三段のうち二段分の券契は、以前借金をして質に置いたところ、質屋の雨もりでぬれてしまい「朽損」してしまった。そこで売買両者合意のうえ、その効力を破棄し、如伊女の所持する処分帳を証拠書類として新たに券文を立てるとした(『鎌倉遺文』二十八巻二一三五六号)。
(51)佐藤進一『古文書学入門』(法政大学出版局、一九七一年)一五頁。

(52)『平安遺文』三巻八五五号。

(53) 承和十一年(八四四)十一月二十日付の河内国龍泉寺資財帳写(『平安遺文』十一巻補二四八号)なるものがあるが、前欠であり、おそらく紛失状というべきものであろう。寺領などを列記したあとに、調度本公験紛失の事情が書かれ、刀禰らの保証が与えられ、さらに在方の証判が加えられているが、竹内理三もいうように、偽文書の疑いがある。

(54)『平安遺文』十一巻補二五七号。

(55) なお、例を追加すると、正治(一一九九—一二〇一)頃、伊賀国黒田荘と長瀬荘の間に堺相論があった。これについては、藤井崇「伊賀国黒田荘と大和国長瀬荘の堺論」(『日本社会史研究』四九号、二〇〇〇年)に詳しい。相論の対象となった土地のひとつが「唐懸」と称される開発田であった。この地について黒田荘民は「件田開発之時代、庄内古老之輩一切所レ不二見知一之云々」と述べている(『鎌倉遺文』二巻一〇七五号)。開発は、古老たちも見知らぬ昔だったのである。

(56)『平安遺文』四巻一三八四号。

(57) 同右・四巻一三八五号。

(58) 同右・四巻一三八六号。

(59) 文書によらない口頭での証言である。正嘉二年(一二五八)三月二日教忍起請文(『鎌倉遺文』十一巻八三五四号)は、「雖レ有二自余之言一、不レ能二巨細注進一候、但為二口状譲一之間、一寺大衆令レ致二御不審一給之条、頗以勿論歟、仍為レ散二御疑一、所レ令レ書二進起請文一也」とある。口状が信憑性を疑われること、文書による証言の確かさが示されている。

(60) 紛失状における、随近の刀禰・古老らの証言は、盗難に遭って紛失とか、火災・戦乱などによる紛失の事実に言及するに過ぎず、所領の在所・坪付の内容に及ぶものではない。

二　官衙領の成立

(一)　はじめに

令制中央官衙の財政は、本来国家機構それ自体の一部として、諸国から送進される調・庸と乗田（公田）地子および諸国正税の一部を割いた年料舂米等、また諸交易物等によって賄われる。それらは、調を扱う大蔵省と庸を扱う民部省の倉庫その他に集積されて、必要に応じて消費される。この限りでは中央各官衙の財政は国家財政に密着している——というより、国家財政そのものである。ところが九世紀になると、各官衙がそれぞれ独自の財源を持ちはじめたことが史料から明らかになる。すなわち官衙財政独立化の傾向である。いわゆる諸司田がそれである。諸司田（諸司公廨田）はすでに八世紀においても存在した。天平宝字元年（七五七）に大学寮・雅楽寮・陰陽寮・内薬司・典薬司等に公廨田が与えられたが、これは諸生の衣食の費用に宛てるものであった(1)。大同三年（八〇八）には左馬寮に水田二四七町余・陸田一七町余を、右馬寮に水田二四五町余・陸田一七町余を与えたが(2)、のち『延喜式』（巻四八）の記すところでは、

大和国京南庄并率川庄墾田廿四町一段一百卅五歩（佃十六町一段一百卅五歩）

というように、純然たる馬寮領荘園の形態をとっている。天長年間（八二四―三三）に大学寮・斎院司・陰陽寮以下諸官衙に、かなりの量の土地を与えたが、その大部分は荒廃・空閑地であった（『類聚国史』巻一〇七）。[3]各官衙は、それぞれ寄作人を徴募して経営に当たったのであろう。この傾向は、皇室はじめ王臣家以下が大土地所有者となる平安初期の状況にあい応ずるものであり、各官衙が大土地所有の主体になることである。

このことを明瞭に示す例をさらにあげるならば、貞観六年（八六四）内蔵寮が菅原朝臣幽児から田畠荒野等九町二段余を代価一九四貫で買得し（『平安遺文』一巻一四三号）、筑前国博太荘を故高子内親王家から買得したことがある（同・一巻一五七～一六二号）。また貞観十四年の貞観寺田地目録帳（同・一巻一六五号）によると、同寺領遠江国市野荘は、もと内蔵寮荘園だったのを貞観六年に施入されたものであった。官衙領が寺領に転用されたのであるが、このことは、官衙領といえども他の寺社領・貴族領荘園と何ら異なるものではないことを示している。下って十一世紀末、藤原宗忠の『中右記』には、恪勤の侍である信高なるものが、内蔵寮領蟹谷荘の荘司の職を所望して為章なるものと争ったことが見えるが（承徳元年八月二十五日条）、これも内蔵寮が荘園領主であることを証する。

しかし、官衙領の成立を考えるうえで、最も画期的な事柄は、元慶三年（八七九）の官田の設置と、それの各官衙への分配である。この問題についてはすでに幾つかの論文が発表されていて、[4]ほとんど尽されたかの感がある。[5]そこで当面詳しくふれることはさけるが、月料・要劇料・番上料等の米穀給与を田地の支給にきりかえたもので、のちの畿内における官衙領形成の主要な基礎をなしたものであった。

以上の如き、諸司公廨田・官田等の賜与田の荘園化は、いわば寺社における寺田・神田の荘園化と軌を一にするものであるが、一方、正税・交易物等の諸収納物の荘園化[6]のコースも当然予想される。つぎに扱う大粮便補による荘園の成立はその一例である。

㈡　大粮米

『延喜式』（巻二三）に「年料租舂米」の項があって、それを差出す国として、尾張以下一八か国の名が見える。国名および負担量は表1の如くである。しかして、これらは「以二租穀内一舂収、随二官符到一」って進納するが、精代[7]および運賃には正税を用いる。「随二官符到一」とあるように、これは正税臨時用の一種である。この年料租舂米は（全部かどうか不明だが多くの部分）大粮（公粮）に宛てられた。延喜二年（九〇二）三月十三日太政官符（『類聚三代格』巻十五）はそれを考える史料となる。

応レ禁二止租徴穎一事

参河　遠江　近江　美濃　若狭　越前　加賀　丹波　播磨　美作　備前　備中　備後　伊予　讃岐　土佐

右式云、国内官稲数少、出挙雑用不レ足者、預前申レ官、聴二当年租収レ穎、諸封戸租亦聴レ収レ穎者、諸国須二出挙一雑用不レ足者以収レ穎者、先申二其状一、随レ裁収レ之、而偏見二式文一輙称レ徴レ穎、不レ行二大粮一、無レ宛二封租一、其尤甚者不レ労二言上一、晏然平居、雖レ加二譴責一再三申請、爰事不レ獲レ已開二不動倉一行二大粮料一、以二正税穀一宛二封租代一、公損之甚莫レ過二於此一

ここに挙げられている一六国は、尾張・安芸二国が脱けているほかは、『延喜式』の租舂米所出国と一致する。すなわち、薗田香融の推測の如く[8]、「大粮を行なわず」とは、租舂米を出さないということである。寛平十年（八九八）二月二十七日太政官符（同・巻十四）は「応三前司任終年雑米惣返抄令二後司弁請一事」を命じたものだが、「諸司租舂大粮」とか「租舂大粮」という表現を用いている。また延喜十一年（九一一）二月二十五日太政官符（『政事要略』

巻五十七）に、

右検二案内一、別納租穀之数、去延喜七年十一月十三日毎レ国立レ限、田租舂米之国、同十年六月十九日改定畢、又年料交易雑物、詳載二式条一、而或国司等乖二違格式一、不レ割二置別納之数一、不レ勤レ備二租舂之色一、位禄王禄度レ年不レ行、諸衛大粮逐レ日難レ納

とあるのによれば、租舂米が大粮米に当たること疑いない。

大粮とは、『延喜式』（巻十一）太政官式に「大粮者毎月十六日申二太政官一、廿日官符下二民部一、廿二日出給」とあり、同（巻二十二）民部式に「凡給二公粮一者、本司毎月十一日録移二送省一、省惣勘録、十六日申レ官、待二印書到給一、但六・九・十二合三箇月、以二十三日一為二申省期一」とある。すなわち、毎月所司の下級官人に与えられるものである。租舂米の成立時期は不明だが、前掲寛平官符により、寛平十年以前の存在は明らかである。延暦年間の成立と考える説(9)もあるが確証はないようである。

官衙が大粮（公粮）下行を請う大粮申文は奈良時代のものが現存し、その様式をうかがうことができる(10)。先の『延喜式』の文でも明らかであったが、大粮米は民部省から給与される。ところが、九世紀以来、おそらく特定国に特定官衙の大粮を負担させるようになっていたと思われる。承和十三年（八四六）十月五日太政官符（『類聚三代格』巻十六）に引く左兵衛府解は、「頃年府粮被レ行二縁海之国一、而依二件例一令レ輸二勝載斛別五合一、有レ限之粮因レ茲而闕」といっており、承平七年（九三七）十月十六日太政官符（『政事要略』巻二七）によると、諸司は大粮を貢進した国司に

表1

国　名	数量(石)
尾　張	1000
参　河	1000
遠　江	1300
近　江	2000
美　濃	2300
若　狭	800
越　前	1300
加　賀	1300
丹　波	1000
播　磨	2000
美　作	1000
備　前	2000
備　中	1000
備　後	1000
安　芸	1000
讃　岐	2000
伊　予	2000
土　佐	500
合　計	2,4500

返抄を与えるようになっていたらしいが、ここでは特定国の固定が考えられる(11)。

『日本紀略』(後篇巻六)天延三年(九七五)六月十六日条には、諸国が大粮米を下行しないので、六衛府の官人以下舎人以上のものが陽明門に参訴したことが見える。すなわち、

六衛府官人以下舎人以上著二束帯一、愁下申諸国不レ下二行大粮米一之由上、忽無二裁許一之間、立二平張於陽明門一、著二弓箭一、訴申之、被レ問二先例一、無二此例一、仍壊二平張一畢、愁申事、召二問在京国司一、可レ令二裁許一者

ところで『今昔物語集』(巻第二十八)の「越前守為盛付六衛府官人語第五」には、右と似た話がある。

今昔、藤原ノ為盛ノ朝臣ト云フ人有ケリ、越前ノ守ニテ有ケル時ニ、諸衛ノ大粮ヲ不成ザリケレバ、六衛府ノ官人下部ニ至ルマデ皆発テ、平張ノ具共ヲ持テ、為盛ノ朝臣ガ家ニ行テ、門ノ前ニ平張ヲ打テ、其ノ下ニ胡床ヲ立テ、有ル限リ居並テ、家ノ人ヲモ出シ不入ズシテ責メ居タリケリ

と記している。六衛府の大粮の一部は越前国から納入されるものだったのであろう。右に見える藤原為盛(12)は実在の人物であって、越前守をつとめたことがある。その略歴は次の如くである。

父は参議安親、藤原能信家の家司で、長保二年(一〇〇〇)十一月三日「□野介」とみえ(『権記』)、長和二年(一〇一三)三月三十日「前加賀守」、同五年五月十八日「五位」、治安元年(一〇二一)七月二十六日「五位」とみえ、万寿五年(一〇二八)四月五日の除目で越前守に任じ、長元二年(一〇二九)閏二年五日、在任のまま卒去した(『小右記』(13))。

もし、『今昔物語集』の記すところが史実とすると、事件は万寿五年六月のこととしなければならない。しかし、為盛は四月五日に越前守に任じたばかりで、はたして史実たるか、疑わしいようにも思われる。

長保元年(九九九)四月一日衛門府月奏文(『平安遺文』二巻三七五号)〔補注1〕は、前月(閏三月)の間の、番長以下府

掌以上のものの勤務状況を記したものであるが、そのうちに、諸国大粮使に任命されたもののあることが記されている。記載例を挙げると、「番長秦則忠　美作国当年大粮使、結解勘定未署了」「住吉世忠　安芸国去長徳元年大粮使、預物未究進」等である。同月奏文にみえる派遣国名を年度別に記すと次の如くである。

長徳元年（九九五）〜安芸
長徳四年（九九八）〜備前・備中・周防・美作・讃岐
長保元年（九九九）〜越前・加賀・美作・播磨・土佐・備前・備後・丹波・周防・近江・美濃・伊予・讃岐

重複するものを除くと一五か国（○印）を摘出できる（このうち周防国は、『延喜式』の年料租舂米一八か国の中に見えないものである）。

特定官衙に特定国の大粮を宛てる制の存在を明瞭に示す史料は幾つかあるが、大江匡房の『江家次第』には「諸司諸衛有定国（中略）近代諸司院宮、不レ待二官符一成二催牒一、請二国物一」とある。すなわち、各官衙が、大粮米をその所出国に直接に催促することが行われたのである。

右近衛府移主計寮
納畢米参佰斛状
右播磨国当年大粮米相二加精代雑賃一所二納畢一、如レ件、以移
長承四年二月十七日　府生　惟宗
権中将藤原朝臣[14]

右の史料も、大粮米所出国の固定を示すであろう[15]。

国司が必ずしも順調には大粮米を納入しなかったこと、先述の越前守為盛の例にも見えたが、すでに早く延喜二年

（九〇二）三月十三日太政官符（『類聚三代格』巻十五）にも見える。すなわち、「国内官稲数少、出挙雑用不足」のときは、田租を穎稲で収納することを許したのをよいことにして、諸国司らが、穎稲を徴すると称して大粮米や封戸租を送付しない（大粮米や封戸租は穎稲ではなく穀稲だから）[16]。そこで、やむをえず不動穀を用いて大粮米に宛て、正税穀を流用して封租代に宛てるという事態が九世紀末には起こっていた、というのである。また延喜十一年太政官符（『政事要略』巻五十七）は、「諸衛大粮逐レ日難レ納、加之年料交易物頻言二上正税用尽之由一、曾無二貢進物実之勤一、恣充二国中之雑用一、既忘二公用之闕乏一」といっており、保延元年（一一三五）七月二十七日藤原敦光勘申（『本朝文粋』巻二）にも「諸国大粮充行惟稀、台隷之輩、衣糧難レ支」と述べている[17]。

以上、大粮米について概述したが、その便補によって官衙領の形成を見た実例を、次に主殿寮の場合によって考察する。

(三) 主殿寮領

主殿寮は宮内省被官で、その職掌のうちに「燈燭」のことが含まれている（職員令）。『延喜式』（巻三十六）には細かくその仕事が挙示されているが、その中に「諸司所請年料」として灯油のことが記されている。この油は、元来は他の納物とともに所定の国の正税のうちから割かれて京進されたものであったろうが、平安末期にはすこぶる様相を異にしていた。すなわち、納物の一部は諸国郷保に便補された。主殿寮関係の所領[18]については、壬生文書[19]によってその大要を知ることができるが、大体の様子をうかがうために、差当り、文治六年（一一九〇）四月の主殿寮年預伴[20]守方解（主殿寮所領関係文書）によって列記してみたい。

〈便補保〉①紀伊国（油五石七斗二勺六才・仕丁□一人七合）～「自㆓代々㆒迄㆓于当任㆒立保之」②加賀国（油四石八斗四合・仕丁一人）～「立保、去年所当不㆓知行㆒」③安芸国（油三石三斗四升四合・大粮米七六石四升四合）～「初任以後已未済」「以㆓字入江郷㆒立保之間、去年作田六反余」便補されたのは元永元年（一一一八）以前で、のち長く戦国時代まで寮領としての生命を保った。(21) ④美作国（油四石五斗一升・大粮米一四七石）～字飯岡郷に立保、見作田六町余。⑤近江国（油三石六斗三升五合・大粮米一〇〇石）～押立郷に便補、永正頃まで寮領であった。(22)——以上五か国については「式数油与保之所当校量之処、雖㆑不㆑宛㆓四分之一㆒、国司存㆓公平㆒令㆓保号㆒之間請取之」としている。

〈自由所済国〉⑥備中国（油三石九斗五合・大粮米八八石九斗）～小刑部郷に立保、当任顛倒、油一石のみ所済。

以上六か国分は、いずれも便補保を立てたものであって、残りは従来のままの形である。それらは規定の数量が納入されず、ほとんどその実質を失っているといってよい。その状況は表2（次頁）の如くである。

これら諸国のうち「自由所済国二箇国」の一国である伊賀国についてみると、年別油五石二升一合五勺（除口油）は「一石之外更申㆓不㆑可㆑済之由㆒、毎年難㆑済之」といわれている。これより先、治承五年（一一八一）正月十九日主殿寮年預守方解（『平安遺文』八巻三九四三号）は、伊賀国寮納油について、同三～五年の三か年分を収納できぬ事情を陳じている。すなわち、同国の油は四石七斗二升で、治暦・久安・平治・長寛の各年間にそれぞれ宣旨を賜わって、たとい「異損・成功」の国でも寮納油を進済すべきものとされている。内裏造営の年でも同様である。また、八省院造営の所課国となり済物を免除された国々のうち播磨国は毎年これを究済してきたし、阿波国の場合は雑掌が造営にかこつけて難済したが、「更不㆑可㆑拘㆓免除㆒」と宣旨を下されて結局進済した。また、越前国が造気比社のため、上野国が造北野社、若狭国が造平野社のために寮納物を免除してほしいと宣旨を乞うたときにも、許可されなかったのである、と先例を述べる。いま伊賀国では「大神宮以下官御祈願米・東大寺封戸」のみ負担して「自余済物」を免

表 2

国　名	年料油（石）	大粮米（石）	仕丁（人）	備　　考
摂　津				籌藁370囲・杪15枚・汲部100
伊　賀	5.0215			1石済，余は難済
伊　勢	.7359			寄事於武士不済
尾　張	5.7101	100.	1	偏難済
参　河	5.4505		1	寄事於武士不済
遠　江	4.059		5	同　上
駿　河	1.1		4	同　上
甲　斐	2.2792			同　上
伊　豆	.3157		5	間々少分弁済，未勘文
相　模			1	造勘文
武　蔵			1	同　上
上　総			1	未　済
下　総			2	未　済
近　江	3.635	100.		油は押立郷立保，大粮米は地頭設置以後，未済
美　濃	6.1446	150.		難　済
信　濃	.132			造勘文
上　野	.1001			偏難済
下　野	.803			同　上
若　狭		125.	1	称免除不済
越　前	3.332	147.	1	間々少分弁済，未勘文
加　賀	4.884		1	立保，去年不知行
能　登	.4774			間々少分弁済，未勘文
越　中	3.8214		1	寄事於武士不済
越　後	.405			同　上
丹　波	3.3			初任以後成庁宣
丹　後			3	未　済
但　馬	.7568			間々少分弁済，未勘文
因　幡	.9196		2	難　済
伯　耆	.077			偏難済
出　雲	5.0578			寄造大仏難済
播　磨	3.85	110.		難　済
美　作	4.51	147.		飯岡保（改立宇野村）見作６町余
備　前	5.1997			難　済
備　中	3.905	88.9		小刑部郷立保，油１石のほか難済
備　後	2.64			間々少分弁済，未勘文
安　芸	3.344	76.044		入江保，去年作田６反余
周　防	.3828	190.8		依造東大寺，事不加催
長　門	.54		3	間々少分弁済，未勘文
紀　伊	5.7-726		1	立　保
阿　波	2.4651			去々年成庁宣，今両年無其沙汰
讃　岐	2.2407	245.	1	間々少分弁済，未勘文
伊　予	3.164	219.	1	
大宰府	30.			壱岐分15石難済
合計	123.05916	1698.744	36	

除する旨の官符ありと称して進済しない。これは先に挙げた諸例にてらして承引しがたいところである、というのが年預守方の主張である。

守方の申し分によれば、「自二去治承二年一迄二于去元暦元年之比一、永无二弁済一国」といい、源平争乱が大きな打撃を与えたことを物語る。「文治以後天下落居之処、彼国々之受領永忘二弁済之心一了」というのもそれである。伊勢国以下数国が「寄二事於武士不済一」といい、近江国押立保が「自二鎌倉一被レ成二地頭一之間、米已未済」というのは、鎌倉幕府の成立が王朝政権に与えた打撃を具体的に示すものといえよう。

主殿寮納物を収納するについて、その具体的な手続きは右の史料からは明らかではない。少し時代はさかのぼるが、承安二年（一一七二）に、年預守方と土左国雑掌紀頼兼との間に寮納物をめぐって争いが起こっており、それについての史料[23]は甚だ興味ある事実を明らかにする。両者の論点は大約して次の二点になる。

①納物を京都でうけとる（京下）のか、または国（この場合は土佐国）でうけとる（国下）のかということ。守方は京下であると主張し、雑掌は(イ)下文が出たときは京下、(ロ)国司庁宣によるときは国下だと主張する。これに対して守方は、庁宣が下されるのは納物未済のときで、これを例となすことはできないと主張する。

②納物をはかる枡のこと。守方は、大粮米は宣旨枡で、年料油は主殿寮の本枡ではかると主張する。これに対して雑掌は、ともに宣旨枡ではかるとする[24]。

さらに、この論争を通じて次の諸点も知られる。すなわち、納物の扱いについて、国衙側の責任者は国雑掌である。同じく主殿寮側の責任者は年預であるが、実際の収納は借上[25]が請負っていたらしいこと、さらにその間に弁済使が介入すること、などである〔補注2〕。

㈣ 造酒司領[26]

宮内省被官の造酒司は、その名の如く、酒や酢を造り、供御や節会等に備える。本司には酒戸が付属していた。『令集解』（巻五）の古記・釈説によると、酒戸は大和国に九〇戸、河内国に七〇戸、摂津国に二五戸であった。『延喜式』（巻四〇）によると、醸造用料米は二一二石九斗三升六合九勺九撮で、[27]山城国・摂津国（以上は国営田稲をあてる）・大和国・河内国（以上は正税稲をあてる）・和泉国（一部は国営田稲、一部は正税稲をあてる）の畿内諸国から収取された。国営田・正税の管理は国司が行うのであるから、造酒司はただ定数の米をうけとるだけである。ところが、十世紀末頃からであろう、造酒司料米が国衙の手を経ずに国内の郡・郷・名から直接に造酒司に納められるようになったらしい。しかも料米も負担する土地が、ある程度指定されるようになってくる。永承元年（一〇四六）大和国大田犬丸負田結解（『平安遺文』三巻六三九号）に、「十一月十日造酒司返抄米二斗」と見えるが、これは造酒司料米が大田犬丸負田[28]（名）に切りあてられていたことを示している。[29]いわゆる便補であって、承徳元年（一〇九七）十二月二十四日官宣旨（同・四巻一三八八号）に引く近江国司解に、「当寺封戸准物代内、見下之弁不レ過二二三百斛一、其残併下二符国内名一、所レ令二弁補一也」というのと同じ状況である。料米を負担する土地の固定することが直ちに造酒司領の成立を意味するとはいえない。なぜなら、いぜんとして国郡司の管理権は残るし、検注権は国衙の手中に在るからである。しかし所領化の第一歩といえる。

造酒司米を納入する他の諸国について見ると、やはり同様な事態が生じていたとみられるが、史料で明らかなのは、河内国米一一八石二斗のうち五〇石が甘南備保に便補、和泉国米八一石一斗が直師郷に便補、摂津国米一四九石二斗のうち七二石が大田保に便補されていることである[30]。大田保については、応保元年（一一六一）に奈佐原荘の横妨にあったことを造酒司が訴えている[31]。甘南備保は田数一六町で、康和五年（一一〇三）に宣旨によって造酒司便補とされ、大治四年（一一二九）に龍泉寺の訴訟によって同寺領とされ、さらに長寛二年（一一六四）また便補保とされ十三世紀に及んだ[32]。

造酒料米も含めて、その他造酒司が収納する米は、すべて一二か国から送られることになっており、その総額は一四八二石二斗六升であった。このうち備中国は大粮米五〇石をも納入した。ところが平安末期には納入は順調に行われず、十二世紀半ば頃、備前国の場合「本司納物毎年百五十石、追年無㆓究済㆒」といわれ[33]、嘉禄二年（一二二六）十一月三日宣旨[34]によると、収納額は二〇三石一斗にすぎなかった。その状況を示すと表3の如くである。

表3

国　名	式数（石）	収納数（石）
山　城	160.8	−
大　和	92.6	−
河　内	118.2	50.
和　泉	81.1	81.1
摂　津	149.2	72.
近　江	107.16	−
若　狭	50.	−
加　賀	57.8	−
播　磨	150.	−
備　前	150.	−
備　中	50.（大粮）	−
備　後	115.4	−
計	1482.26	203.1

次いで十三世紀半ばになると、便補地のある大和・河内・和泉・摂津の四か国の納入額は定数の半分にも満たず、他の八か国の分は全く納入されない状態になった。そこで造酒司は新しい財源として、洛中の酒屋から屋別酒一升の上分を徴収することを求めた。その際、造酒司は他の官衙の例を挙げている。すなわち、内膳司は市辺の魚鳥売買の上分をとり、左京職は市内の保々から染藍および人夫を徴し、装束司は市の苧売買の上分をとるなど、こうした例は挙げきれないほど多い。これらはみな「和市交易之課役」である、酒屋はその数を知らぬほど多いが、上分を出すこともなく、他の課役を勤めることもない、造酒司がこれら酒屋に課役をかけても不当なこととはいわれないだろう、というのが同司の主張であった。造酒司のこの申請は朝廷で審議され、賛否両論あった

が、結末は明らかでない[35]。

(五) あとがき

令制諸官衙の財政は、律令税制によって収取される租・調・庸以下の諸税と、正税出挙利稲および公田地子の配分の上に成立していた。ところが、律令体制全般の変質にともなって財源も変化せざるをえなかった。本文にのべた大粮米や年料油、また造酒料米などの諸納物も、その収取が次第に困難になり、やがて便補によって土地を固定する傾向をたどる。造酒司の場合にみたように、同司の料国一二か国のうち、十三世紀半ばにともかく収取を実現しえたのは四か国であり、それはいずれも便補地であった。ところが、その維持も困難となり、諸官衙は新財源を求めざるをえなかった。それが「和市交易之課役」すなわち商業課税であった。こうした傾向は一般的なものであって、内蔵寮の場合[36]などにも極めて明瞭に看取される。この問題は当面の課題から外れるので、別の機会に扱いたいが、本稿では、納物の所領化（便補）について、資料を提供するに止めておく。便補による官衙領の成立は、ほぼ十一世紀から十三世紀に至る間の官衙財政の基礎を提供したものといえる。令制諸官衙—すなわちいい換えれば令制国家の解体期の経済的基礎の主要なひとつは、便補地にあったと思うのであるが、もちろん、それのみではない。令制下における諸司公廨田の荘園化による官衙領（前述）や、陵戸田に起源を持つ諸陵寮領[37]、氷戸に起源する主水司領[38]、京戸口分田に起源する京職領[39]、公田地子を基礎とする穀倉院領・太政官厨領等[40]も挙げることができる。これらは、いずれも、律令制の解体過程における官衙の経済的基礎の変化を物語るものであって、さらにいえば、王朝政権の封建化への努力の一表現であったとみることができると思う。もっとも、右の如き評価を与えるためには単に官衙領という狭い範囲での考察のみでは不充分であって、平安後期以後の公領荘園全般の在り方を確定しなければならない。しかし、それは別に論ずる機会をまつことにし、今は以上の文章のみに止める。

注

（1）『続日本紀』巻二十・天平宝字元年八月二十三日条、『類聚三代格』巻十五・同日勅。

（2）『類聚三代格』巻十五・大同三年十月十三日太政官符。

（3）菊地康明「公田賃租について」（『書陵部紀要』一四号）に諸司田設置年表がある。但しなお数例をつけ加えることができる。

（4）石母田正『古代末期政治史序説』（未来社、一九五六年）、阿部猛「律令制財政機構の崩壊過程」（『日本荘園成立史の研究』雄山閣、一九六〇年）、大塚徳郎「元慶三年設置の官田について」（『文科紀要』六）、村井康彦「元慶官田の史的意義」（『日本歴史』一七七号）。

（5）但し、官田の設置とその分割の政治史的考察についてはいまだ不十分であり、なお検討の余地がある。

（6）例えば東大寺大仏供料の免田化・荘園化（便補による）の如き。竹内理三『寺領荘園の研究』（畝傍書房、一九四二年）、渡辺澄夫『畿内荘園の基礎構造』（吉川弘文館、一九五六年）、阿部猛前掲書（注4）参照。

（7）精代はいわゆる舂賃である。『延喜式』には、精代は正税を用うるとのみあって、その数量を示していない。『北山抄』(三)拾遺雑抄─定受領功過事─には「精代度米者、充二合精代」とある。これについて『江次第抄』(四)四月─定受領功課事─には「世称二合精租米」とあり、「以二合為精代」ともあり、ついで、「今案、二合精代有二義、一謂麁悪之米一斛舂成八斗是也、二謂一石舂代加二合為舂賃之意也」としている。本文相当の意は、もちろん後者であろう。

（8）薗田香融「出挙」（『律令国家の基礎構造』吉川弘文館、一九六〇年）。

（9）佐藤宏一「舂米運京について」（『続日本紀研究』三―一一・一二）。

（10）一例を『大日本古文書・編年文書二』からみる。

雅楽寮解申請公粮事

合米弐拾肆斛柒升、塩弐斗肆升柒勺、庸布弐段

歌女七十九人料米廿二石九斗一升人別日一升、塩二斗二升九合一勺人別日一勺

直丁二人料米一石一斗六升人別日二斗、塩一升一合六勺人別日二勺

廝二人料庸布二段人別一段

右歌女及直丁等来三月廿日料米塩等数具録如件、以解

天平十七年二月廿日　　従七位上行少属後部高多比

（11）時代は下るが、応徳三年（一〇八六）十二月二十九日主計寮解（『朝野群載』巻二十七）をみると、「租舂米」として、修理職八〇石・左近衛府九〇石・右近衛府九〇石・左衛門府一五〇石・右衛門府一五〇石・左兵衛府一〇〇石・右兵衛府一〇〇石・主水司六〇石・春宮坊一二〇石等が挙げられている。

（12）為盛は魚名流藤原氏で、父は正三位参議安親（長徳二年三月六日薨）、母は越後守清兼の女であった。『尊卑分脉』によって、その略系を示せば次の如くである。

魚名―鷲取―藤嗣―高房―山陰―中正―安親―為盛―頼成

（13）山田孝雄・他校註『今昔物語集・五』（岩波古典文学大系、一九六三年）六三頁頭註。

（14）『古事類苑』政治部（三七）所収、知信記所引。

（15）のちの時代のものであるが、『続左丞抄』（第一）所収の次の史料も同様のことをうかがわせるであろう。

請准先例被宛給大粮米参佰玖拾柒斛弐斗伍升事

参河国参拾斛　近江国佰斛

加賀国参拾斛　播磨国佰斛

備中国柒拾肆斛玖斗伍升　安芸国陸拾弐斛参斗

右衛士・仕丁等析、以件国租舂所請如件

貞応二年二月廿九日　正二位行権大納言兼大夫藤原朝臣公宣

(16)　穎稲・穀稲の区分とその意義については、八木充「古代稲穀収取に関する二、三の問題」（『日本歴史』一六七号）、同「律令制における田租」（歴史学研究別冊『現代歴史学の課題』）参照。

(17)　大粮米の消費に関する平安時代の史料は乏しいが、Ⓐ寛弘七年（一〇一〇）二月三十日衛門府粮料下用注文（『平安遺文』二巻四五〇号）とⒷ寛弘七年十月三十日同注文（同・二巻四五三号）がある。これは衛門府の官人・衛士らに与えられた米の数量を記したもので、両史料とも前欠である。史料は三つの部分に分かれる。第一は「炊料」の部で、「二斗五升、釈奠祭所使官人炊料」「十四石四斗五升八合、陣食炊料」（Ａ）等があげられている。第二は「宣旨雑用の部」で、「二斗、依宣旨有織部司御厨子運御書所衛士十人料二日蔵人頼国仰府生為利奉」「二斗四合、依宣旨蔵人所御牒遣出雲国衛士一人十二日料廿九日頭弁朝臣仰府生行俊奉」（Ａ）「六斗、依去月十三日宣旨絵所役仕衛士一人今月卅箇日食料」（Ｂ）等の項目が列挙されている。第三は衛門府内の例用部分というべきもので、左の項目が列記されている（ＡＢ共通）。

六升陣度用紙直
二石四斗三升陣雑物直
二升府中明神幣料
四斗番政召物料
一斗粮所例用紙直
二斗四升庁守一人料
六斗火炬二人料
　一人右陣　一人西陣
六斗別当御随身火長二人料
三斗鎰取一人料

紀茂枝　穴師安見　神永安　刑部有正　三斗施料

史料に前欠・錯簡があり正確を期しがたいが、炊料・宣旨雑用・例用を集計すると次の如くである。

	炊料（石）	宣旨雑用（石）	例用（石）	合計（石）
寛弘七年十月	一五・五六五二六	四一・六六四	五・〇五	六二・二七六六
寛弘七年二月	一五・八〇八	二五・九一四	五・〇五	四六・七七二

(18)　主殿寮領の大略は、奥野高広『皇室御経済史の研究』（畝傍書房、一九四二年）によって明らかにされている。なお、ここでは扱わなかったが、要劇料由来の主殿寮領がある。要劇料とは劇官をえらんで毎月米銭を給するものであったが、平安時代に入ると初位から四位までの官人に普く支給するようになった。そして官田の一部を割いて要劇料にあて、これが官衙領として成長する。建保四年（一二一六）六月二十日主殿寮要劇田坪付注進状案（『鎌倉遺文』四巻二二三七号）はその一端を示している。中欠文書であって全貌を示すものではないが、山城国乙訓郡（八町二九七歩）紀伊郡（七町一段一二四歩）久世郡（不明）などにその存在が知られる。

(19)　宮内庁書陵部所蔵。同文書閲覧に際しては、橋本義彦・平林盛得両氏に御手を煩わした。紙上を借りて謝意を表する。

(20)　年預とは幔所年預のことである。幔所は、帷帳・庭上の舗設を司るものであるが、そこから当然、寮領その他納物を扱うに至ったものである。奥野高広・前掲書（注18）参照。

(21)(22)　奥野高広・前掲書（注18）。

(23)　『平安遺文』七巻三六〇六号・三六〇七号。

(24)　これらの枡については、宝月圭吾『中世量制史の研究』（吉川弘文館、一九六一年）七二頁以下参照。

(25)　本文史料は、借上人の初見史料とみられるものであるが（阿部猛「借上について」『日本歴史』一四六号、本書一四章㈣参照）、借上人が官物収納に果たす役割についてはなお考慮すべきものがあり、国雑掌・弁済使等と併せて、物じて平安・鎌倉期における徴税体系の考察は、阿部猛「摂関期における徴税体系と国衙」（古代学協会編『摂関時代史の研究』吉川弘文館、一九六五年、所収）参照。

(26)　造酒司領については、小野晃嗣「中世酒造業の発達」（『日本産業発達史の研究』至文堂、一九四一年）、奥野高広「造酒司領について」（『日本歴史』一一号）があるが、いずれも室町期を中心に扱っている。

(27)　但し、おそらく国営田は早く消滅して、すべて正税から割き納めるようになったと思われる。

(28)　小東荘大田犬丸負田については、稲垣泰彦「初期名田の構造」（『日本中世社会史論』東京大学出版会、一九八一年）、阿部猛「平安末期における名の性格」前掲書（注4）参照。

(29)　大田犬丸負田には、ほかに斎王大祓料・中宮職御菜料（『平安遺文』三巻六七四号）・内膳司御菜（同・三巻七〇八号）なども宛てられていた。

(30)　『平戸記』仁治元年閏十月十七日条。

(31)　『山槐記』応保元年十二月二十六日条。

(32)　『春日神社文書』第三巻・大東家文書三〇号、嘉禎四年十一月日竜泉寺所司等解。

(33)　壬生文書・久寿二年十二月七日造酒司注進状（『平安遺文』六巻二八二五号）。

(34)　『平戸記』仁治元年閏十月十七日条所載。

(35)　『平戸記』仁治元年閏十月十七日条、同十八日条。

(36)　小野晃嗣「内蔵寮経済と供御人」（『史学雑誌』四九―八・九）。

(37)　阿部猛「陵戸田について」前掲書（注4）。

(38)　奥野高広・前掲書（注18）、福尾猛市郎「主水司所管の氷室について」（『日本歴史』一七八号）。

(39)　阿部猛「京戸田について」（『日本歴史』一五二号）。

(40)　大塚徳郎「崩壊期の律令財政についての一考察」（『文科紀要』九）、菊地康明「公田賃租について」（『書陵部紀要』一四号）、奥野高広・前掲書（注18）、阿部猛「位田について」前掲書（注4）、同「若狭国富荘について」（『史流』二号、本書四章㈢所収）。

〔補注1〕本史料は注(17)でふれた寛弘七年衛門府粮料下用注文とともに、衛府官人・衛士の活動を示すものとして貴重なものである。彼らが武力的にはほとんど役割を果たさず、宮中等の雑用に駈使されていた様子はすでに明らかにされている。笹山晴生「平安前期の左右近衛府に関する考察」(『日本古代衛府制度の研究』東京大学出版会、一九八五年)、林屋辰三郎『中世芸能史の研究』(岩波書店、一九六〇年)参照。

〔補注2〕国雑掌・弁済使および官衙・封主等と所進国衙とを結ぶ諸使の性格、惣じて摂関期以降における徴税体系については、これを「請負体制」としてとらえた阿部猛「摂関期における徴税体系と国衙」(古代学協会編『摂関時代史の研究』吉川弘文館、一九六五年、所収)を併せ参照されたい。

三　初期の武士団とその基盤

㈠　殺生を「役」とする

初期の武士団と題したが、史料的な制約もあり、平安末期から鎌倉初期の武士の在り方を考えてみようと思う。まず、つぎの説話をみよう（『今昔物語集』巻第十九の第四）。

今ハ昔、円融院ノ天皇ノ御代《みよ》ニ、左ノ馬ノ頭《カミ》源ノ満仲《ミツナカ》ト云フ人有《アリ》ケリ、筑前守《ノカミ》経基《ツネモト》ト云《イヒ》ケル人ノ子也、世ニ並ビ无キ兵《ツハモノ》ニテ有《アリ》ケレバ、公《オホヤ》ケモ此レヲ止《ヤム》事无キ者ニナム思食《オボシメシ》ケル。亦大臣・公卿ヨリ始《ハジメ》テ世ノ人皆此レヲ用《モチ》ヰテゾ有《アリ》ケル。階《シナ》モ不賤《イヤシカラ》ズ、水尾《ミノヲノ》天皇ノ近キ御後《ノチ》ナレバ、年来《トシゴロ》公《オホヤ》ケニ仕《ツカマツリ》ケレバ、国々ノ司《ツカサ》トシテ勢徳モ並ビ无キ者ニテゾ有《アリ》ケル。終《ハテ》ニハ摂津《ツノ》守《カミ》ニテナム有《アリ》ケル。年漸ク老《オイ》ニ臨《ノゾミ》テ、摂津《ツ》ノ国ノ豊島《テシマ》ノ郡ニ多々《タダ》ト云フ所ニ家ヲ造《ツクリ》テ籠居《コモリヰ》タリケリ。数《アマタ》ノ子共有《ドモアリ》ケリ、皆兵《ツハモノ》ノ道ニ達《イタ》レリ、其ノ中ニ一人ノ僧有《アリ》ケリ、名ヲバ源賢《グエンケン》ト云フ、比叡《ヒエ》ノ山ノ僧トシテ、飯室《イヒムロ》ノ深《ジン》禅僧正《ゼンソウジャウ》ノ弟子《デシ》也、父ノ許《モト》ニ多々ニ行《ユキ》タリケルニ、父ノ殺生《セッシャウ》ノ罪ヲ見テ歎キ悲《カナシミ》テ、横川《ヨカワ》ニ返リ上《ノボリ》テ、源信僧都《グエンシンソウヅ》ノ許《モト》ニ詣《マウ》デ、語《カタリ》テ云《イハ》ク、「己《オノレ》ガ父ノ有様ヲ見給フルニ、極《キハメ》テ悲キ也、年ハ既ニ六十ニ餘《アマリ》ヌ、残ノ命幾《イクバク》ニ非ズ、見レバ、鷹四五十ヲ繫《ツナギ》テ夏飼《ナツガヒ》ニセサスル、殺生《セッシャウ》量《ハカ》リ无シ、鷹ノ夏飼《ナツガヒ》ト云フハ、生命《シャウミャウ》ヲ断ツ第一ノ事也、亦河共《ドモ》ニ簗《ヤナ》ヲ令打《ウタシメ》テ、多《オホク》ノ魚ヲ捕リ、亦多《オホク》ノ鷲ヲ飼《カヒ》テ生類《シヤウルイ》ヲ令食《クハシ》メ、亦常ニ海ニ網《アミ》ヲ令曳《ヒカシメ》、数ノ郎等《ラウドウ》ヲ山ニ遣《ツカハシ》、鹿ヲ令狩《カラシム》ル事隟《ヒマ》无シ、此レハ我ガ居所《キヨショ》ニシテ為《ス》ル所ノ殺生《セッシャウ》也、其ノ外ニ遠ク知ル所〻ニ充《ア》テ令殺《コロサシム》ル所ノ物ノ員計《カズカゾ》ヘ可尽《ツクスベ》キニ非ズ、亦我ガ心ニ違《タガ》フ者有レバ、虫ナドヲ殺《コロ》ス様ニ殺《コロ》シテ、少シ宜《ヨロ》シト思フ罪ニハ足手ヲ切ル

源満仲[1]（九一二―九七）は清和天皇の曽孫に当たり、藤原氏の爪牙となって勢力を得た。歴史的な事件としては、左大臣源高明[2]を失脚させた安和《あんな》の変（九六九）にひと役買ったことはよく知られている。満仲は、常陸介・武蔵守・摂津守・越前守・伊勢守・陸奥守など地方官を歴任し、鎮守府将軍となり、位階も正四位下までのぼった中流の貴族であった。満仲の子が摂津・大和・河内の源氏の祖となり、河内源氏が頼朝の系統につながるのである。先掲の『今昔物語集』の説話は、満仲が殺生の罪[3]の恐ろしさに出家するというものであるが、彼は四、五十羽の鷹を飼い、河に簗を設置して多くの魚をとり、鷹を飼って多くの生類を喰わせ、海で網を引いて魚をとる。郎等らに山で鹿狩りをさせる。自分の命令に従わない者がいると、虫などを殺すように殺し、少し罪の軽い者には足や手を切るのである。

丹後守藤原保昌[4]は「兵《ツハモノ》ノ家ニテ非ズト[5]云ヘドモ」――すなわち、彼は日向守・肥後守・大和守・丹後守・摂津守などを歴任した典型的な受領《ずりよう》・中流貴族であるが、「心猛クシテ弓箭《キウセン》ノ道《（どう）》」を極め、「朝暮《テウボ》ニ郎等《ラウドウ》・眷属《クエンゾク》ト共ニ鹿ヲ狩《カル》ヲ以テ役《ヤク》トス」――「役トス」とは、もっぱらそれに従事したという意味であるが、「兵」同様の性格の貴族[6]である。彼は郎等に鹿狩の供を命じ、「若《モ》シ明日《アス》ノ狩ニ不参《マヰラ》ズハ、速ニ汝ガ頸《（くび）》ヲ可召也《メスベキナリ》」といったという（『今昔物語集』巻第十九の第七）。このような例は多く拾うことができるが、『古事談』（第一）には、つぎのような話がある。白河法皇が殺生禁断の法を出したにもかかわらず、平忠盛の相伝の家人加藤大夫成家が鷹狩をしているというので呼び出された。成家は、女御殿（白河法皇の寵妃祇園女御）のところに毎日鳥を差上げるよう命ぜられている、もしこれを怠ると重科に処される、「源氏平氏之習、重科ト申ハ被レ切レ頸候也」という。鷹狩をしなければ主人に頸を切られる、私は命が

惜しいので、たとい法皇の命に背いて禁獄・流罪に処されても、その方がましなので、よろこんで罷《まか》り出たという。また、讃岐国多度郡の五位源大夫なるものは「心極《キハメ》テ猛クシテ、殺生《セッシャウ》ヲ以《モテ》業トス、日夜朝暮《ニチヤテウボ》ニ、山野《センヤ》ニ行《ユキ》テ鹿鳥《シカトリ》ヲ狩リ、可海《カカイ》ニ臨《ノゾミ》テ魚ヲ捕ル、亦、人ノ頸ヲ切リ足手ヲ不折《ヲラ》ヌ日ハ少クゾ有《アリ》ケル」という「悪奇異《アシクアサマシ》キ悪人《アクニン》」であったという(7)（『今昔物語集』巻第十九の第十四）。

(二)「兵」の条件

院政期に書かれたという『新猿楽記(8)』には、「天下第一ノ武者」勲藤次なる者が登場する。そこには、いわば「武者」の職能が書かれているのであるが、合戦、夜討、馳射《ヲモノイ》（＝追物射、背後から矢を射かける）、待射《マチユミ》（迎え射る）、照射《トモシイ》（火をたいて鹿をおびきよせて射る）、歩射《カチユミ》、騎射《ノリユミ》（馬に乗って射る）、笠懸《カサカケ》（馬上から遠距離の的〈笠〉を射る）、流鏑馬《ヤブサメ》（馬を走らせ馬上から鏑矢で的を射る）、八的《ヤツマト》（八つの的をつぎつぎに射る騎射）、三々九《サンザク》（流鏑馬の一種、三尺の宛字、的串の高さが三尺）、手挾《タハサミ》（騎射の一種、方四寸の板を薄くへぎ、挾む）の上手である。武芸にすぐれ、勇猛であり、戦えば降伏することを知らぬ「一人当千(9)」の兵《つわもの》である。主要な武器は弓と大刀であるが、とくに弓が重んじられた。

先にみた藤原保昌は「弓箭ノ道」を極めたといわれていたが、『今昔物語集』（巻第二十五の第七）の別の説話では、「心太ク、手聞キ、強力《ガウリキ》ニシテ、思量《オモバカリ》ノ有ル」者と称されている。また、上総守平維時の一の郎等大紀二は「並《ナラビ》无キ兵《ツハモノ》」といわれ、「長高《タケ》ク見目《ミメ》鑭《キラ》ラカニシテ、力強ク足早ク、魂太ク思量《オモバカ》リ賢クテ、並《ナラビ》无キ手聞ニテゾ有《アリ》ケル」と記されている。源頼光の郎等の、平貞道・平季武・坂田公時という三人の兵は、「見目《ミメ》ヲ鑭《キラキラ》ゝク、手聞《キ》キ魂太ク思量《オモバカリ》有《アリ》テ、愚《オロカ》ナル事无カリケリ」といわれた（『今昔物語集』巻第二十八の第二）。

紀伊国の伊都郡に坂上晴澄[10]という者がいた。紀伊前司平惟《これ》（維）時《とき》の郎等で、自らも武装し部下の郎等をひきいて都に行った。ある夜更に道で「花ヤカニ前追《サキ》フ君達《キムダチ》ノ馬ニ乗り次《ツヅ》キタルニ値《ア》」う。晴澄はこの一行を貴族たちと思い込み、下馬して道の傍に控えたが、実はこれが強盗の集団で、晴澄らは身ぐるみ剝がれてしまう。油断の致すところであった。「兵《ツハモノ》ノ道《ダウ》ニ極《キハメ》テ緩《タユ》ミ无カリケリ」といわれた晴澄も面目丸潰れであった。その後、晴澄は「武者《ムシャ》モ不立《タ》タズシテ」――兵らしく振舞うことはなく、「脇垂ノ者」[11]――騎馬の主人の脇に従う待者の如く振舞ったという（『今昔物語集』巻第二十九の第二十一）。

盗人の大将軍袴垂《はかまだれ》に関する説話（『今昔物語集』巻第二十五の第七）もよく知られている。藤原保昌との出会いは戦前の小学校の教科書にも載っていたが、この盗人に関する説話はいまひとつある（『今昔物語集』巻第二十九の第十九）。関山（逢坂山）で、裸で死んだふり（虚死《ソラシニ》）をして人を襲うという話である。そこに郎等・眷族《けんぞく》をひきつれて通りかかった平貞道（源頼光の郎等）は、「疵《キズ》モ无キ死人《シニシ》ノ候フ也」という従者の報告を聞くと、隊伍を整えて、死人から眼を離さず、警戒しながらそこを通過した。これを見た人びとは、なんと臆病なことと手をうって嘲笑した。その後ひとりの武者がそこを通りかかり、死人のそばに寄って、馬の上から弓で死人を突いてみたり引いてみたりしたところ、袴垂はその弓をつかんで武者を馬から引き落し殺した。この手で袴垂は多くの武器・武具を奪い、やがて郎等二、三十人をひき連れる盗賊の大将となったのである。多くの郎等・眷族を伴いながら油断せずに通った貞道は、さすがであったと称賛されたのである[12]。一方、盗賊の袴垂は「極《イミジ》キ盗人ノ大将軍」といわれ、「心太ク力強ク、足早《ハヤク》、手聞《キ》キ、思量《オモバカリ》賢ク、世ニ並ビ无キ者」と称されている。すぐれた「兵」と同じ文言で称えられている点は注意してよい。「盗賊」も「兵」も両者は同質のものとしてとらえられているのである。

㈢　受領の郎等

たびたび登場する藤原保昌は、おそらく治安元年（一〇二一）か二年頃に丹後守に任命され、妻を伴い、郎等らをひきいて丹後国府に向った。彼の妻は有名な和泉式部で、妻のつれ子が例の「大江山いくのの路の遠ければまだふみもみずあまのはしだて」という歌を詠んだ小式部である。丹波から丹後に至る道（現在の国道一七六号線）の途中、与謝《よさ》峠にさしかかると、白髪の武士がただ一騎、笠をかぶり(13)馬に乗ったまま路傍の木のかげに立っている。保昌の郎等が「この年寄りはどうして下馬しないのか、けしからん奴だ、下馬するように言ってやろう」というのを、保昌は「（あのさまは）一人当千ト云馬之立様ナリ、非二直也人一歟、不レ可レ咎」――「ただ者じゃない」と郎等を制止して行き過ぎた。二、三町ほど行くと平致経《むねつね》が多くの兵をひきいて来るのに出会った。保昌に挨拶し、「老人にお逢いになったでしょう。私の父の致頼です(14)、頑固な田舎者で、きっと失礼なことがあったでしょう」といった。この説話は、藤原保昌が貴族でありながらも、兵として多くの郎等を従えて任国に赴いていったことを物語る。平安末期の史料とされる「国務條々事」（『朝野群載』巻二十二）は、「不レ可レ用二五位以上郎等一事」とする一方、つぎのように記している。

一、可レ随二身堪能武者一両人一事

時勢之躰、弓箭不覚之者、皆号二新《いま》武者一、暫雖レ張二武威一、遂有二何益一乎、抑良吏之法、雖レ不レ可レ用二武者一、人心如二虎狼一、自非常之事、必以要須也、可下尚二優国人一无中軽者上也

保昌のように国守、地方官を歴任する中流貴族を受領層と呼ぶが、つねに数十人の私兵を養い、任国ではこの武力

を背景にして農民から租税を収奪し(15)、また都に在っては、何かといえば暴力に訴え、喧嘩・闘争をこととし、人を殺傷した。平安時代の記録類を見れば、貴族同士の暴力沙汰は枚挙にいとまないほど拾うことができる。

寛仁元年（一〇一七）三月八日、後一条天皇の石清水八幡宮行幸の日、藤原保昌の郎等であった前大宰少監清原致《むね》信《のぶ》が、乗馬の兵七、八騎と歩《かち》の者十余人ばかりにとり囲まれ殺害された（『御堂関白記』）。下手人の秦氏元は源頼親（満仲の子、頼光の弟）の従者で、主人頼親の命令によって致信を暗殺したものであり、一味の馬允《うまのじょう》為頼なる者が殺されたのに対する報復(16)であったという。保昌の郎等にして殺された清原致信とは、かの清少納言の兄である。

長徳二年（九九六）内大臣藤原伊周《これちか》の従者が花山上皇に矢を射かけた事件で、伊周の家司であった藤原董宣《ただのぶ》宅を検非違使が捜索した。その結果、八人の兵と幾らかの武器を差押えたが、なお七、八人は逃亡した。当時検非違使別当であった藤原実資はその日記（『小右記』）に「内荷（府）多養レ兵」と、伊周家に武装集団が常置されていたことを書き記している。

貴族たちは、多かれ少なかれ、そうした暴力集団を抱えていた。保昌のような受領層は、蓄えた富を背景にして郎等・従者を養っていたのである。保昌は、藤原道長の家司《けいし》（家政機関の構成員）のひとりであった。道長の家司には、正三位大宰大弐までのぼった藤原惟憲をはじめ、保昌、また阿波守・近江守などをつとめた源済政ら多くの受領がいた。彼らを「家司受領(17)」と呼ぶが、家司受領の保有する私兵が、摂関家の常備軍的役割をになっていたのである。

(四)　在地領主としての武士

前九年・後三年役[18]を通じて、源氏の棟梁としての地位は確立し、また平氏は、おもに瀬戸内海の海賊との戦いのうちに武門の棟梁としての地位を固めていく。地方の武士たちは、私戦を繰返しながら「兵」としての技倆を磨き、源・平二氏の下に武力集団として、しだいに組織されていく。源頼義・義家そして為義・義朝・頼朝の系統も、平正盛・忠盛・清盛の系統も、いずれもそれは「家ヲ継《ツギ》タル兵《ツハモノ》」(『今昔物語集』巻第二十五の第七)であり、しかもその家柄はともに皇室より出づる、いわゆる「貴種」なのであった。保元・平治の乱[19]、そして源平の戦乱を経て頼朝の幕府が成立するが、幕府を支えた人的基礎は御家人《ごけにん》と称された在地領主層であった。

在地領主[20]とは、平安時代の農村の階級分化のうちから自主的に生長し、農村に居宅を構えて所領と農民を支配する領主階級をいう。これら領主階級は、祖先あるいは自ら開発した「本領」を有し、「開発《かいほつ》領主」とか「根本《こんぽん》領主」と称された。鎌倉末期の『沙汰未練書』(一三一九年頃成立)では、鎌倉の「御家人」を定義して、「御家人者、往昔以来開発領主、賜二武家御下文一人事也開発領主者根本私領也、又本領トモ云也」といっている。鎌倉末期には、典型的な御家人＝武士は開発領主であると考えられていたのである。

河内国の、現在の東大阪市辺りに居を構えた水走《みずはや》氏[21]の場合、生駒山地の麓(五条)に屋敷があり、六間一面のかなり大きな寝殿を中心にして倉や厩などが八宇あった。天皇に魚などを捧げる大江御厨の管理人であり、近傍の漁業関係の人民を統轄していた。そして、幾つかの土地の下司職や公文職、国衙の図師職、また枚岡《ひらおか》神社(河内国の一の宮)の社務職、寺院の俗別当職をも持っていた。水走氏は御厨を通して皇室につながり、荘園の荘官として都の貴族に縁《ゆかり》を持ち、また国衙の役人でもある。[22] 史料によると、水走氏は十二世紀半ば頃この地を開発し、源平合戦のさ中、一ノ谷合戦直後に源義経に解状を捧げ、以後源氏との間に御家人関係を結んだという。

いまひとつ、備後国太田荘の下司橘氏の場合を見る。[23] 太田荘は現在の広島県三原市から北に入った中国山地の盆地にあった高野山領の荘園であった。この地には、開発領主で、源平内乱期に太田荘を私領の如[24]くに支配したといわれる橘一族がいた。橘兼隆と同光家は鎌倉の御家人となったが、おそらく建久六、七年（一一九五―九六）頃、謀叛の咎により失脚した。その後兼隆が提出した下司得分の一覧がある。それによると、得分のうち、加徴米・納所得分・惣田所得分・在家苧《お》などの得分は平安時代の郡司・郷司の権限をひきついだものであり、上分《じょうぶん》米・上分麦・節料《せちりょう》・京上《きょうのぼり》舳向《へむけ》・百姓桑三分の一・免桑五十余本・公文《くもん》得分などは荘園の下司（地頭）の権限に由来するものである。在地領主としての橘氏の直接的な権力の基礎は、本給田三町と雑免《ぞうめん》三〇町ないし五〇町と堀内《ほりのうち》（屋敷地）である。荘園制の支配秩序の中でいえば、橘氏は「名主《みょうしゅ》」なのである。橘兼隆と光信が失脚して御家人身分を失い下司職を失うと、彼らは一介の名主（平民百姓）に転落してしまうのである。没落した光家が高野山に送った手紙を見ると、そのことはよくわかる。「別作《べっさく》（新開発の生産力の低い田地）の名主職をひとついただいて、名田を耕作する百姓に時どきは木（薪）を伐らせて暮したい」と光家は懇願している。

在地領主は開発領主であり、本質的には百姓なのであり、国衙機構や荘園制機構など、いわば公的な権力につながることによってはじめて、その暴力集団は公的な武力集団として認知されるのである。[25] 体制から外れてなお暴力集団としての性格を維持すれば、それは盗賊集団となり、山賊・海賊とならざるをえない。[26]

㈤　東国武士と西国武士

治承四年（一一八〇）源頼朝が関東を制圧したとの報をうけて、平氏は平維盛を大将として大軍を送り、やがて富士川に布陣する。そこで大将維盛は、東国の事情に通じている斎藤実盛に問う。その様子を『平家物語』（巻第五）はつぎのように記している。

又大将軍権亮少将維盛、東国の案内《あんない》者とて、長井斎藤《さいとう》別当実盛《さねもり》を召《めし》て、「やや実盛、汝《なんぢ》程の強弓精兵《つよゆみせいびやう》、八箇国に如何《いか》程有《ある》ぞ。」と問ひ給へば、斎藤別当あざ笑《わらつ》て申けるは、「左《さ》候へば、君は実盛《さねもり》を大矢《おおや》[27]と思召し候か。僅《わずか》に十三束こそ仕り候へ。実盛程射《い》候者は八箇国に幾《いく》らも候。大矢《おおや》と申す定《ぢやう》の者の、十五束に劣《おとつ》て引《ひく》は候はず。弓の強《つよ》さも、したゝかなる者五六人して張《は》り候。かゝる精兵共が射《い》候へば、鎧《よろひ》の二三両をも重ねて、容易《たやす》う射《い》て徹《とほ》し候也。大名一人と申は勢の少《すくな》い定《ぢやう》、五百騎に劣《おと》るは候はず。馬に乗《の》りつれは落《おつ》る道を知らず。悪《あく》所を馳《はす》れども、馬を倒《たふ》さず。軍《いくさ》は又親《おや》も討《うた》れよ、子も討れよ、死ぬれば乗越《のりこえ》々々戦《たゝか》ふ候。西国の軍《いくさ》と申は親討れぬれば孝養《けうやう》し、忌明《いみあけ》て寄せ、子討れぬれば、其《その》思ひ歎《なげ》きに、寄《よせ》候はず。兵粮《ひようらう》米尽《つき》ぬれば、春は田作り、秋は刈収《かりをさめ》て寄せ、夏は熱《あつ》しと云ひ、冬は寒《さむ》しと嫌《きら》ひ候。東国には、惣《すべ》て其《その》儀候はず。

東国武士が乗馬に長じていたというのは、ほとんど疑いのない事実として認められている。『保元物語』（巻之二「白河殿攻め落す事」）によると、八郎為朝の強弓に悩まされた東国の武士たちの様子を見て義朝は、「八郎は筑紫生《そ》立《だち》にて、船の中にて遠矢を射、徒立などは知らず、馬上の業《わざ》は坂東武者にはいかで及ばん。馳せ雙べて組めや、者ども」といい、一方為朝は「坂東武者の習ひ、大将軍の前にては、親死に子討たるれども顧みず、弥が上に重なって戦ふとぞ聞く」といっている。東の馬、西の船。源氏の騎馬隊と平氏の水軍という構図は不動のものとなっている。

ところが、民俗学者宮本常一は、かつて思いもよらぬ発言をしている。東国武士は乗馬が下手なのであり、絵巻物などを見ると、都の貴族の方が乗馬姿はずっとさまになっているというのである（『塩の道』講談社学術文庫、一六三頁）。この点は今後検討してみる必要があろうと思うが、いままず知っておくべきは、武士たちの乗っていた馬のことである。昭和二十八年（一九五三）鎌倉市材木座で発掘が行われ、元弘三年（一三三三）新田義貞の鎌倉攻めで戦没した人びと五五六体と、一二八頭分の馬骨が出土した。計測の結果、馬の体高は一〇九―一四〇センチメートルの間にあり、平均一二九センチメートルであった。ふつうの馬の体高は一五〇―一七〇センチメートルで、一五〇センチメートル未満のものはポニーと呼ばれる。中世の馬は実に小柄だったのである[28]。源頼朝軍が木曽義仲軍と戦った宇治川合戦で、佐々木高綱が乗っていた馬は、かの名馬生食《いけずき》（池月）であるが、「黒栗毛なる馬の、極めて太う逞《たくま》しきが、馬をも人をも、傍《あたり》を払って食《く》ひければ、生食とはつけられたり。八寸《やき》の馬とぞ聞えし」と『平家物語』（巻第九）には書かれている。「八寸」というのは四尺八寸（一四五センチメートル）の意である。馬は四尺（一二一センチメートル）を定尺とし、一寸高いものを「一寸」、四寸高ければ「四寸《よき》」という。坂東武者は脚の短い馬に乗っていたのであり、映画やテレビに出てくるような背の高い馬ではない。胴長短足の馬に乗った義家や義経、尊氏・義貞では恰好がつかないが、それが事実であった。

一般に、馬は騎乗用というよりも、物を運ぶ輜重《しちょう》用であった。長距離の行旅には必ず替馬《かえうま》を用意しなければならない。そのため、替馬をひいていく従者が必要であった。馬は武将の乗るものであり、騎兵部隊の編成はわが国では行われなかった。儀仗用の騎兵隊はあっても、実戦部隊としての騎兵隊はなかったのではあるまいか[29]。騎乗の武将が戦場に赴くについては、数人の従者（非戦闘員を含む）がついて行かねばならず、非戦闘員の数も結構多かったのである。中世の飛道具といえば弓であるが、騎乗の兵は、全速で馬を走らせ敵の間近から矢を射る。武装した敵に致命傷を与えるためには相当の熟練を必要としたのである。[30]一対一の騎馬戦もあるが、結局は組み合い馬から落ちて決着をつけるのである。一般には、乗馬を射られるのを恐れ、[31]弓の有効射程距離外で下馬し、大刀を振って戦うのがふつうだった。

『平家物語』（巻第十一）は壇浦合戦の様子を描いてつぎのようにいう。

平家は千餘艘を三手《みて》に作る。山賀《やまが》の兵藤《ひやうどう》次《じ》秀遠《ひでとほ》五百餘艘で先陣に漕《こぎ》向ふ。松浦党《まつらたう》三百餘艘で二陣に続く。平家の君達《きんだち》二百餘艘にて三陣に続き給ふ。兵藤次秀遠は、九国一番の精兵《せいびやう》にて有けるが我程こそなれ共、普通ざまの精兵共五百人をすぐて、舟々の艫舳《ともへ》に立て、肩を一面に比《ならべ》て、五百の矢を一度に放つ。源氏は三千餘艘の船なれば勢の数、さこそ多かりけめども、処々より射ければ何《いづ》くに精兵有とも見えず。大将軍九郎大夫判官真先に進で戦ふ。楯も鎧もこらへずして、散散《さんざん》に射しらまさる。平家御《み》方勝ぬとて、頻《しきり》に攻鼓《せめつづみ》打て悦の鬨をぞ作りける。

平氏の侍大将藤原景清（通称は上総悪七兵衛）は、大将知盛の「軍は今日ぞ限る。者共少もしりぞく心あるべからず。天竺震旦にも、日本吾朝にも、雙なき名将勇士と云へども、運命尽ぬれば力及ばず。されども名こそ惜けれ。東国の者共に弱気《よわげ》見ゆな。いつの為に命をば惜むべき。唯是のみぞ思ふ事」との言葉に対して、「坂東《ばんどう》武者は、馬の上でこそ口はきゝ候とも、船軍《ふないくさ》にはいつ調練し候べき。縦ば魚の木に上たるでこそ候はんずれ。一々に取て海につけ候はん」といった（『平家物語』巻第十一）。源氏の水軍は、熊野水軍、河野水軍を主力とするものであった。もちろん全軍が海上に浮かんだわけではなく、海戦に直接参加したものは軍の一部にすぎない。和田義盛らの軍は陸上にいた。「和田小太郎義盛、船には乗らず、馬に打乗てなぎさに引へ、甲をば脱いで人にもたせ、鐙の鼻踏《はなふみ》そらし、よ引て射ければ、三町が内との物は外《はづ》さずつよう射けり[32]」といわれている（『平家物語』巻第十一）。

源氏は騎馬隊、平氏は水軍というような単純な分類のしかたは事を見誤るものだと思う。(33) 源・平二氏の武士団は、その基本的な性格に違いがあるとは思われず、両者とも陸上部隊である。ただ、平氏が山陽・南海・西海の水軍（海賊）と縁の深いことは事実であり、その差が源平の間に見られることは確かであろう。

注

（1） 源満仲については『大日本史料』二篇の三に史料が集められている。また、朧谷寿『清和源氏』（教育社、歴史新書、一九八四年）を参照。

（2） 史料は『大日本史料』一篇の一九。山中裕「栄花物語・大鏡に現われた安和の変」（『日本歴史』一六八号、一九六二年）、山口博「源高明と藤原氏」（『国語と国文学』三七―一一、一九六〇年）。

（3） 嘉承三年（一一〇八）正月二十九日、平正盛が源義親（義家の子）の首を持って都に戻ると「見物上下車馬夾レ道、凡京中男女盈二満道路一、人人如レ狂」という歓迎をうけた。中御門宗忠は「故義家朝臣年来為二武士長者一、多殺二無レ罪人一云々、積悪之餘、遂及二子孫一歟、未レ聞下本在二京都一身仕二朝家一子孫及中如レ此罪上、義親曝二骨於山野之外一、懸二首於獄門之前一、後悪之者見レ之可レ恐歟」と書いた（『中右記』）。林屋辰三郎「院政と武士」（『古代国家の解体』東京大学出版会、一九五五年）参照。

（4） 藤原保昌については、阿部猛「平安貴族の実像―藤原保昌とその一族―」（『平安前期政治史の研究　新訂版』、高科書店、一九九〇年）を参照。

（5） もちろん、保昌の家は「武門」の家柄ではないが、父致忠《むねただ》も殺人者であった。『今昔物語集』（巻第二十三の第十三）につぎのように描かれている。「藤原致忠《ムネタダ》ト云《イフ》者有《アリ》テ、美濃《ミノ》国ノ途中《ミチナカバ》ニシテ、前相模守《サキノサガミノカミ》橘輔政《ノスケマサ》ト云《イフ》人ノ子并《ナラビ》ニ郎等《ロウドウ》ドモヲ射殺《コロシ》テケリ、此ニ依《ヨリ》テ、父輔政、公《オホヤケ》ニ訴《ウツタ》ヘ申スニ、宣旨《センジ》ヲ被下《クダサレ》テ、検非《ケンビ》違使《ヰシ》大夫《ノタイフ》ノ尉《ゼウ》藤原忠親《ノタダチカ》并《ナラビニ》右衛門志《サクワン》懸犬養為政《アガタノイヌカヒノタメマサ》等ヲ彼《カ》ノ国ニ下《クダ》シ遣《ツカハ》シテ、事ノ発《オコリ》ヲ勘《カムガ》ヘ被問《トハレ》ケルニ、致忠進《ススミ》テ咎《トガ》ニ落《オチ》ニケレバ、罪名《ツミノナ》ヲ被勘《カムガヘラレ》テ明法《ミヤウボフ》勘《カムガ》ヘ申スニ随《シタガヒ》テ、致忠ヲ遠ク佐渡《サドノ》国ニ被流《ナガサレ》ニケリ」。

（6）貴族にして「兵《つわもの》」的性格の者は多く、史料も多い。例えば、陸奥前司橘則光は「兵ノ家ニ非《（あら）》ネドモ、心極テ太クテ思量賢《（おもばかりかしこ）》ク、身ノ力ナドゾ極テ強カリケル」（『今昔物語集』巻第二十三の第十五）といわれている。諸例については、阿部・前掲論文（注4）参照。

（7）『古事談』（第四の一六）に「伊予入道頼義者、自二壮年之時一、心無二慙愧一、以二殺生一為レ業、況十二年征戦之間、殺レ人罪不レ可二勝計一、因果之所レ答不レ可レ免二地獄一之人也」とある。しかし頼義は造堂・造仏によって極楽行生するをえたという。『尊卑分脈』（清和源氏・第三）に「斬二人首一事一万五千人也、各取二置其片耳一、納二一堂一、建二立仏閣一、号二耳納寺一」とある。『続本朝往生伝』では「前伊予守源頼義朝臣者、出二累葉武勇之家一、一生以二殺生一為レ業、況当二征夷之任一、十余年来唯事二闘戦一、梟二人首一断二物命一、雖二楚越之竹一、不レ可二計尽一、預二不次之勧賞一、叙二正四位一、伊予守、其後建レ堂造レ仏、深悔二罪障一、多年念仏、遂以出家、瞑目之後、多有二往生極楽之夢一、定知、十悪五逆猶被レ許二迎接一、何況其余乎、見二此一両一、太可レ懸レ恃」と記されている。また武士の残虐さについても多くの史料がある。機物《はたもの》にかけ射殺するのも、そのひとつである。黒田日出男「『獄』と『機物』」（『姿としぐさの中世史』平凡社、一九八六年）参照。

（8）川口久雄訳注『新猿楽記』（平凡社・東洋文庫、一九八三年）は詳細な注解を施した最も信頼すべき業績である。

（9）『平治物語』や『平家物語』での表現は「一人当千」で、のちの時代には「一騎当千」という表現が『太平記』などに出てくる。

（10）木村茂光「平安後期の小武士団の基盤―紀伊国天野社と坂上経澄―」（『人物でたどる日本荘園史』東京堂出版、一九九〇年）参照。

（11）日本古典文学大系本の校注（五巻一七四頁）では「垂」を「捶」の略字とすれば「ワキサシ」で侍者の意とする。「脇乗」とも考えられる。普段また戦場では、騎馬の主人の左側（弓手）が死角になるので、武装した従者がここに立つ。篠原の合戦で、木曽義仲の従者手塚太郎が、平家の斎藤実盛を討ったときの様子を『平家物語』（巻第七）は、「弓手に廻りあひ、鎧の草摺引挙て、二刀刺し、弱る所に組で落つ」と書いている。

（12）『今昔物語集』（巻第二十五の第五）につぎのような話がある。平維茂と藤原諸任《もろとう》が、わずかばかりの田畠をめぐって争い、遂に「牒《デフ》ヲ通ハシテ日ヲ定《サダメ》テ」合戦することになった。維茂の兵三千に対して諸任方は一千にすぎず、勝敗は自ずから明らかであった。そこで諸任は計略をめぐらし、これでは勝目はないと常陸国へ兵を引き揚げ、戦うつもりはないといいふらした。維茂方の軍は、しばらくは集結したままであったが、時がたつとそれぞれ自分の領所に帰っていった。すると突如、諸任の軍が維茂の館を襲った。わずかな兵で防戦したものの、火を放たれ館のうちにいた八十余人は焼死した。諸任は維茂を討ち果たしたと誇り、武装を解き酒を飲み「皆死ニタル様《ヤウ》ニ酔臥《エヒフシ》」たが、不意に維茂の軍に襲撃され首を斬られた。焼死したと思った維茂は、実は「女人《ニヨニン》ノ着タル襖《アヲ》ト云有《イフナル》衣ヲ引剝《ヒキハギ》テ、其レヲ打着《ウチ》テ、髪ヲ乱《ミダリ》テ、下女《シモ》ノ様ヲ造《ツクリ》テ」煙にまぎれて脱出したのであった。諸任が維茂の死骸の確認を怠ったのは不覚であった。

(13) 『古事談』(第四)につぎの話がある。美濃国に住む源義家の郎等が「笠トガメ」で源国房によって弓を切られた。その旨が飛脚によって義家に伝えられると、義家は郎等の恥辱をはらさんと直ちに美濃国に赴き国房の館を囲み、火をかけて打入った。身分の低い者が貴人の前で笠を脱がないのは礼を失する。「笠咎め」という。

(14) 平致頼は伊勢国の住人で、同国の維衡《これひら》と合戦した。両者とも私合戦の罪で流罪となり、致頼は隠岐国に流された(『今昔物語集』巻第二十三の第十三)。

(15) 任国における受領の郎等・従者の武力を背景とした収奪の様子は、かの尾張国郡司百姓等解によってうかがうことができる。阿部猛『尾張国解文の研究』(大原新生社、一九七一年)参照。

(16) 『古事談』(第四)に「頼光、頼信ノ短慮ヲ誡メテ制スル事」としてつぎのような話がある。「頼信ハ町尻殿(藤原道兼)家人也、仍常云、奉二為我君一可レ殺二中関白一(藤原道隆)、我取二劔戟一走入、誰人防二禦之一哉云々、頼光漏二聞此事一、大驚制止云、一者殺得事極不定也、二者縦雖二殺得一、依二其悪事一主君為二関白一事不定也、三者縦雖レ為二関白一、一生之間無レ隙守二主君一事亦不定也云々」――道隆を暗殺すれば当然今度は報復、道兼暗殺を覚悟しなければならない。

(17) 泉谷康夫「摂関家家司受領の一考察」(『平安時代の歴史と文学』歴史編、吉川弘文館、一九八一年)、柴田房子「家司受領」(『史窓』二八号、一九七〇年)、寺内浩『受領制の研究』(塙書房、二〇〇四年)。

(18) 前九年・後三年役についての概観は、庄司浩『辺境の争乱』(教育社・歴史新書、一九七七年)を参照。

(19) 保元・平治の乱についての概観は、飯田悠紀子『保元・平治の乱』(教育社・歴史新書、一九七七年)を参照。また、阿部猛「保元の乱について―とくにその『合戦』の復元―」(『中世日本社会史の研究』大原新生社、一九八〇年)を参照。

(20) 鈴木国弘『在地領主制』(雄山閣出版、一九八〇年)参照。

(21) 水走氏については、林屋辰三郎「鎌倉政権の歴史的展望」(『古代国家の解体』東京大学出版会、一九五五年)を参照。建長四年(一二五二)六月三日藤原康高譲状案(『鎌倉遺文』十巻七四四五号)はその存在形態を語る貴重な史料である。

(22) 長徳三年(九九七)五月五日の夜、河内国若江郡に住む美努兼倫の宅が、同郡に住む美努公忠らによって襲撃された事件があった(『平安遺文』二巻三七二号)。これについては、河音能平『中世封建制成立史論』(東京大学出版会、一九七一年)三一一頁以下参照。兼倫が検非違使庁に提出した解状によれば、彼は前淡路掾であって、「所由伴類等」をもって農業経営を行い、郡内の刀禰をつとめ、官田の供御稲納入を請負っていた。彼は、同族の前伊豆掾美努公胤や若江郡刀禰美努兼□らと同盟関係にあった。一方、襲撃した美努公忠方は「馬兵十五六騎、歩兵廿餘人」の規模であった。彼らは、公忠のほか、美努利忠、同秀友、同惟友、同吉平、同行利、同友利ら六人の同族と、坂上致孝、多米清忠、茨田友成、恩智常□、同忠正、弓削重忠ら異姓の者六人、――すべて一三人が「犯人」と名指しされている。彼らは「同類」と呼ばれる数十人の組織をつくり、しかも大和国や近江国大津辺りに「居住」を持って、しばしば京都と往き来する。「赦免不善之輩」(放免された犯罪人ら)を語らって(傭兵である)本宅に還り、「箭倉」を四方に造って戦いに備える。公忠は、京都の太皇太后宮(昌子＝冷泉天皇の皇后)家に仕える史生美努真遠ゆかりの者であり、事件はそのことと関わりがあるらしい。さて、公忠らが兼倫の宅にやってきたとき、「随近人々」や「郡使上野掾源訪」らがかけつけたので、その手前、公忠は「国司が在京して不在で、下文によって郡司職を勤めよと命ぜられたから、供御稲を割り当てるために来たのである」と陳弁した。郡使は「供御稲については、国宣によって、刀禰とともに勤めよと命ぜられ、美努兼倫と同兼□が郷中の作田に割り当て、持ち進めたところである」と応じた。その場はそれでおさまり、公忠らは引きあげたのであるが、そのあと、兼倫が家の中に入ってみると、家の中の財物がすべて紛失していた。これは公忠らの所行である、この財物を返却するようにしてほしいと訴えた。ここに見える公忠らの集団は、いまだ武士団と呼ぶべきほどの恒常的な組織は持っていないが、注目されるのは、彼らが京都の官人とつながりを持ち、地域的なひろがりを持って同盟関係を結び、また「不善之輩」を傭うことにより、直ちに戦闘に備えることができるという点である。重ねていえば、この事件に関わる美努一族をはじめとして、彼らが下級官人の肩書を有している点は注意される。下級官人の供給源が畿内諸国の土豪層にあったことを物語るのである。

(23) 備後国太田荘および橘氏については多くの研究がある。その概要は、阿部猛『日本荘園史』（大原新生社、一九七二年、第三章地頭領主制）を参照。また簡略には、同「鎌倉時代の地頭―丹波国雀部荘と備後国太田荘―」（『帝京史学』七号、一九九二年、本書四章㈠㈡所収）を参照。

(24) 紀伊国海部《あま》郡にあった東大寺領木本荘に、十二世紀の初め頃、源有政（村上源氏）なる人物がいた。東大寺の訴えによると、有政は殺生禁断の地において、ひとえに私領の如く振舞い、猟・漁を行いまた官物を納めないという。康和四年（一一〇二）東大寺使が木本荘に赴くと、有政は「恣発㆓軍兵㆒、猥企㆓凌轢之計㆒」て「七十余人」とも「百許」ともいわれた軍隊を動員している。西岡虎之助「東大寺領紀伊国木本荘」（『荘園史の研究』下巻一、岩波書店、一九五一年）、阿部猛「紀伊国木本荘と村上源氏」（『中世日本社会史の研究』大原新生社、一九八〇年）参照。

(25) 国衙に結集する武力については、石井進「中世成立期の軍制」（『鎌倉武士の実像』平凡社、一九八七年）、戸田芳実「国衙軍制の形成過程」（『初期中世社会史の研究』東京大学出版会、一九九一年）など参照。

(26) 長保元年（九九九）八月十八日、大和国城下郡東郷の早米使藤原良信が文春正らによって殺害された。大和守源孝道は犯人追捕の太政官符をうけ、追捕使らをひきいて現場に向い四人を逮捕した（傍線の人物）。追捕の対象となったのは次の者たちであった。

秦清正、同時信、同春国、丈部有光、橘美柿丸、同正光、同利松、桑原則正、藤原本延、文春正、同一雄丸、同行光、藤井春木、有助王、中臣有時、同吉扶、伴春友、飛鳥戸今吉、僧寿蓮、三吉先生、菊男丸、佐井吉本法師

現場から逃走したのは一七人で、ある者は京に潜入し、ある者は興福寺辺に隠れているといわれた。ことの起こりは、右衛門権佐兼山城守藤原宣孝の領所田中荘の荘預文春正の「造意」にあり、事件に加わった凶党は、前法隆寺別当仁階大法師領丹波荘、興福寺僧明空法師領紀伊殿荘などの住人であり、「結群合謀」して良信を殺害したのである。犯人らのうち、ある者は

重犯によって下獄し、赦に会い原免《ゆる》されたものであり、ある者は濫を好み国務に対捍して官物を遁避し、かねて強盗・竊盗・放火・殺害を犯し、荘園の威をかりてそれぞれの荘に居住し、不善の至り、遂に国使殺害に及んだものであった。いわゆる「不善之輩」なのであった（『平安遺文』二巻三八五号）。

(27)『今昔物語集』（巻第二十三の第十四）に、平致経について「此《コノ》致経ハ、平致頼ト云《イヒ》ケル兵《ツハモノ》ノ子也、心猛クシテ世ノ人ニモ不似《ニズ》殊ニ大《オホキ》ナル箭《(や)》射ケレバ、世ノ人此ヲ大箭ノ左衛門尉ト云《イヒ》ケル也トナム語リ伝ヘタルトヤ」とある。『尊卑分脈』は致経について「字《あざな》大箭」と記している。

(28) 市川建夫『日本の馬と牛』（東京書籍、一九八一年）、末崎真澄「源平期の馬の実像」（『合戦絵巻　武士の世界』毎日新聞社、一九九〇年）。

(29) 律令軍団制の下で騎兵隊が存在したが否か議論がある。『軍防令』に「騎兵隊」の語があるが、軍馬の調達が兵士によって行われること、軍団じしんが財政的にはほとんど独立していない実情から、騎兵隊の編成は困難だったと思われる。西岡虎之助の古典的研究「武士階級結成の一要因としての牧の発展」（『荘園史の研究』上、岩波書店、一九五三年）をはじめ、薗田香融「わが上代の騎兵隊」（『史泉』二三・二四合併号、一九六二年）、橋本裕「律令軍団制と騎兵」（『律令軍団制の研究』増補版、吉川弘文館、一九九〇年）以下多くの論考がある。

(30)『平家物語』（巻第九）は、木曽義仲の最期の様子をつぎのように記す。

「木曽殿は唯一騎、粟津の松原へ駈け給ふ、頃は正月二十一日、入相許りの事なるに、薄氷は張ったりけり、深田ありとも知らずして、馬をざっと打入れたれば、馬の首も見えざりけり、あふれどもあふれども、打てども打てども動かず、かかりしかども今井が行方の覚束なさに、振り仰《あふの》ぎ給ふ所を、相模国の住人、三浦石田次郎為久追っ懸り、よっ引いてひゃうと放つ、木曽殿内甲《うちかぶと》を射させ、痛手なれば、甲の真甲を馬の首に押当てて俯し給ふ所を、石田が郎等二人落ち合ひて、既に御頭をば賜はりたり」

また、義仲が気にした今井四郎の方は、ただ一騎、五十騎ばかりの勢の中に駈け入り戦った。頼朝軍は「只、『射取れや射取れ』とて、差攻め引攻め、散々に射たれども、鎧好ければ裏かかず、開間《あきま》を射ねば手も負はず」勇戦した。一の谷合戦のとき、熊谷直実は、子の直家に「常に鎧つきせよ、裏掻すな、錣《しころ》を傾よ、内甲射さすな」と教えた（『平家物語』巻第九）。わずかなスキを狙って敵に致命傷を与える高度な技術が要求されたのである。

（31）平治の合戦に、平重盛を追いつめた悪源太義平が郎等鎌田兵衛に「馬を射ておちん所をうて」と命じたのは、重盛の唐皮という鎧が矢をはじき返してしまうので、落馬してスキを見せる一瞬を狙えということであった（『平家物語』巻中）。屋島での戦いで義経が、上総悪七兵衛景清の挑発に、「あれ、馬強《づよ》ならん若党共、馳せて蹴散せ」と命じ、これに応えて五騎の兵が走り出した。先頭の武蔵国住人三穂屋十郎は乗馬を射られて落馬し、危うく討たれそうになるが、やっとの思いで逃げ戻った。そのとき「残四騎は、馬を惜うでかけず、見物してこそ居たりけれ」と『平家物語』（巻第十一）は記している。このあと、平家方の二度めの挑発に乗って義経は深追いして馬を海に入れ、有名な弓流しの場面となるのである。

（32）兜をかぶっている場合、弓を引くのに、現代の弓術のように引くと、弦が兜の吹返に当たってしまう。したがって、それ以上は引くことができない。遠矢を射るには引きしぼる必要があり、和田義盛が兜を脱いで射たのはそのためであろうか。現代の記録では三八五メートル余を最高とするといい、三町（三二七メートル）先の目標を外さず射るのは至難の技といってよい。

（33）網野善彦は、東の馬、西の船という基本的な視点を認めながら、なお「馬と船とは緊密な関係にあるのではないか」「馬の文化と、川や海の文化とは総合的にとらえる必要がある」と述べている（網野善彦・森浩一『馬・船・常民』河合出版、一九九二年、三五〜三六頁）。網野が注意するように、東国武士にとって湖沼河川における水運の問題、伊豆（北条氏）相模（三浦氏・和田氏）の海運の問題は重要な視点である。

四　鎌倉時代の地頭
―裁許状に見る―

㈠　丹波国雀部荘

丹波国天田郡に雀部荘と称する松尾神社領荘園があった。[1]松尾神社は京都の桂川（大堰川）右岸にある大社で、『延喜式』（巻九）に「松尾神社二座並名神大、月次相嘗新嘗」とみえ、祭神は大山咋神と市杵島姫命で、秦氏の祀るところであった。中世以降は酒の神としても信仰をあつめた。社領として、遠江国池田荘・越中国松永荘・伯耆国東郷荘など著名な荘園を領有したが、ここに扱う丹波国雀部荘もまたよく知られている。

雀部荘は、福知山盆地、現在の京都府福知山市東部に当たり、由良川（天田川）の中流に位する。『倭名類聚抄』には天田郡雀部郷の地名がみえる。雀部とは、古代大和朝廷の御名代部のひとつで、大雀命といわれた仁徳天皇の名号を付したもので（『古事記』中）、御名代のうちでは最も古い時期に設置されたものという。天皇の御膳をつかさどり、その分布はやや東国に偏するものの、全国的に設置されていたように思われる。各地の雀部を管掌したのが雀部君と雀部直で、それを中央で統轄した伴造が雀部連・雀部造・雀部臣であった。[2]

丹那国天田郡の前貫主[3]丹波兼定は、寛治三年（一〇八九）二月五日、病のため「前後不覚」に陥ったが、相伝の田畠を松尾神社に寄進するとして祈願したところ、同月八日に「夢想之告」があって、たちまち病気は平癒した。そこで兼定は、寛治五年十一月十五日付で私領田畠を松尾社に寄進した。寄進状によると、その四至は、

東限高津郷、南限□庄、西限土師郷并奄我、北限大山峯

とある。寄進に当たっては「本公験」を添えるべきであったが、応徳二年（一〇八五）二月二十一日の夜、国衙によって追捕されたとき紛失したという(4)。兼定が追捕された事件がいかなるものであったかは未詳である。

養和元年（一一八一）八月二十日、松尾社司は太政官に解文を提出し、つぎのように述べた。社領の天田川は松尾社の供菜料所で、ここで魚をとり、日ごとに大社に貢進している。しかるに「甲乙之輩」(5)が勝手に簗を設置し魚をとる事態が起こった。そこで、大社としてたびたび院に申し入れ、違例を停止せよとの制符も下されたが、効果はなかった。訴えられた「甲乙之輩」は、実は宝荘厳院領奄我荘《あんかのしょう》の荘民で、彼らは自分の居住する荘内では殺生禁断の制符を守りながら、松尾社領内の天田川に簗を打ち魚をとったのである（奄我荘は雀部荘より下流にある）。

実情を調べるために、松尾社の神人が現場に赴いたところ、奄我荘民らは乱暴を働き、神人を殺傷した。ことの由を検非違使庁に訴えたものの、とりあげられず放置されたままである。そのうえ、前年に起こった「関東乱逆」（源頼朝の挙兵をさす）以来、社領が武士たちに押領され、天田川からの貢進で毎日の供菜をわずかに支えているありさまで、このたびの乱暴で供菜も闕如するに至った。これにつき雀部荘側は、荘の堺から丹後国の堺までの天田川における「私漁釣」を禁止するよう太政官に申請し、官宣旨が下されたのである(6)。

松尾社供菜料所がいつ設けられたかは、必ずしも明らかではない。しかし、のちに述べる嘉禎年間の雑掌と地頭の相論の際に、雑掌が「当庄者、天承二年、募㆓日次供祭并御供闕分㆒、被㆑下㆓宣旨㆒之後、社家一向進退」と主張していることから推測すれば、天承二年（一一三二）に供菜料所が設けられ、鵜飼《うかい》らが「日別役」として「日次供菜魚」を

松尾社に貢進するようになったのであり、彼らは松尾社の神人身分を獲得して漁の特権を保証されたのであろう(7)。

建久八年（一一九七）二月二十五日付で、松尾社神主相頼は雀部荘をその男相久に譲ったが、相頼は父頼親から相伝したものであった。譲状に引く頼親の起請に「当神領者、入㆓功力㆒所㆑申㆑建也」とあり(8)、また建久九年十二月二十日付後鳥羽院庁下文(9)は、相頼から相久への譲与を認めたものであるが、相頼の解状は「雀部庄者、為㆓流失弐拾伍町代㆒之上、親父頼親立時、相博加㆓便宜之田畠㆒令㆓庄号㆒畢」と述べている。おそらく久安三年（一一四七）に洪水があって田地流失の災にあい、十一月、宣旨ならびに庁宣により実検使が「松尾社庄并證菩提院領三条院勅旨田」に遣わされた(10)。事情は不明であるが、前後合わせてみると、頼親は私財を投じて再開発に力をつくし、これを松尾社に寄進することにより立券荘号をかちとったのであろうか(11)。

文治元年（一一八五）源頼朝が朝廷に奏請して地頭を置いたとき、雀部荘にも地頭が補任された。しかし、神主相頼は「祈禱之労」として文治二年に関東下文を賜わって地頭を停止し（地頭職は松尾社に与えられたのであろう）、梶原景時を代官（事実上の地頭である）に補任した。正治元年（一一九九）に景時が失脚したのち、景時追討に功のあった飯田大五郎清重(12)が地頭職に補任された。景時のときも、地頭は給田二町・名田八町を領知するほか「敢不㆑相㆓交餘事㆒」、清重も「本司之例」を守って推移してきた。しかるに承久以後になると、地頭はややもすれば「張㆓行非法㆒」することが多くなった(13)。貞応二年（一二二三）神主相久は、地頭代十郎の新儀非法を幕府に訴えた。それは、地頭が地頭名田の所当を弁済せぬこと、神人百姓が罪を犯した場合、犯人跡と称してその在家敷地を押領して所当を納めず、また「山河半分」の率法を主張して贄の魚をとったというのである。正員地頭である清重は、この代官の非法を知らずにいるのであろう。なぜなら、以前には、非法の代官はみな改易されたのであり、それが行われないということは、正員地頭がその事実を知らないからであろうと相久はいう。幕府は神主側の主張を認め、先例のままに沙汰せよと地頭に命じた[14]。

(二) 松尾社雑掌と地頭大宅光信の相論

嘉禎三年(一二三七)六月、相久は雀部荘を子の相政に譲ったが[15]、その頃、松尾社は地頭大宅光信(清重の子)と争い、地頭の非法を六波羅に訴え、嘉禎四年十月十九日付で六波羅下知状[16]が出され、いちおうの決着をみる。その下知状は全一〇条よりなる長文のもので、しかも初期の地頭のありようをうかがうに足る史料として著名である。鎌倉時代の地頭の非法を示す代表的な例として右の下知状はしばしばとりあげられ[17]、各種の史料集類にも一部が引用されることが多い。六波羅の法廷で対決したのは、松尾社の雑掌覚秀と、地頭左衛門大宅光信である。各項目ごとに両者の主張と六波羅の裁決を記してみよう。

〈第一条〉「地頭名所当年々未進事」

雑掌……当荘は天承二年(一一三二)に宣旨を下されてより以来、社家が一向これを進退し、荘官職(下司・公文・案主)も社家の成敗するところであった。ところが「治承乱逆比《ころ》」に地頭を諸国に置いたとき、前神主相頼が祈禱の功により文治二年(一一八六)に関東下文を賜わって、地頭職を社家に付けられた。そこで梶原景時を地頭代官とし、以前の荘官の例に倣って給田二町・名田八町を地頭領知分として認め、地頭は他のことに口出しすることはなかった。ところが、梶原景時が追討され、飯田清重が地頭職に補任された。はじめ地頭は先例にしたがい、新儀なく無事に過ぎたが、承久の乱後、ややもすれば非法を行い、貞応二年(一二二三)には関東下知状によって新儀を停止せしめられた。しかし地頭名田の所当(年貢)については対捍し、これを納めず、一年分二五石余で、承久三年から嘉禎三年まで一七年間、都合四二七石余のうち所済分は一二〇石余で、未進は三〇〇石余にのぼる。今年（嘉禄四年）は将軍の上洛の御供を口実に非法・過法をいたし、先の貞応の関東下知状も甲斐なきこととなっている。かかる次第であるから、文治二年の下文により地頭職を社家につけられるか、または未進の所当を弁済して闕乏の神事を興行せしめるか、いずれかの判断をいただきたい。

地頭……梶原景時追討のとき、駿河高橋の合戦の功によって父清重が地頭職を賜わったが、遼遠の、しかも小さな所領なので、下人[18]一人を遣わして管理に当たらせた。当時はわずかに池・河の辺りの荒廃田畠が少々あるのを本司跡と号して地頭に給されたが、地頭得分はまさに有名無実の状態であった。地頭名田一〇町のうち三町五段四〇代は荒廃の地であり、こうした状況で三〇余年を経過した（地頭による経営がきわめて消極的であったことを物語る）。承久以後、荒野は六段四〇代に及び、これについて所当はいっさい弁済していない。雑掌は、承久以前から所当は二五石というが偽りである。証拠に「切符[19]」を出してほしい。まして承久以後においては、所当額について認識はない。この間、二、三人の代官を補任したが、代々何事もなくすんできた。いったい貞応の下知状については、地頭方にこれを知らせず、年月を経て負累がかさんだいま、突然納めよと譴責されても弁済できるものではない。これは地頭改替を狙ったものとしか思えない。未進の有無については名田を検注したうえで処置されたい。

雑掌……文治二年に検注を行い「下司名田取帳坪付」が現存する。これによって梶原景時は多年領掌してきた。その例にしたがい、地頭は数十年領知してきたのであり、これは図帳に明らかである。何でこれを新儀というか。嘉禎三年実検のとき地頭名の荒廃は全く認められなかった。所当納入に応じられないというなら、検見について異議を申し立てるべきだったのではないか。また、にわかに所当の催促をしたというが、「吹毛」（無理に欠点を探す意で、「こじつけ」ぐらいの意か）である。毎年催促してきた。所当の額（二五石）について、建暦三年・建保二年・同三年の切符を証拠として提出する。承久以前から二五石であることは明白である。ところが承久以後「減二切符一」じて毎年五、六石にすぎず、未進額は数百石に及ぶ。それを代官の責任だとして地頭が罪を免れようとするのは不当である。「御式目」（関東御成敗式目をさす）には「抑二留本所年貢一者、雖レ為二代官之所行一、主人可レ懸二其咎一」[20]とあり、地頭として弁償すべきである。つぎに、貞応の下知状を地頭に知らせなかったというが、正文（下知状の原物）は社家に留め、案文は地頭に交付した。地頭の主張は偽りである。名田の検見について、正検（領主の代替わりなどに行う惣検注）は文治・嘉禎の両度に行った。内検（その年の作田状況、損田、得田を調査する）は「辛巳之年」（承久三年）に行ったが、地頭代がこれを阻止した。

地頭……負累が数百石に及ぶというのは、いま訴訟になって初めて知ったことで、代官に非があれば直ちに罷免する。代官の咎を正員地頭にかけるということであるが、御賢察を賜わりたい。

裁決……地頭は二代四〇年にわたり領知し、あえて新儀非法はなかった。今年に至り、将軍上洛にことよせて新儀非法あるは、ゆるすべきでない。とくに、松尾社の日別供米については、承久以前の所済例に任せ、対捍[21]してはならない。また負累の三〇〇余石については三か年以内に弁償すべきである[22]。

〈第二条〉「日次供祭魚事」

雑掌……日ごとに松尾社に納める供祭の魚については、鳥羽・後白河院の勅願によるものであり、天承年間から嘉禄の今日まで違乱なく行われてきた。荘内の鵜飼らは、日別役として贄（神に供える食料）を貢進してきたが、地頭は「山河半分之率法」[23]と称して、贄の魚などを奪い取った。新補率法においては承久以後の下知であり、三代の将軍の下文を帯する地頭については新儀あるべきではない。

地頭……地頭職に補任されてから父子二代四〇余年の間、鮭（天田川には鮭がのぼってきたのである）といい鮎といい、領家・地頭ともにこれを漁獲してきたのであり、今年になって初めて異議を唱えるとは何事か。これについては、公文や番頭また鵜飼を召して尋ねてほしい。

十二番頭(24)……地頭が川の魚をとることは先例がない。

裁決……地頭が川の魚をとることを停止する。

〈第三条〉「充二造地頭庄屋於百姓一事」

雑掌……地頭の荘屋は、以前は草屋（草葺の家）だったが、これを毀ち薪とし、新たに「五間三面式屋(25)」を建てようとして、その役を百姓らに課した。百姓らは前例のないことに驚き、逃散を企てようとしたほどである。

地頭……荘屋の造作は新儀ではない。先年、地頭代官が入部したとき、地頭政所があまりにもひどい状態だったので、百姓らが費用を出して公文の後見刑三男の家を買い取り、荘屋を造ったことがある。これは番頭に聞いてもらえばわかることである。

番頭……刑三男の家を買って荘屋を造ったことはない。買い取った家で菅内村に大温屋《おおゆや》(26)を造ったのである。

裁決……番頭の証言により地頭の主張は否定された。地頭の新儀を停止すべきである。

〈第四条〉「段別銭三百文充徴事」

雑掌……地頭は、今年上洛のとき、臨時役と号し段別三〇〇文(27)の弁済を求めた。一〇〇町余の地に段別三〇〇文とは、その額は莫大なものである（三〇〇貫文以上になる）。定められた年貢以外の賦課は停止すべきである。

地頭……この銭については、百姓らに対面したとき「御共用途」（将軍に従って上洛した費用）として先例はないが、三〇〇文でなくとも能力に応じて出してほしいと要求した。「百姓之志」（百姓の拠出）がなければ在京の費用を賄うことはできない。〔補注1〕

裁決……在京費用はさほど大きい負担ではないのだから、地頭は自弁すべきであり、段銭の徴収は停止せよ。

〈第五条〉「以㆓新儀㆒充㆓永夫㆒事」

雑掌……社家の重色《ちょうしき》（重要な）永夫《ながふ》（長期間召し仕う夫役）は一日に一人である。ところが地頭は毎日九人を召し仕う。たとい先例があったとしても、一日九人は過分である。まして先例のないことなのであるから停止せらるべきである。

地頭……地頭として二代四〇年余の間、公的にも私的にも上洛したことがなかったので、その夫役を召し仕うことはなかった。〔補注2〕それで、雑掌は先例がないといっているのであろうが、地頭の身として百姓夫役を召し仕うのは当然のことである。

裁決……永夫に先例のないことは地頭も認めているのであるから停止する。

〈第六条〉「京上夫事」

雑掌……百姓夫役は、梶原景時知行のときは例はなかったが、当地頭が入部してきて、坂東夫（鎌倉で召し仕う）二人を一年間召し仕う代償として、毎年番別に「夫功」〔補注3〕と称し米三斗五升・紙一〇帖をとった（十二番で合計米四石二斗・紙一二〇帖）。その他に夫役はなかったが、京上夫と号して少々催促し、承久以後は地頭代が過分の夫役をとるので百姓らが訴え、在家別に一年に一度と定めた。在家役のほかに重ねて召し仕うのは非法である。しかも百姓らを京都に留めて「緊縛禁固」するなど以てのほかである。雀部荘民は「生得之神人」〔補注4〕（荘民は松尾社に供御を奉ることにより神人の身分を得ていた）である。神職を解かずに緊縛するとは何事か。

地頭……坂東夫は父清重のときは毎年四人召し仕ったが、百姓の負担を軽減するため二人とした。残りの二人分についても、地頭代がその代償をとるよう改めたのである。京上夫については、承久以前は「随㆓要用㆒」（必要なとき随時）召し仕っていた。承久以後は代官の私の計らいで在家別の負担に改めたというのは根拠のない言い分である。京上夫を緊縛する件について、上洛夫のうちには勝手に国に帰る者があるので、代官が荘に下るとき一緒につれて帰ろうと、夜は「籠二戸屋《（小屋カ）》一」めただけである（「夜《よ》籠《ごもり》の戸屋」と読めないこともない）。百姓下人など「無二云甲斐一奴原」が何で神人であるものか。

裁決……両者の言い分はくいちがっているが、神人を緊縛するのは宜しくない。坂東夫・京上夫については、正治以来承久以前の例を守り沙汰すべきである。

〈第七条〉「薪蒭房仕役事」

雑掌……先例は、地頭のために毎日薪二束・蒭《まぐさ》一〇房を供給するが、房仕役勤仕の先例はない。しかるに、今度、地頭は薪一〇束と蒭八〇房を要求した〔補注5〕。

地頭……荘の解状によると、薪は六束、蒭は三〇房ということである。これは雑掌の言とちがっている。いったい、代官在荘のときは先例によるべきであるが、正員地頭（大宅光信）が下向したときは、これら諸役の勤仕を命ずるのは当然で、これなくして何で日常の生活を支えることができようか。

裁決……先例に任せよ。新儀あるべからず。

〈第八条〉「可レ充二作下司名田於百姓一由事」

雑掌……梶原景時のときはこのことはなかったが、当地頭になってから、荘民を農作業に雇仕《こし》（やといつかう）するようになった。一人一年に三度で、「耕日、殖日、草取日〔補注6〕」である。食料は一日に三回支給される。ところが今年から「地本《ちほん》」（土地）を百姓らに割り当て、種子だけ支給して食料を与えなくなった。村別二段〔補注7〕ずつおしつけて耕作させた。

地頭……地頭の正作（直営田）に百姓を雇作させることは諸国に傍例がある。召し仕う日に食料を給するのも、もちろんである。但し、以前、代官ばかり居住のときは、一、二町を耕作させて三〇年ばかり経過したが、正員地頭が在荘するようになって、京都での勤めを果たすため、二、三町ふやして耕作させたとしても非法ではあるまい。一町二段の田をつくるため種子・食料を下行したにもかかわらず、領家（松尾社）からの制止の命令があったとして、この地は荒廃に帰した。これでは、地頭として名田を耕作することが不可能になってしまう。

裁決……下司名田について、正治以前の例に任せて新儀あるべからず。

〈第九条〉「十二番頭一人別伝馬一疋、相并十二疋、為㆓地頭下向㆒〔補注8〕可㆓京進㆒事」

雑掌……伝馬役は先例のないことで、合わせて一二疋とは全くの新儀である。

地頭……父清重以来四〇年の領知の間、京上のことはなく、したがって伝馬催促の先例はない。しかし、地頭として伝馬を催促するのは当然のことであろう。

裁決……先例なしと地頭も認めている。新儀あるべからず。

〈第十条〉「社家進止公文、以㆓新儀㆒擬㆑召㆓仕地頭方㆒事」

雑掌……梶原景時以来四〇年そのことがなかったのに、社家が進退権を有する公文職に介入するのは謂れのないことである。また「下司職」を「地頭職」と改めることも承伏しがたいことであったのに、このうえ、公文まで地頭方に召し仕うとはいかなることか。また、毎年の地頭名田の所当の切符に公文の判形は捺《お》さないが、公文をも召し仕うというならば、公文の判形も加えればよいではないか。

地頭……先年、地頭代が公文大光法師のもとに寄宿したことがあった。召し仕う者でなければ、何でそのようなことがあろうか。惣じて諸国荘園の習《ならい》（慣）として、地頭方の公事を公文に申し合わせるのは当然のことである。「召仕」といっても、地頭が公文に木を伐らせたり草を刈らせたりするのではなく、「只以二文書之故実一、可レ申二合庄内公事一」ということなのである。

裁決……公文が一般の文書および地頭方の公事にかかわるのは当然であり、また地頭は四〇余年公文を召し仕うことなしというのであるから、新儀に及ばず。

以上、雀部荘の地頭と領家松尾社雑掌の相論、および六波羅の裁決を見てきた。鎌倉初期の地頭の「非法」と称されるものの内容は大略以上のようなものであり、他の荘園などでも同様な事情が見られた。直ちに看取されるのは、幕府の地頭に対する厳しい姿勢である。大宅光信の主張は悉く退けられている。最も注目されるのは、最後の項目で扱った荘園文書行政の件で、領家方の進退の下にある公文の協力なしには、地頭は地頭名など限定された範囲のほかに支配を拡大することは困難であった。したがって、地頭は公文職に介入し、公文を主従関係の中にとり込もうとつとめたのである。

(三)　若狭国国富保

国富保は、もと吉原安富の私領であった。吉原安富は官務小槻隆職《たかもと》の仮名《けみょう》である。安富の私領は永万元年（一一六五）に保を号して、官御祈願米以下四種の納物をいたし、同時に傍例に任せて国衙使の入部を停止された。吉原安富は、その後開発につとめて貢納も怠ることがなかったという。安富は保司の地位にあったのである。のち建久五年（一一九四）保は安富およびその子孫を保司とする太政官厨家領となり、鎌倉初期には、見作田一五町三段一九〇歩、田代（開墾可能な荒野）八町八段六〇歩、常荒三町余の規模を持っていた。(28)

承元元年（一二〇七）に、保の領家＝太政官厨家（事実上は壬生官務家）と地頭の間に相論が起こった。領家側は現実に保を管理していた保司（ここでは「公文」の称号を有する）、地頭側は地頭代（地頭は在国していない）、この両者の争いである。その内容は、承元元年十二月日付将軍家政所下文（前欠、『鎌倉遺文』三巻一七〇九号）および建保四年（一二一六）八月十七日将軍家政所下文（同・四巻二二五八号）によって知ることができる。領家方の訴状は地頭の非法一六か条を掲げたものであったらしく、その各条について訴陳あり裁決が下されたのである。順次それについて解説する。

〈第一条〉地頭佃のこと。

一般に、地頭は自己の田畠の経営に荘民を使役することができた[29]。当保でも、「前地頭時貞法師例」とあるから、使役の慣例が存在したのであろう。その先例を破ったことが訴訟の対象となったのである。

〈第二条〉地頭定使月別入物のこと。

「非㆓普通之法㆒」る雑事を百姓に課したものと見られる。幕府の裁決には「但、雑事内至㆓于莒薪㆒者可㆑従㆓省略㆒也」とある。おそらく「莒薪」は地頭得分として認められたか。

〈第三条〉狩鮎川人夫のこと。

これを百姓が勤めるのは先例であったが、「農節之比、無㆓百姓煩㆒」きようにせよとした。のち、文永元年（一二六四）の幕府法（追加法四二四条・四二六条）では、「農時不㆑可㆑仕㆑之」として「夏三ヶ月間、永私不㆑可㆑仕㆑之」としている。夏というから四・五・六月である。なお、令制では「要月」と称し四・五・六・七・八・九月をあげ、他を「閑月」と称している。

〈第四条〉蚕養のとき百姓を催仕すること。

地頭の陳状によると「十余年之間、随二要節一雖二催仕一無二其訴一」とあり、長く慣例となっていたようであるが、このとき停止された。

〈第五条〉藍役のこと。

この役は国衙領時代につとめていたものであるが、「庄号之時」（建久六年立券のとき）領家太政官厨家からは免除されていた。それを、地頭のみ依然として収取していたのを停止した(30)。

〈第六条〉地頭代官らの馬の飼養のこと。

正地頭の馬一、二匹分だけについては百姓も敢て異議を申し立てない。正地頭が荘に下着したときの「莒薪精進雑菜、如レ此之入物勤仕之状、非二指煩費一」と百姓は述べている。百姓が拒否したのは、地頭の子息や代官らが領内をめぐるときの雑事で、これは地頭名得分から支出すべきであるというのである(31)。

〈第七条〉地頭が百姓らの麻を刈り取ること。

地頭陳状では「至二于麻畠一一切不レ成レ妨、於二山苧一者一度苅レ之」ということで、地頭も「自今以後可レ令二停止一」と承認した。

〈第八条〉夫馬役のこと。

地頭佃の所当（年貢）を運ぶことは百姓として当然であるが、そのほか巡役として一年一度は夫馬役を勤める。ところが地頭は百姓の夫馬を使役して「他所物」を京都に運送した。これは「頗為二非法一歟」と停止された。荘民が問題としたのは「京上并木津越夫馬役」であった。京上については問題ないが「木津越」は何か。山城国木津では唐突であるし必然性もない。若狭国内では木津荘の存在が認められるが、所在は未詳である。近江国では蒲生郡の現日野町に木津があるが、これも必然性が認められない。

〈第九条〉関東夫馬切米のこと。

　地頭の陳述によると、関東夫馬役は地頭補任以来十余年にわたって百姓らに課してきたものであり、米六石を夫一人分に宛ててきた。米六石をすべて百姓の負担とするのは地頭の苛法というべきものである。今後は、半額の三石は地頭の負担とすべきである。関東夫馬とは鎌倉番役に際しての夫馬役である。また、京上役と称するのは、おそらく京都大番役に際しての夫役である(32)。

〈第一〇条〉供給雑事《くごうぞうじ》のこと。

　代官禅家法師の下人の供給雑事といい、目木六郎妻子代官等の雑事房士（仕）の停止については、地頭自ら承伏した。女房上下向送迎に関しては地頭の陳弁がないが、百姓らの訴えによると重い負担となっており、省略に従うべきである。逓送雑事としての供給は史料に広く見られる(33)。

〈第一一条〉逃亡百姓の在家・田畠の処分のこと。

　逃亡百姓の在家を壊ち取り、その田畠を地頭名に編入するのを禁じ、「逃亡百姓出来之時、在家有二一宇一者、領家・地頭相半而招二居浪人一、互可レ為二公平一也」とした。これについては、関東御成敗式目の第四二条につぎの規定がある。

　一、百姓逃散時称二逃毀一令二損亡一事

　右諸国住民逃脱之時、其領主等称二逃毀一抑二留妻子一奪二取資財一、所行之企甚背二仁政一、若被二召決一之処、有二年貢所当之未済一者可レ致二其償一、不レ然者早可レ被レ糺二返損物一、但於二去留一者宜レ任二民意一也

これは、逃散と逃毀を区別するものとして知られるが(34)、逃散のとき「抑二留妻子一、奪二取資財一」ることは非法なのである。当保の場合は逃散であるから、「壊二取逃亡人在家一、引二籠其田畠於地頭名田一事」が非法なのである。承元の

下文にあるように、逃亡人の屋敷は領家の進止に属する。逃亡人の跡をどうするかについて、承元下文は、浪人を招《まね》き居《す》えるとしているが、これは鎌倉時代一般の例であったらしい(35)。

〈第一二条〉地頭代官が公文・百姓に起請文を書かせたこと。

地頭代官は、再び訴えられることを恐れて「召㆓籠公文家長法師并百姓等㆒」めて無理に書かせたのである。

〈第一三条〉臨時重役のこと。

百姓らは、地頭が「閑院造替・関東御堂釘・正地頭宿所焼失之訪・叡山講堂材木引・八条御所用途、其外当国造八幡宮杣入」などの臨時重役を「無㆓其隟《ひま》㆒」く賦課したことを訴えた。これについて幕府は、「為㆓地頭職㆒何不㆑下㆓知雑事㆒哉、但於㆓過分不堪之課役㆒者、早可㆑令㆑優㆓土民㆒」といい、地頭の行為を条件つきで容認している。閑院造替以下は「正地頭宿所焼失之訪」を除けば、おそらくは幕府が一律に地頭に命じて徴収した夫役・雑事であろう。したがって幕府も当然のこととしているのである。ただ、それにかこつけて、地頭が過分の課役を農民に賦課するのを禁じているにすぎない。

〈第一四条〉過料を責め取ること。

「雖㆑無㆓指犯過㆒、触㆑事責㆓取過料㆒、剰其身并縁者等悉令㆓引取㆒」との百姓の訴えに対して、幕府は、甚だ穏便ならずと停止している。地頭には管下領内の裁判権があり、のちに定められた幕府法にそれは定着した。本項も、真犯人であるときは過料の徴収が認められていたことを示している。

〈第一五条〉百姓逃亡のこと。

紙漉の恒利が地頭の重い課役にたえかねて逃亡した。恒利は「以㆓領家憐愍㆒被㆓召仕㆒」れていたというから、おそらく紙漉の技術によって領家から免田(給田)を与えられていたのに対して、地頭が課役をかけてきたというのであろう。「御成敗式目注」に「逃散地頭政道依他出曰也」「逃散トハ地頭ニ退屈シテ逃散ノ人也、是ハ地頭ニ有レ過也」とある。実際その例は枚挙にいとまない。(36)

〈第一六条〉犯科人のこと。

百姓紀太男が盗犯を企て逐電したが、地頭はその罪を無関係な百姓にまでかぶせた。これについて幕府は、「雖レ為二縁者一、贓状不二露顕一者、争不レ糺二犯否一、猥可レ処二罪科一哉、証拠不二分明一者、早可レ令レ安二堵彼輩一矣」といっている。おおよそ盗犯の罪は贓物の多少によって論じられたが、その科《とが》は「一身科」であって、追加法(二一条)は「於二親類妻子并所従等一者、如レ元可レ令レ居二住本宅一也」と定めている。

以上、承元・建保年間における地頭の押妨の内容を列挙したのであるが、一見して明らかな如く、これをつぎの二点に集約できる。第一は、地頭の権限の拡大化、過度な農民搾取、第二は、百姓名の侵略とその経営のための賦役増大への要求である。このような地頭の非法は「初期領主層の非法の特質」(37)を備えているものといわれる。

(四) 越中国石黒荘

石黒荘は越中国砺波郡にあった御室《おむろ》(仁和寺)円宗寺領荘園であった。現在の富山県南砺市福光町付近に比定される。中世には、一〇か郷から成る大規模な荘園で、康和元年(一〇九九)荘内山田郷のみでも三三七町余とある。鎌倉幕府成立後、元久元年(一二〇四)下司定直の地頭職が認められ、公文職も彼の手に入った。定直の孫が定朝で、雑掌と相論を起こす。弘長二年(一二六二)三月一日付関東下知状(『鎌倉遺文』十二巻八七七五号)が史料である。石黒荘弘瀬の地頭定朝らと雑掌幸円らとの相論で、訴陳の果て、右下知状で裁決が下されたのである。すこぶる長文で二六か条に及ぶが、以下内容を摘記する。

〈第一条〉地頭職のこと。

幸円……弘瀬の地は山田郷内にあり、往古より領家の進止に属していたが、頼朝公また頼家公のとき飯埜三郎康家ら三人に地頭職を宛て給された。しかし本所仁和寺の訴えによってこれは停止された。ところが地頭定朝の祖父定直が領家の房人となったので下司職に補任された。もし訴訟出来のときは地頭職を停止するとは元久三年（一二〇六）の御教書にも書き載せられたところである。ところが今度、地頭はこれに背いて領家に敵対し「郷務」を押領したのであるから、契約のままに、定朝らの地頭職を停止すべきである。

定朝……弘瀬は各別の地であり、山田郷内の地ではなく、山田郷と弘瀬郷の両郷を合わせて一荘を構成する。定直が領家から下司職に補任されたことについて、平氏以前のことは知らない。木曽義仲から安堵下文を受けてのち御家人として代々の将軍の下文を賜わっているのであるから問題はない。三代相伝の地頭職をたやすく妨ぐべきではない。

幸円……弘瀬郷が山田郷内にあることは明白である。

定朝……山田・弘瀬両郷は、昔はひとつの荘園であった。

裁許……地頭職は三代にわたり年序を経ているから、いまさら改沙汰に及ばず。

〈第二条〉山田郷惣追捕使職のこと。

定朝……山田郷の地頭職・惣追捕使職は重代の私領である。しかるに領家はこれを他人に宛行った。避文《さりぶみ》(38)によると、地頭職を止むとのみあって、惣追捕使職を避り渡すとは書いていない。

幸円……領家が両職を他人に宛行ってのち年序を経ている。

裁許……年序を経たるにより、いまさら沙汰に及ばず。

〈第三条〉幸円の悪口(39)のこと。

裁許……所詮は、さしたる悪口とはいえないから沙汰に及ばず。

〈第四条〉定朝京方のこと。

裁許……定朝が承久の乱に京方に与同した件について、いまにおいては子細に及ばず。

〈第五条〉定朝・定時が強盗・竊盗をかくまっている件。

裁許……子細不分明であるから、守護人に命じて尋ね究むべきである。

〈第六条〉重松名田数のこと。

幸円……実検丸帳に地頭給田一町・雑免一町（重松名）と見えるが、検注を行い、預所と地頭の両者が取帳を読み合い、目録を固めようとしたところ、定朝は一三町の作人の名字を目録に結《かた》ね入れよと主張したのだが、容れられなかった。それなのに、地頭はこれを重松名と号し、取帳に書き入れる罪科は遁れがたい(40)。

定朝……重松名はもと一三町で、所当は町別五石余であることも明らかである。読み合いのとき地頭方取帳に作人名字を書き入れたところ、雑掌が意に任すべしと返答したので、その通りにした。

幸円……重松名一三町は、承久の帳には記載されておらず、地頭は謀書を構えている。件の一三町は読み合い以後の加筆であることは明白である(41)。

定朝……謀書の件については、年序を経て紙の色も変わり、手跡・判形も調べてもらえば相違ないことがわかるはずである。読み合い以後の加筆というが、そのようなことはない。公事配分（割り当て）のための注記を行っただけである。

幸円……重松名のことを書き入れたことは明らかであって、公事配分のための記入などではない。

裁許……重松名の田数相違のことは「他名を重松名に引き入れた」ものであることは明らかである。定朝が後日書き入れたことは頗る「自由の所行」というべきであるが、書き入れが預所の免許によらないものという証拠を幸円が提示できないのであるから、定朝を罪科に処するには及ばない。名田の田数については、定朝の承久丸帳や返抄がある以上、先例を守り募るべきである。

〈第七条〉高宮村の新田の作稲を苅り取ること。

定朝……預所重禅が当所・他所の人勢をひきいて、建長元年（一二四九）八月二十七日、地頭時定の正作田〔補注9〕の稲を六〇〇余束苅り取った。狼藉の段明白であるから、重禅を改易せられたい。

幸円……件の田が預領名内にあることは両方の取帳により明白である。そこで預所の下人が田に種子を蒔いたところ、定時が多勢をひきいてやってきて、にわかに二〇～三〇束苅相当の(42)「押殖《おしうえ》」をした。その後、田に水を入れず、除草もせず棄ておいたので、幸円の舎弟が使者を遣わして作人の歎き申す由を申し送ったところ、苅り取るべしと返答があったので西仏法師が苅り取ったのである。また、これが安丸名田であることは正治二年（一二〇〇）の年貢散用状に見える。

定朝……安丸名など知らない。散用状は丸帳ではないのだから〔補注10〕証拠とするに足りない。しかも件の名は宝治取帳の読み合いのときには記載されていない。いま雑掌方の取帳に記載されているとすれば、読み合い以後の加筆であろう。

幸円……宝治の取帳は「読合」を遂げたのであり、それを相違するとするならば、明らかに定朝の謀書である。

裁許……稲を苅り取ることについては、両者の主張それぞれ証拠薄弱で、穏便の儀を忘れた申し分で、沙汰の限りにあらず。安丸名のことは散用状に載っているのだから、定朝の主張は不実である。結句、安丸名は正治散用状により、重松名は承久丸帳、宝治・建長の返抄によって裁許すべし。

〈第八条〉弘瀬郷の惣追捕使職のこと。

裁許……幸円は地頭が押領したと非難し、定朝は先例としてその職を定め置くことなしという。先例を荘家に尋問すべきである。

〈第九条〉新田のこと。

定朝……新田が地頭得分であることは故右大将家（源頼朝）のとき仰せ下されたところである。件の田四町余は定直が荒野を開発したもので、預所による検注でも取帳に付けなかった。先例・傍例により当郷は預所の支配を受けないものであったのに、預所重禅が下知に背いて作稲を苅り取ったのは狼藉の科を遁れがたい。宝治の検注のとき新田の記載がないのは、本田の実検を預所が行わなかったからで、それを何で先例に背いて目録に結《かた》ね入れるのであるか。

幸円……たとい新田であっても、検注のとき取帳に載せたら、使の免許を蒙らずに、何で地頭がこれを籠め置くということがあろうや。いわんや本田跡なのであるから。大将家の下知を帯せず縁者の状などを示しても証拠とするに足りない。ついで苅田のことについて、預所が苅らなかったことは作人の申状で明らかである。

裁許……検注使の免許を得ぬものは、新田であっても地頭がこれを押妨すべきではない。宝治の検注のとき取帳に載せられているのであるから、地頭の濫訴は停止すべきである。

〈第一〇条〉漆のこと。

定朝……百姓分の漆は、地頭がこれを掻《か》いても領家分については先例どおり進済している。ところが、当預所は地頭名の漆までも掻き取り押領した。

幸円……漆を掻いたのは預所の下人である。免田を与えられていて、漆を掻き預所方に進済するのである。地頭の得分はない。定朝がいう地頭名の漆はすべて百姓分である。

定朝……漆は漆掻役が掻き、領家分四合八撮、預所・地頭分各一盃を取る。その地頭分を預所重禅が押取した。事は弁儆《べんよう》に尋ねられたい。

幸円……弁儆は地頭の縁者だから証人とすることはできない。

裁許……弁儆は証人となしがたい。事は荘家に尋ねられ決すべし。

〈第一一条〉千手堂免田一段のこと。

定朝……千手堂は百姓延正名内にある。かの堂が顚倒したので、弁継の下人増仙がこれを建立し、預所・地頭ともに免田を寄附した。免田は年来柿谷院主明鑒が領作してきた。しかるにこれを石丸名内として掠め取り、送夫対捍と称し作毛を苅り取った。

幸円……免田は石丸名内にある。建暦の寄附状によると預所進止の地である。貞応三年（一二二四）に至り、増仙の沙汰として住僧を据え置いた。ところが、定朝の父貞茂が堂舎・僧坊を押領し、明鑒を据え置き、明鑒の所従である上光法師がその田に小屋を造り居住した。定朝の舎弟は人を呼びよせて、ここで四一半を打っている。上光法師を追却し、作稲を点定し（差しおさえる）、それを堂の修理料に宛てるべきである。

定朝……四一半のことは知らない。守護又代官孫太郎によると、預所の家子難波二郎は宝治二年（一二四八）に預所の宿所で四一半を打ちながら、何の咎めもなかったではないか。

幸円……孫太郎は地頭の縁者であり、証人とするに足りない。

裁許……千手堂は預所進止たるべし。免田一段は堂免たるべし。その作毛は修理料とすべし。四一半のことは守護所において犯否を尋ねよ。

〈第一二条〉高宮村の新畠の作毛のこと。

定朝……件の畠の大豆・小豆・麻・苧・白苧・桑を預所が押し取った。件の畠は地頭の下人下藤庄司の作畠である。畠においては預所・地頭両方で沙汰すべしとの下知がある。いわんや、これは地頭下人の作畠であるから、なおのこと。

幸円……両者で沙汰すべしというのは平民百姓逃亡跡についてのことである。下人庄司男が作畠を苅り取ったことを預所は訴えているのである。

裁許……いずれとも是非決しがたい。作毛といい下地といい、土帳に任せて糺明せよ。

〈第一三条〉山手・河手(44)のこと。

定朝……預所は建長元年（一二四九）初めて河手の材木を押し取った。承久以前に預所が取ることがあったかどうか、近隣の輩に召し問わるべきである（承久の乱からすでに四〇年たっている）。

幸円……山手・河手は一向領家の進止であるのに、承久以後地頭が押領した。近隣の住人が何で承久以前のことを知ろうや。

裁許……承久以前の例を近隣の古老住人に尋ね問うべし。

〈第一四条〉預所が仏神田を勘落(45)せること。

裁許……双方の主張はまちまちであるが、下地については地頭の非論を停止し、宝治の取帳に任せて仏神田を置くべきである。同田地の地頭の加徴についても、預所方京上ならびに田率役についても、いずれも宛て催すべからずと双方とも述べているので、さらに異議に及ばず。

〈第一五条〉大菅生名田のこと。

裁許……右の名田は定朝の先祖定綱の開発にかかり、これを地頭名に引き籠め安堵の下文を得ているのに、預所が濫妨したと訴えている。地頭所進の下文によると「招二居浪人一、可レ致二能治一、兼又随二京下使進止一」とある。名田は領家よりの恩顧の地であり、地頭の敵対は甚だ自由というべきである。

〈第一六条〉松本名苅田のこと。

定朝……逃死亡跡は預所・地頭あいともに作人を付くべしと宝治の下知状にある。しかるに松本名の地頭分に預所方から越境して押作し、定朝の作田五〇束苅ばかりを預所が苅り取った。

幸円……松本名田は預所分である。

裁許……下地においては私の中分をとどめ、浪人を招き居《す》え、両方として召し仕え。作毛のことは、あいまいな議論であるから、取りあげない。

〈第一七条〉柿谷寺のこと。

定朝……先祖定綱が建立し代々氏寺として院主職は地頭の進止である。院主初任のとき見参料〔補注11〕を預所に出すが、預所の介入すべきものではない。

幸円……泰澄〔補注12〕大師の建立により、数百歳を経ており白山末寺である。院主職は代々領家の進止であり、預所が居住している。

定朝……私の建立の寺でも、北陸道の習いとして、山伏通峯のとき便宜により宿泊するのは先例である。だからといって地頭の進止にあらずとはいえぬ。

幸円……医王山一宿の由、もちろんのことである。

裁許……双方の主張ともに指せる証拠なし。荘家に尋ね問うべし。

〈第一八条〉地頭加徴のこと。

定朝……領家佃一町については加徴を取られないが、預所給田二町については、往古は段別一斗の加徴を取った。宝治検注以後は抑留されている。

幸円……承久以前は、地頭は公田の加徴を取らなかった。預所佃から加徴を取るなど傍例もない。領家佃は、正治目録によると三町一段三〇〇歩であり、なんでそのうちの一町だけから加徴を取るというのか。預所給田二町・千手丸二町は除田である。

定朝……領家佃一町と地頭給一町は目録にのせ、ともに課役の沙汰はないが、預所給などは往古の除田というも、領家坊人の給恩であるから、地頭加徴を取る先例がある。正治の状というは地頭の加判のない領家方の散用状である。領家佃一町については存知しているが、他の三町余については承知しない。

幸円……定朝は根拠のないことを述べている。私は証文を進め上裁を仰ぎたい。地頭は所務に関与しないのだから、取帳に判形を加えることはないのだ。

裁許……承久以前から公田加徴は取られていた。領家佃の田数については正治取帳に任せて引き募るべし。佃のうち二町余ならびに預所および千手丸給田に地頭加徴を課してはならない。

〈第一九条〉公文職のこと。

裁許……公文職は地頭が兼帯し、領家の所務に従うべし。

〈第二〇条〉御服綿のこと。

幸円……件の綿（真綿）は五段別に一両（＝三・六匁＝一三・五グラム）を弁ずる例である。しかるに定朝は公田を押領し、三段別に一両を責め取った。

定朝……重松名三町の内の公田は下地進止の間、領家方の御服について怠りなく納入している。これは地頭名の内であるから預所が反対する謂れはない。

裁許……地頭名については、定められた年貢納入に怠りなくば預所の訴訟に及ばず。

〈第二一条〉勧農田のこと。

幸円……預所進止として作人を付するは先例である。預所と地頭は所務各別で、干渉すべきでない。これは宝治相論のとき地頭じしん述べるところである。

定朝……地頭・公文の勧農沙汰は先例・傍例である。両方沙汰致すべしと宝治の下知状に記されている。

裁許……定朝が提出した勧農帳は案文であるから証拠となしがたい。不作跡については「預所・地頭相共可レ致二沙汰一」と定めているが、宝治下知状には「勧農事、為二預所沙汰一」とある。平民百姓跡に浪人を招き居えるのは傍例であるが、地頭下人に宛て作らせるのは、公役懈怠の基であるから停止する。

〈第二二条〉地頭の百姓名押領のこと。

幸円……平民名は四〇か名で、地頭分は重松名在家二〇宇（ほかに脇在家一九宇）である。しかるに地頭は、往古の百姓在家ならびに領家開発の地を押領し、農民を召し仕い、あるいは屋敷とし、あるいは公文分と称して検注を行う。建久の取帳のままに沙汰せんとするも、定朝は承知しない。

定朝……領家開発の件は不実である。百姓名一七名の所役は怠りなく貢納されている。百姓在家四〇宇の検注のことは行われない。

裁許……在家の押領その謂れなし。在家検注を遂ぐべし。但し、地頭・公文等の在家は建久取帳に任せて、これを除け。

〈第二三条〉御服ならびに所当未進のこと。

裁許……両者の申請のままに、早く宝治二年以後の結解を遂げ、未進があれば弁償せよ。

〈第二四条〉節料早初米五節供(46)のこと。

〈第二五条〉吉方《えほう》、方違(47)ならびに預所下向雑事のこと。

幸円……これらの所役は、公田跡についてつとめるのは先例である。しかるに定朝はこれをうち止め、定朝の母や子息がこの役を責め取った。

定朝……預所荘園のときに、これらの役の勤仕を対捍したことはない。地頭方がこの役を徴取するのは先例である。子息敏定のことは別の志によるものであり、母の分については事実ではない。

裁許……預所方が節料・早始米・五節供・下向雑事などを取ることについては、定朝も異議を申し立てていない。ただ、方違引出物を百姓から取ることは根拠がないから停止する。地頭方が五節供・方違引出物を取ることは傍例に任せて停止する。また、地頭の母・子息の件は事実を証明できないので、取りあげない。

〈第二六条〉天満・高宮の市のこと。

幸円……件の市の地は、あるいは百姓分、あるいは預所分の地として区分されていて、あい交わることはない。

定朝……地頭の沙汰として、新田・荒野を開発し、預所は関与しない。しかし、預所が市をたてるというのなら反対はしない。

裁許……件の市につき、預所が合力せしむるや否や尋問し、左右あるべきである。〔補注13〕

(五)　備後国太田荘の下司橘氏

先に見た丹波国雀部荘の地頭大宅光信の場合、彼は東国の御家人であり、勲功賞として地頭職を与えられて西遷入部してきたのであり、いわゆる根本開発領主ではない。「沙汰未練書」が御家人を定義して、「御家人者、往昔以来開発領主、賜㆓武家御下文㆒人事也〔開発領主者根本私領也〕又本領トモ云也」と記しているのはよく知られている。中世領主の本領が開発に由来するものであって、開発領主こそ典型的な領主だという理念を示しているのであろう。では、根本開発領主は在地に根をおろした安泰な支配を保ちえたかというと、必ずしもそうとはみられない。高野山領備後国太田荘の下司橘兼隆一族の場合をみると、意外にも弱体であることがわかる[48]。

太田荘は現在の広島県世羅郡の甲山町・世羅町・世羅西町にわたる広大な荘園であって、中世には高野山金剛峯寺領であった。その始め、太田荘には、鎌倉御家人で当荘の下司（「地頭」とも呼ばれていた）であった橘兼隆と同光家なる人物がいた。彼らはこの地の開発領主であって、源平内乱期には「以㆓私武威㆒恣押㆓領田地㆒」し、太田荘をひとえに私領の如く支配したといわれるほどの威勢を誇った[49]。ところが、建久六〜七年（一一九五―九六）の頃、謀叛の咎により失脚し、そのあとに三善氏が地頭として入部することになった。橘一族は「一類」と呼ばれる支配層を形成し、その郎従に荘園の所職、代官職などを宛行い、ひとつの武士団を形成していたのであったが、まことにあっけなく勢力を失い没落する。没落後、光家が領主高野山に送った書状[50]は、その哀れな心情をよく伝えるものである。

参候てそ、か様の事ハ申へく候へとも、此程いたはる（労）事候て、乍㆑恐以㆑状令㆑申候、可㆑有㆓御免㆒候也、抑当庄知行之時者、上人御房の見参にも罷入て候しかハ、か様ニ罷成て候とて、歎申候ハヽ、なとか不便の仰もかふらす候へき、可レ然候者、名田ひとつ可レ蒙二御恩一候也、又大田・桑原ニ別作も其数多候へハ、一所名主職をも罷預候て、百姓にも時々木をもこら《（樵）》せて、罷過ハやと相存候、構〳〵可レ有二御恩下一候也、此庄者、何事も領家御進退に候を、ひとゝせ鎌倉殿へ、公文所事、下司支配と注入て候とて、御山ニも御勘当候、尤道理ニ候、但其子細、加二誓状之詞一進レ状候ぬる上者、毎事有二御免一、罷二蒙不便之仰一候者、真実御功徳にて候へく候、恐々謹言

十月廿二日　　　　橘　光家（花押）

謹上　大進法橋御房へ

威勢を誇った光家の言葉とは、とうてい思えない哀れさが胸をうつ。せめて名田ひとつもいただきたい、別作（生産力の低い新開田で公事を免除されている）に名主職を貰って、百姓（作人）にときどき木を伐らせ薪を運ばせるなどして世を送りたいというのである。

こうした、下司橘氏の急速な没落の原因は、その基盤である所領の構造、支配の在り方の中に見出すことができる。没落後の建久九年（一一九九）九月に兼隆が提出した注進状案[51]によると、兼隆の所領は表1の如くであった。在地領主橘兼隆の得分のうち、1田畠に対する加地子的収取は、(イ)～(ヘ)の各項で、分類すると(1)～(3)となり、2在家役的収取は(1)～(3)、Ⅱ給田・給名・免家などは(ヲ)～(レ)、Ⅲ下級荘官進止権は(ソ)～(ネ)となる。その内容について順次みるとつぎの如くである。

(イ)加徴米……正税官物（本年貢）に加えて徴収するもので、官物の徴収責任者＝郡郷荘保の年貢・公事の徴収権に附随するものである。その淵源は平安時代の郡司・郷司の権限にある。注進状によると段別三升であるが、内乱以前は一升であったらしい。この加徴米は、承久乱後の新補率法地頭にゆるされた段別加徴米五升の源流をなすものであったと思われる。寛喜三年（一二三一）四月二十一日の法では、諸国新補地頭の得分について、「於二田畠一者、十

一町別給田畠各一町、加徴段別五升者、為二正税官物内一之条勿論也」（追加法二三条）と述べている。(52)

(ロ)惣田所得分……平安時代の田所の権限を継承するもので、段別五合の加徴米。

(ハ)在畠加徴……(ロ)と同じく段別加徴であろうが内容未詳。

(ニ)上分米(ホ)上分麦……「上分《ハトヲ》米随レ名伍升参升弐升取」「上分《ハトヲ》麦上同」とある。「ハトヲ」とは「初米」「初穂」で、名別に五～二升とる。

表1

- Ⅰ　郷全体に対する収取
  - 1　田畠に対する加地子的収取
    - (1)段別収取
      - (イ)加徴米段別５升
      - (ロ)惣田所得分米段別５合
      - (ハ)在畠加徴
    - (2)名別収取
      - (ニ)上分米
      - (ホ)上分麦
    - (3)官物徴納に伴う得分―(ヘ)納所得分石別３升
  - 2　在家役的収取
    - (1)家別収取――(ト)在家苧家別／目
    - (2)人別収取
      - (チ)節料人別６丈布／端
      - (リ)京上舳向
    - (3)その他
      - (ヌ)百姓桑三分の一
      - (ル)百姓菜料
- Ⅱ　給田・給名・免家
  - (ヲ)下司本給田３町
  - (ワ)雑免（給名30町）
  - (カ)未開荒野10町
  - (ヨ)免桑50余本
  - (タ)堀内漆
  - (レ)免家
- Ⅲ　下級荘官進止権
  - (ソ)公文得分人別給田２町　文料段別２升
  - (ツ)惣追捕使
  - (ネ)村々神主

(ヘ)納所得分……正税官物の収納に伴う得分。石別に三升で、これも平安時代の郡・郷司の権限を継承したものであろう。

(ト)在家苧……苧は麻の一種で「からむし」。その繊維で布をつくる。家別に一目をとる。一目は一〇両（一〇〇匁）。在家役は国衙領（公領）における在家別の雑公事収取に起源を有し、郡・郷司の検断権を背景にして収取可能なものであった。太田荘における下司の検断権は郡・郷司の検断権に由来する。

(チ)節料……節時における進上物。「随レ人或六丈布壱段、或四丈取」とある。人別徴収のかたちをとった。節料はもと節日や重要な公事の日の宮廷での宴会（節会）の食料またその費用をさす。鎌倉幕府は寛喜四年（一二三二）四月七日関東御教書[53]で、五節供（人日《じんじつ》〈正月七日〉上巳〈三月三日〉端午〈五月五日〉七夕〈七月七日〉重陽〈九月九日〉）のうち三月・五月・九月の節料を地頭が取ることを禁じ、歳末節料のみゆるした。

(リ)京上紬向《へむけ》……人別にとる。紬向は下司が京に上るときの贈物・銭である。

(ヌ)百姓桑三分之一……「桑代」とあるから、桑の現物でなく代物をとった。領家得分中に「桑代布四十二段」と見えるので、布で取ったのであろう。百姓が出す桑代三分の一を地頭、三分の二を領家が取るか。領家が四二段だと地頭は二一段。

(ル)百姓菜料……野菜などを百姓から徴収する。但し、これは下司給名の百姓にだけ課され、土名《どみょう》（一般百姓名）にはかけられなかったと思われる。

(ヲ)下司本給田……三町。年貢・公事ともに免除され、下司の得分になる。

(ワ)雑免……雑公事を免除される下司給名。合計五〇町で荘内の村々に散在していた。下司雑免は開発や買得によって集積されたもので、在地領主の所領の中核を形成する。建久元年（一一九〇）十一月高野山はつぎのように訴えて

いる。「右、諸庄園之習、或給田、或雑免、若二町若三町欤、更不レ過二此数一者也、而兼隆・光家等、以二私武威一恣押二領数百町田畠一、全以無レ勤二仕寺家之雑事一」(54)

(カ)未開荒野……一〇町。これを開田すれば雑免となる。

(ヨ)免桑……五〇余本。領家方への桑代布を免除された部分であろう。桑が「本」でかぞえられている点に注意する必要がある。すなわち「未だ桑畑の形がなく、仕立方は立木作りであり、主として畦畔・屋敷内等に植えられてゐたのであらう」(55)というのである。

(タ)堀内漆……堀内とは下司の屋敷地である。堀によって囲まれていたのでこのように呼ばれるが、実際すべて堀で囲まれていたわけではない。堀の内側に土塁（土居）を設けるのがふつうなので、堀内を土居とも呼ぶ。中世の武士の屋敷は絵巻物にも描かれていて、その様子をうかがうことができる。遺構も各地に存在していて、規模や形状を知ることができる(56)。

(レ)免家……下司に与えられた在家。在家は領主への課役を免除されるかわりに、その分を下司に使役された。免家の農民は下人・所従と呼ばれて下司の名田の耕作やその他雑役に使われた(57)。

(ソ)公文進止権……兼隆は公文職を兼帯していた。公文得分は、文料段別二升、給田二町、雑免三町と免家若干であった。雀部荘の場合で見たように、文書を扱う公文職は荘園支配の中では重要な職である。兼隆が公文職の進止権を有したことの意義は大きい。

(ツ)惣追捕使進止権……検断権を行使する惣追捕使の任免権である。その得分は雑免田一町、検断得分四分の一と免家若干である。

(ネ)村々神主進止権……村むらにある神社の神主任免権である。

以上、平安末期から鎌倉初期の太田荘下司橘兼隆の所領の内容をみたが、①平安時代中期以降の郷司の権限に由来するもの、②下司の職務に基づくものが多い。在地領主兼隆が領主権を独自に主張しうる部分は③本給田三町、④雑免（給名）三〇〜五〇町であった。堀内はもちろん私的所有の強固な部分である。したがって、在地領主の権力の基盤は、堀内と③④の名田である。すなわち、兼隆は荘園制の秩序の中では「名主」にほかならないのであって、荘園領主との関係においていえば、名田の名主であり、平民名主と異なるところはない。先に引用した、没落後の橘光家が高野山に送った書状を再びみると、「一所名主職をも罷預候て、百姓にも時々木をもこらせて、罷過ハやと相存候」とあるように、名主職所持者としては、百姓から加地子をとり、時どきは百姓に木をこらせるていどのことしかできない。平民百姓を所従の如く駆使する権力は名主職を基礎としては生ずるものではない。彼が下司として前代の郷司の権限を継承して初めてそれは可能だったのである。源平内乱期に、橘一族が太田荘を私領の如く支配したのは、戦乱に乗じて「私武威」直接的な暴力によってであった。鎌倉幕府が成立し、彼らが御家人として組織されると、「私武威」は抑えられ、「私領主」として荘園制秩序の中での「下司」としての権限の範囲内に押しとどめられる。そして、いったん下司職を失い、荘園領主や幕府権力による保護・保証を失えば、彼は一介の「名主」になりさがるよりほかなかったのである。

(六)　備後国太田荘山中郷の地頭

太田荘は桑原方（東方）と太田方（西方）に分けられ、太田方は寺町本郷と山中郷よりなり、山中郷は黒淵・横坂・山中からなり、それぞれ地頭が存在した。

山中郷については、弘安年間から雑掌と公文・地頭の間に紛争があったが、嘉元三年（一三〇五）雑掌頼覚と地頭富部兵庫允信連の間に争いがあり、雑掌の訴えによって嘉元四年九月七日付で関東下知状が出され、訴論に裁決が与えられた（『鎌倉遺文』三十巻二二七二二号）。全一〇か条にわたるが、雑掌の訴えと地頭の陳弁、そして幕府の裁許を整理すると以下の如くである。

〈第一条〉胡麻のこと。

頼覚……大塔灯油胡麻について、太田方地頭名分を毎年未進している。

信連……地頭名（雑免）は公事を勤めないのだから、何で胡麻を納入する必要があろうか。

裁許……雑掌は、地頭名分は船賃に宛てるといっている。しかし、船賃は梶取給田(58)を置いており「惣庄役」となすべきものである。よって、雑掌の訴えは謂れがない。

〈第二条〉雑免のこと。

頼覚……太田方地頭名はもと五〇町であったが、のち五町を加えて五五町となった。ところが、地頭はその他にも雑免と称して公田を押領している。

信連……五五町のうち、山中郷分は一六町六段二四〇歩である。九町余押領というは謂れなし。黒鞭（淵）村の二〇町は「可㆑弁㆓所当㆒」と本司注文にあるから、これは地頭別作(59)である。また雑免は浮免で、「下地不定」であるから、二〇町が黒鞭村にあるとは限らない。黒鞭村の公田は一町余にすぎないのだから、何でここに二〇町の雑免が存在することがあろうか。

裁許……本司注文によると、雑免二〇町は黒鞭村に、残り三〇町は余郷にある。雑掌は、雑免は「下地治定」（定免）といい、地頭は「下地不定(60)」という。黒鞭村の下地については不明であり裁決しがたい。なお尋ね究むべきである。

〈第三条〉栃畑のこと。

頼覚……栃畑の百姓正房は領家進止に属するにかかわらず、地頭はこれを追捕する。正房の居住屋敷は検注以後の新開田だから、当然領家進止に属することは弘安の下知により明らかである。

信連……正房は地頭名である宮吉名の百姓だから領家進止に属さない。弘安下知状には雑掌のいうようなことは書いていない。嘉禎二年（一二三六）検注帳によると、吉田村三十一坪が栃畑に当たる。ここは、田のほとりに栃の木があって日陰になるため耕作に適さず、不作となっていたが、栃の木を伐ってのち満作し、よって栃畑と称しているのである。

裁許……問題の吉田村三十一坪を栃畑と称するか否か、荘家に尋問してのちに裁決する。追捕云々については証拠なく、沙汰に及ばない。

〈第四条〉走湯山(61)造営用途について。

頼覚……当荘は臨時雑役は免除されているにもかかわらず、地頭は走湯山造営用途を平民百姓に賦課した。

信連……走湯山造営用途は諸国平均の役であり、地頭の新儀ではない。本件につき、走湯山造営奉行が沙汰すべきところ、同一事件を引付において申すは、雑掌として「一事両様(62)」の咎を免れがたい。

裁許……雑掌は建久・弘安の下知状を引き臨時雑役免除を主張しているが、根拠のないことである。また一事両様の件も謂れなし。

〈第五条〉百姓分年貢のこと。

頼覚……地頭は弘安の下知に背いて、弘安七年（一二八四）以来、年貢結解状を出さない。永仁元年（一二九三）

の百姓申状なるものを提出し、返抄(63)は無用のものだから捨てたといい、したがって結解を遂げることはできないといっている。雑掌注文によって結解状を出すというが、いまさら信用できない。

信連……夏収納のとき返抄を捨てるのは荘例で、返抄がないから結解を遂げられないのは地頭の罪ではない。弘安の下知は父有信のときのことで、父の代八年間と死後三年は結解状を出した。右につき許容なくば、雑掌注文に任せて結解状を出してもよい。

裁許……返抄を捨てたという証拠はない。そのうえ、百姓状に、雑掌が返抄を出さないと書いてあるのは未進の証拠である。地頭の主張は理がなく、罪科免れがたい。よって地頭職を没収する。

〈第六条〉地頭正分年貢について。

頼覚……地頭正分の年貢について結解状を出さない。

信連……結解状を出しても雑掌が勘返(64)してくれない。

裁許……前条において地頭職は収公と決した。したがって、この問題は枝葉に属し、沙汰の限りでない。

〈第七条〉地頭が平民名(65)を押作し年貢を弁済しない。

頼覚……地頭は平民名の下地を押作している。但し、その所在の坪々については、自分は所務雑掌ではないので答えられない。

信連……平民名下地を押作している事実はない。

裁許……下地が地頭進止の内に属するか否か、引付の座では不明である。しかし、前条同様本条も沙汰の限りでない。

〈第八条〉惣追捕使ならびに田所名の年貢のこと。

頼覚……地頭は惣追捕使名・田所名年貢の結解状を出さない。
信連……結解状を出しても雑掌が勘返しないのである。田所は四代相伝の下人である。弘安の下知により領家に属したのだから、これを召して結解を遂ぐべきである。
裁許……結解を遂げていないこと明白であるが、本条も前条と同断。
〈第九条〉年貢結解の年紀について。
頼覚……年貢結解は嘉禎以後について行うべきである。
信連……前雑掌は文永二年（一二六五）以後と訴状を書いたのだから、変更すべきではない。
裁許……地頭の主張は正しいが、すでに地頭職収公と決したのであるから、年紀のことは枝葉に属する。
〈第一〇条〉無足三石のこと。(66)
頼覚……地頭が「無足」と称して毎年の年貢から三石を支出するのは根拠がない。
信連……無足三石立用は先例で、公文徴符を見れば、はっきりすることである。
裁許……先例であることは明らかであろう。但し、惣荘の例によるべきで、調査のうえ決する。
以上、結果は明白なように、地頭の完全な敗北であった。年貢未進の事実は何よりも重かった。信連は山中郷地頭職を改易されたであろう。

(七)　おわりに──鎌倉後期への展望──

一般に、荘園領主と地頭の間に紛争が起こったとき、幕府はいかなる態度でのぞんだか。まず「関東御成敗式目」

第六条は「国司領家成敗不レ及二関東御口入一事」として「国衙庄園神社仏寺領、為二本所進止一於二沙汰出来一者、今更不レ及二御口入一、若雖レ有二申旨一、敢不レ被二叙用一」と原則を示しているが、御家人の地頭職保護にも注意を払った。本所進止の荘園・公領の預所・雑掌と御家人地頭の相論が起こった場合、預所・雑掌に非があっても「式目」の原則にしたがうと、彼らを処分することは幕府の権限外に属する。しかし、文暦二年（一二三五）これを改め、預所・定使らに非法あるときは改易を申し入れることとした（追加法八七条）。また、寛元元年（一二四三）八月三日関東御教書は「御家人相伝所帯等、雖レ為二本所進止一、無二指誤一於レ被二改易一者、任二先度御教書之旨一可レ被レ申二子細一也、其上不二事行一者、可レ被レ注二申関東一」（追加法二一〇条）といい、本所に進止権のある御家人領に対して保護が与えられることを示し、宝治二年（一二四八）七月二十九日関東御教書は「御家人輩、依二本所成敗職一、致二訴訟一事、於二本所一遂二対決一被二裁許一之時、有二非勘一者、就二御家人愁一尤可レ申二子細一」（追加法二六四条）と六波羅に命じているが、これは、御家人が本所の不当判決を受けた際の救済規定である[67]。

しかし、幕府は無条件で御家人保護政策をとったわけではない。まず、荘園領主に対しては地頭として年貢の皆済が求められ（御成敗式目第五条）、一方、御家人として御家人役の勤仕、すなわち将軍への忠誠が要求される（追加法二一〇条・六三三条）。しかし、幾つかの荘園での地頭と領家（雑掌）の争いの例を見ると、必ずしも幕府の姿勢は明確ではない。一方において御家人を保護しながら、他方では荘園領主権力と妥協している。京と鎌倉、いわゆる公武関係についても、幕府の姿勢が公家政権に対して妥協的であったことが示されている[68]。しかしながら例えば、興福寺領近江国愛智郡鯰江荘において、建部入道西蓮が荘の下司職を競望したとき、預所春光院良兼僧都が、「汝者武家有二便宜一、定募二武威一不レ可レ随二寺命一、向後定有二其煩一欤[69]」と懸念を表明したことにみられるように、幕府の意図如何にかかわらず、在地の地頭御家人は幕府の権威を背景にして領主制確立の方向をめざしていたのである[70]。

かつて稲垣泰彦は、鎌倉期の地頭を二つの類型としてとらえ、初期領主制の段階を石清水八幡宮領淡路国鳥飼荘の地頭藤原富綱を例とし、封建的領主制の段階を東寺領若狭国太良荘の地頭若狭忠兼を例として鮮明に描きだした。(71)初め、一九五一年『歴史学研究』(一四九号)に発表されたこの古典的論文は、「鎌倉時代の全期を通じて進展する地頭領主層の一円領主化、すなわち封建的土地所有にもとづく封建的支配の確立の過程」を考察したものである。もちろん半世紀以上前の論文には幾つかの気になる点も指摘できるが、荘園領主(代理人としての雑掌)と地頭の相論を扱いながら、在地の農民にとってそれは何であったかという基本的な視点を失わず、いまでも、みずみずしい印象を読む者に与える。荘園領主と地頭、地頭と農民、そして結果的には南北朝の内乱に向かって進んでいく歴史の流れの中に、それらの相剋の様相をつかみとることは、かなり困難な作業であるが、しかしそれだけに魅力あるテーマである。本稿はその素材の一端を示すにとどまるが、鎌倉後期、その流れの行方を考える、ひとつの史料を最後に掲げることで締めくくりたい。

鎌倉末期、嘉暦二年(一三二七)頃、歓喜寺領紀伊国名草郡和佐荘下村の雑掌道覚と公文雅楽允実員の間に、「御年貢并下地以下所務条々」について相論があったが、閏九月十日両者が和与し、(72)公文が毎年百姓名公田畠から収納する得分物および召し仕う公事の範囲を注文として記録した。(73)その内容を列記するとつぎの如くである。

一、畠田加徴米壱段別弐升
一、下村京上夫壱人
一、節料方違銭壱段別拾五文
一、門麦名別陸升
一、且初物米名別弐升

一、三日厨弐ヶ度 夏 秋

一、菜料魚三隻 番頭壱人分

一、門麻在家別弐頭

一、瓶酒酒屋別肆升 夏弐升 秋弐升

一、餠売上分壱折敷

一、立節供五ヶ度

一、雑木壱折敷壱束宛

一、人名 付間人 随二要用一

一、麦苅随二要用一

一、田人同前

一、同牛尻取同前

一、田草取同前

一、麦蒔牛尻取同前

一、春米春同前 夏 秋

一、門コエ在家別肆束 春二束 夏二束

一、田苅随二要用一

一、間人節料薦壱枚宛

一、綱麻在家別参コキ宛

一、神社仏事祭礼時酒肴等
一、頼百姓壱人別銭佰文宛 但非毎年事 大事用時也
一、夫番定時免在之
一、検断得分在之
一、門別菜二束

右に見るように、公文（在地領主といいかえてもよい）の農民に対する賦課は実に多様である。段別・名別・在家別・人別・村別の賦課と、売買上分（営業税）と「随二要用一」すなわち、形式的には無制限収取の夫役から成り、考えうる賦課はほとんど挙げられているといってよい(74)。「随二要用一」とはいっても、もちろん慣習的な限定があり、夫役はしだいに定量化されていくのであるが、ここに、十四世紀の在地領主と農民の関係、中世農民の置かれている立場がよく示されている。これは、南北朝内乱直前の荘園の様子を示すものであるが、やがて来る長い動乱期を経てどのように変化していくのか、興味はつきない。

注

（1）乾元二年（一三〇三）四月三十日けんによ譲状（『鎌倉遺文』二十八巻二一四六六号）に「たんハのくにさゝいへのしやう」とある。「ささいべ」か。
（2）佐伯有清『新撰姓氏録の研究　考証篇一』（吉川弘文館、一九六二年）、関晃「大化前代における皇室私有民」（『日本経済史大系　二』東京大学出版会、一九六五年）。
（3）「かんじゅ」で、蔵人頭の異名、大学寮で諸道の得業生、寺院において一山・一寺の長をさし、また一般に、おもだった

人をさす言葉であるが、ここでは郡司、とくに郡大領をさすか。丹波氏はこの地の豪族である。
（4）『平安遺文』四巻一三〇一号。紛失状については、本書一三頁参照。
（5）十四世紀に編纂された法律用語の解説書『沙汰未練書』に、「甲乙人等トハ凡下百姓等事也」とある。元来、不特定な「人びと」をさす言葉。笠松宏至「甲乙人」（『法と言葉の中世史』平凡社、一九八四年）。また『鎌倉遺文にみる中世のことば辞典』（東京堂出版、二〇〇七年）の「甲乙人」の項（樋口州男稿）参照。この甲乙人らが勝手に簗を設置したのである。簗のかたちは『石山寺縁起絵』に描かれている。簗については、『相良家文書』を用いた詳しい解説が服部英雄『武士と荘園支配』（山川出版社、二〇〇四年）にある。
（6）『平安遺文』八巻四〇〇五号。
（7）『鎌倉遺文』七巻五三二五号。網野善彦は、宇治の網代に対する松尾社の権利などからみて、天田川の鵜飼と松尾社の関係はさらに古くさかのぼる可能性があると推測している（『日本中世の非農業民と天皇』岩波書店、一九八四年、三九九頁）。前述の如く、寛治五年に丹波兼定が松尾社に私領田畠を寄進したということも、この地と松尾社との関連がそれ以前から存在した事実と結びつけて理解できるかもしれない。なお「日次供祭魚」（贄《にえ》）は本来は生魚であろう。天田川で捕った魚を毎日松尾社まで送進するというのは少し無理があるように思われる。網野善彦・笠松宏至『中世の裁判を読み解く』（学生社、二〇〇〇年）では、「不可能ではないと思います」（網野）としている。
（8）『鎌倉遺文』二巻八九九号。
（9）同右・二巻一〇二〇号。
（10）『平安遺文』六巻二六三五号。細見末雄『丹波の荘園』（名著出版、一九八〇年）一二七頁。
（11）相頼が相久の母因幡に譲った摂津国山本荘の場合は、もと左近衛中将経通の私領を准米二〇〇〇石で買領したものである。
（12）梶原景時一党の最期については『吾妻鏡』正治元年十一月～同二年正月条を参照。また、飯田氏の出自などは未詳である。相模国鎌倉郡飯田村を本拠とする飯田氏がおり、治承四年（一一八〇）十月の富士河合戦に戦功あった飯田五郎家義は、源頼朝から本朝無双の勇士と称えられた（『吾妻鏡』巻一・治承四年十月二十二日条）。しかし、家義、清重の関係は未詳。清重は駿河国の武士かとの説がある。

(13)『鎌倉遺文』七巻五三一五号。

(14) 同右・五巻三一四九号。

(15) 同右・七巻五一四三号・五一四七号。

(16) 同右・七巻五三一五号。

(17) 例えば、稲垣泰彦「中世前期の農民闘争」（『日本中世社会論』東京大学出版会、一九八一年）を参照。また啓蒙的な著作にもよくとりあげられる。例えば、大山喬平『日本の歴史 9 鎌倉幕府』（小学館、一九七四年）など。なお、網野善彦・笠松宏至『中世の裁判を読み解く』前掲書（注7）は、この相論について詳しく解説している。

(18) 大山喬平「中世の身分制と国家」（『日本中世農村史の研究』岩波書店、一九七八年）は、それを「従者型下人」と呼んでいる。

(19) 切符は割符（為替手形）のことであるが、いまひとつ、徴符（年貢上納命令書）をも意味する。但し、後述するところから、年貢の送状（納入書）のようにも思われる。切符については、『鎌倉遺文にみる中世のことば辞典』前掲書（注5）の「切符」（宇佐見隆之稿）の項一四二頁を参照。

(20)「関東御成敗式目」第一四条である。当該部分は、「兼又代官或抑㆓留本所之年貢㆒、或違㆓背先例之率法㆒者、雖㆑為㆓代官之所行㆒、主人可㆑被㆑懸㆓其過㆒也」が正しい。

(21) 年貢・公事の納入を拒否すること。安田元久「地頭の『対捍』と『抑留』」（『日本封建制の基礎研究』山川出版社、一九七六年）参照。

(22)「関東御成敗式目」第五条に、地頭が年貢を抑留した場合、額が少なければ直ちに納め、額が多いときは三か年中に弁済せよとある。

(23) 貞応二年七月六日の新補率法に関する規定（追加法一三条）の「一、山野河海事／右、領家国司之方、地頭分、以㆓折中之法一各可レ致二半分之沙汰一、加之先例有レ限年貢物等、守二本法一不レ可二違乱一」をさす。島田次郎「私領の形成と鎌倉幕府法」（『日本中世の領主制と村落　上巻』吉川弘文館、一九八五年）参照。

(24)　雀部荘は一二の番に編成され、それぞれに番頭が置かれていた。番は、夫役や雑公事徴収の単位である。番頭制については、清水三男『日本中世の村落』（日本評論社、一九四二年）、渡辺澄夫『畿内庄園の基礎構造』（吉川弘文館、一九五六年）、島田次郎『日本中世村落史の研究』（吉川弘文館、一九六六年）など参照。

(25)　「五間三面」とは、建物の正面の柱間《ま》が五つ、すなわち柱が六本たつ規模のもので、三面は建物の四面のうち三面に庇《ひさし》の張り出している寝殿造の住宅の形式を示している。農家や町屋ではこのような「間面記載」は行われない。伊藤鄭爾『中世住居史』（東京大学出版会、一九五八年）二三頁。太田博太郎『日本建築の特質』（岩波書店、一九八三年）四〇八頁。式屋にせよ湯屋にせよ、それらを造る技術者（番匠）の姿が史料からは見えてこない。工匠の存在形態およびその特権等については、阿部猛「荘園制下の手工業」「中世の生産技術」（本書八章および九章所収）を参照。なお「五間三面」について網野善彦・笠松宏至『中世の裁判を読み解く』前掲書（注7）の理解には誤りがある。「間」は長さの単位としての間ではなく柱間《はしらま》であり、柱間が一間《けん》（六尺、約一八〇センチメートル）というわけではない。

(26)　湯屋、フロである。但し、この頃のフロはカラブロで、いわゆるサウナ方式のもの。現在のフロは水《すい》ブロという。湯屋については、阿部猛「湯屋」（『日本歴史』二六六号、一九七〇年）を参照されたい。

(27)　一般的には段別一〇〇文というのが多い。阿部猛「段米・段銭について」（『中世日本荘園史の研究』新生社、一九六七年）、百瀬今朝雄「段銭考」（『日本社会経済史研究　中世編』吉川弘文館、一九六七年）参照。但し、「弘長新制」が「京上役事」（追加法三六九条）として「諸国御家人、恣云二銭貨一云二夫駄一、充二巨多用途於貧民等一、致レ苛二法譴責於比屋一之間、百姓等及二佗傺一、不レ安二堵之由一、遍有二其聞一、然則於二大番役一者、自今以後、段別銭三百文、此上五町別官駄一疋、人夫二人、可二充催一之、於二此外一者、一向可二停止一也」と記しているのは見逃せない。段別三〇〇文が全水田一〇〇町にかかると莫大な金額になるが、笠松氏も触れているように、地頭名田のみにかかるとすれば一応落着いた数字になる。六波羅の裁許の文が「件銭事、非二指所当一、何暗致二其勤一乎、早可レ令二停止一矣」というのと対照すると理解が届くようにも思える。

(28) 永万元年二月二十四日若狭国司庁宣案（『平安遺文』七巻三三五四号）、建久六年十二月四日太政官符（『鎌倉遺文』二巻八二〇号）。

(29) 例えば、出雲国鰐淵寺領の地頭は、正作田の耕作に延七五人を召しつかい、農繁期には毎日一五人を三日間使役することができた。小野武夫『日本庄園制史論』（有斐閣、一九四三年）三一三頁。

(30) 『延喜式』（主計）によると「凡諸国輸庸……乾藍三斗三升三合三勺」とあり、藍は全国的な庸物として規定されていた。下文に「国衙之昔」というように、平安時代を通じて貢納されていたのであろう。その所役は「弐井之所役」といわれている。「井」は、「藍がめ」のことであろう。

(31) 「式目追加」一五五条（仁治元年十二月十六日付）には「一、厨屋雑事等事」として「右不レ論二本司新司一、一向停二止之一、御下知畢、但至二馬草并薪以下雑事一者非二沙汰之限一」という。

(32) 東寺領若狭国太良荘では、大番雑事として、段別に「馬草銭百文分、糠四十文分・薪五十文分・炭五十文分・雑菜三種内精進二干鯛十文分」が課されている。また高野山領備後国太田荘でも地頭課役として関東人夫があり、東寺領伊予国弓削島荘でも関東人夫用途が名主に賦課されていた。小野武夫・前掲書（注29）三一三頁。

(33) 早川庄八『中世に生きる律令』（平凡社、一九八一年）一四頁以下。

(34) 「御成敗式目注」（『中世法制史料集』別巻、岩波書店、一九七八年）二五五頁。式目四二条の理解をめぐっては多くの論文がある。

(35) 紀伊国阿弖河荘においては、建治元年（一二七五）農民逃亡の跡には「穏便輩」を招致し、領家・地頭両方から召し仕うべしといい、他にも一、二の例がある。「式目追加」五八条（天福元年八月十五日付）に「地頭所務内百姓犯科跡」は「可レ致二半分沙汰一」と規定しているのは、そのような慣例がすでに法として定着したことを示している。黒田弘子『ミミヲキリハナヲソギ』（吉川弘文館、一九九五年）参照。

(36) 小野武夫・前掲書（注29）三二五頁。

(37) 稲垣泰彦「日本における領主制の発展」（『歴史学研究』一四九号、のち『日本中世社会史論』東京大学出版会、一九八一年、に再録）参照。

(38) 避文とは、他人の財産に妨害を加えていた者が非を認めて退く旨を記した文書で、あいての権利を認め、自分の権利放棄を約束する請文をいう（平山行三『和与の研究』吉川弘文館、一九六四年、参照）。しかし実質的には譲状といってよい。

(39) 法廷秩序維持のために、問注の際にあいて方の悪口を吐くと制裁が加えられた。「関東御成敗式目」の第一二条は「悪口咎事」として「右闘殺之基起レ自二悪口一、其重者被レ処二流罪一、其軽者可レ被二召籠一也、問註之時、吐二悪口一則可レ被レ付二論所於敵人一也、又論所事、無二其理一者可レ被レ没二収他所領一、若無二所帯一者可レ被レ処二流罪一也」と記している。石井良助『中世武家不動産訴訟法の研究』（弘文堂書房、一九三八年）三六八頁参照。

(40) 荘園における検注と検注取帳の作成、取帳の読み合い、目録固めなど一連の手続きについては、富沢清人『中世荘園と検注』（吉川弘文館、一九九六年）を参照。なお「読む」の本義は、数をかぞえること（阿部猛『雑学ことばの日本史』同成社、二〇〇九年、二一〇頁）。

(41) 裁判に際して謀書・謀判がさかんに行われたことはよく知られている。「関東御成敗式目」の第一五条は「謀書罪科事」としてつぎのように記す。

右於レ侍者可レ被レ没二収所領一、無二所帯一者可レ処二遠流一也、凡下輩者可レ被レ捺二火印於其面一也、執筆之者又与同罪、次以二論人所帯之證文一為二謀書一之由以称レ之、披見之処若為二謀書一者、尤任二先条一可レ有二其科一、又無二文書紕謬一者、仰二謀略之輩一、可レ被レ付二神社仏寺之修理一、但至二無力之輩一者可レ被レ追二放其身一也

石井良助・前掲書（注39）三四六頁以下。

(42) 稲一束の収穫のある土地を一束刈りとする耕地面積の単位。寺尾宏二「束苅考」（『日本賦税史研究』光書房、一九四三年）、歌川学「中世に於ける耕地の丈量単位」（『北大史学　二号』一九五四年）参照。預所下人は直接田に種子をまく、いわゆる直播《じきまき》を行ったのであるが、定時らがやってきて押殖したという。無理やり田植をしたのである。中世史料に多く見える押殖・押蒔（播）・押作・押刈などの不法行為について、なぜそのような事件が多発するのか考慮する要があろう。戸田芳実は「耕作している土地には『しめ』をおろし、耕作者の私的占有権を明示するが、耕作されなかった土地には『しめ』をおろさ

ず、他の農民の用益のために開放するということではなかろうか」といい、『今昔物語集』(巻第十三の第四十)の牛馬放牧のための開放地の例をあげている(『日本領主制成立史の研究』岩波書店、一九六七年、一八二頁)。また河音能平は「『麦作＝稲作収穫後の裏作＝は田地の正式の請作者以外にでも、すなわち誰にでも自由にみとめられる』法慣習が存在したのではないか」といわれる(『中世封建制成立史論』東京大学出版会、一九七一年、三八七頁)。

(43) 四一半はバクチの一種。追加法(一〇〇条)延応元年(一二三九)四月十三日御教書につぎのように見える。
近年四一半之徒党興盛云々、偏是盗犯之基也、如レ然之輩、無二左右一擬二召取一者、狼藉之訴訟出来歟、於二京中一者、申二入別当一、以二保官人一可レ被レ破二却其家一、至二辺土一者、申二本所一、同有二沙汰一者、定被二停止一歟、或又於二野山中一打レ之云々、随二見及一可レ搦レ之、凡随レ被二召禁一、申二給其身一可レ令レ下二関東一也、兼又銭切事、同伺搦可レ被レ下二進関東一

(44) 元来は山野の用益権に課される租税。中世では関銭を意味する。

(45) 「勘落」は「没収」の意。なお本文に「任二宝治取帳一可二引募一也」とある「引募」とは、特定の名目、目的でその分を設置する、抜き出すの意で、ここでは仏神田として指定設置する。

(46) 節料は、節日の祝いに用いる食料、またその費用。早初米(早始米)は未詳。初穂米のことか。五節供は人日《じんじつ》(正月七日)・上巳《じようし》(三月三日)・端午《たんご》(五月五日)・七夕《しちせき》(七月七日)・重陽《ちようよう》(九月九日)。

(47) 吉方《えほう》は「恵方」とも。暦法でいう歳徳神《としとくじん》のやどる良い方角のこと。方違は陰陽道の説で、他出するとき、それが忌むべき方角に当たる場合は、前夜にいったん別の方角に行って宿り、それから改めて目的の方角に向かい出発する。

(48) 以下の叙述については、河音能平「古代末期の在地領主制について」(『中世封建制成立史論』前掲書〈注42〉)、永原慶二「荘園制の歴史的位置」(『日本封建制成立過程の研究』岩波書店、一九六一年)、阿部猛『日本荘園史』(新生社、一九七二年)など参照。

(49) 『鎌倉遺文』一巻四九五号。

(50) 同右・二巻八六九号。

(51) 同右・二巻一〇〇一号。

(52) 文治地頭の段別五升の兵粮米と地頭加徴米が同一のものか否か議論があるが、両者を区別するのが妥当であろうという。安田元久「兵粮米・地頭加徴米小考」(『地頭及び地頭領主制の研究』山川出版社、一九六一年)参照。

(53) 『鎌倉遺文』六巻四三〇八号。

(54) 同右・一巻四九五号。

(55) 古島敏雄『日本農業技術史　上』(時潮社、一九四七年)一七七頁。

(56) 豊田武『武士団と村落』(吉川弘文館、一九六三年)。

(57) 免家については、江頭恒治『高野山領荘園の研究』(有斐閣、一九三八年)参照。

(58) 梶取は舟運を宰領する船頭のこと。荘園において、年貢運送に当たる梶取に給田を与えることが多い。梶取給は荘官・工匠の給免田と同様の性質を有し、荘園経営上の必要経費であり「除」田とされる。徳田釼一『中世に於ける水運の発達』(彰華社、一九三五年)、新城常三『中世水運史の研究』(塙書房、一九九四年)、浅香年木『日本古代手工業史の研究』(法政大学出版局、一九七一年)、阿部猛「荘園における除分について」(『歴史学研究』三三七号、のち『日本荘園史の研究』同成社、二〇〇五年、所収)参照。

(59) 別作は本田以外の新開田で、生産力も低く、公事を徴収されない雑免部分である。高重進「太田庄における別作について」(『地方史研究』一〇―三号、一九六〇年)。

(60) 浮免である。浮免とは「予め其反別のみ定め、下地に至っては年々特に指定することに依て定むるもの」で「下地が常に浮動する」もの。中田薫「王朝時代の庄園に関する研究」(『法制史論集　第二巻』岩波書店、一九三八年)、阿部猛・前掲書(注48)八六頁参照。

(61) 伊豆の走湯権現、伊豆権現と呼ばれた伊豆山神社。頼朝以来、幕府は歴代奉幣、寄進を行った。

(62) 或る訴訟の繋属中に、訴人よりさらに同一の事件について訴えることは禁じられた。「一時同訴」ともいわれた。石井良助・前掲書(注39)八三頁参照。

(63) 年貢を納入したときの請取状。返抄を捨てることについては未詳。

(64) 提出した文書（この場合は結解状）を勘検のうえ返却する（返事をする）ことをいう。
(65) 平民百姓名。地頭名・荘官名に対する。
(66) この無足は「無足人」と関係はないと思われ、意義未詳。
(67) 新田英治「鎌倉幕府の御家人制度」（『日本歴史講座　2』東京大学出版会、一九五六年）。
(68) 上横手雅敬「鎌倉幕府法の限界」（『歴史学研究』一七七号、のち『日本中世国家史論考』塙書房、一九九四年、に再録）。
(69) 『鎌倉遺文』十三巻九八四九号。
(70) 阿部猛『中世日本荘園史の研究』（新生社、一九六七年）三九一頁。
(71) 稲垣泰彦・前掲論文（注37）。
(72) 『鎌倉遺文』三十八巻二九九九五号。
(73) 同右・三十八巻二九九九八号。
(74) 石母田正『古代末期政治史序説　上』（未来社、一九五一年）一四九頁以下。

〔補注1〕 地頭が百姓らに対面したという点は注目に価する。そのとき地頭は「雖レ無二先例一、不レ限二三百文一、随レ堪可レ致二沙汰一也」といった、という。三〇〇文といわず、できるだけ沙汰せよというのである。この流れから、「志」を笠松宏至は「この志というのは、いまでいう『お志で結構ですから』という志なんです」と解している。しかし「志」を「お志」の結果としての拠出金と理解することもできるように思われ、「お志」説は少し過剰解釈の如く思える（網野善彦・笠松宏至『中世の裁判を読み解く』学生社、二〇〇〇年）。

〔補注2〕 御家人飯田氏が四〇余年にわたって京都大番役をつとめなかったというのは不思議に思える。但し、伊豆・駿河などの御家人は初期には京都大番役は課されなかったのではないかとの説、また大番役の制度そのものが流動的であったとの説などもある（網野善彦・笠松宏至・前掲書〔補注1〕）。なお、伊豆・駿河・遠江の「東海御家人」の特殊性について論じた、高橋典幸『鎌倉幕府軍制と御家人制』（吉川弘文館、二〇〇八年）参照のこと。

〔補注3〕 「夫功」を網野・笠松書は「夫切」とする。夫切米とは、夫役をとるかわりに米をとる場合をいっている。

〔補注4〕 神領に住む者はすべて神人であるという論理に拠る。日吉社の大津神人も「生得神人」という言い方をしている（網野善彦・笠松宏至・前掲書〔補注1〕）。

〔補注5〕 薪の一束がどれほどの量か未詳である。また蒭を三〇房というが、「房」と称する単位の実量は未詳。また房仕役は「厨役」ともいわれ、必ずしも明らかではないが検注に伴う台所方の雑役と思われる。宝月圭吾「中世検注における一、二の問題」（『中世日本の売券と徳政』吉川弘文館、一九九九年）、（『国史大辞典』の「房仕役」の項〈福田以久生稿〉）。建長五年（一二五三）十月鎌倉中の利売直法を定めたが、薪は三把で一〇〇文、萱木は八束で五〇文、藁は八束で五〇文、糠は一俵で五〇文とされている（追加法二九六条）。

〔補注6〕 「耕日、殖日、草取日」について、網野善彦・笠松宏至・前掲書〔補注1〕の脚注では耕日は「土地を耕すなど、耕作を行う日」、殖日は「農作物を植える日」、草取日は「草取りを行う日」と、あらずもがなの注をつけている。殖日は田殖の日であり、草取も田の草とり（除草）で問題はないが、稲刈り作業の記述がないのは不審といえば不審である。なお耕日を一般的に「耕作を行う日」というだけでなく、春の荒起こし、代掻き作業を指しているのではあるまいか。耕日→殖日→草取日と、作業の順を示しているものと読む必要はないか。耕日・殖日・草取日には日別三度の食事が与えられた。「夫役」の性格を考えるうえで考慮に価する。

〔補注7〕 下司（地頭）名田の耕作が「村」単位に賦課されるのはなぜか、考慮を要する。

〔補注8〕 「下向」というが、どこに向かって下向するのか明らかでない。この項でいう「伝馬」は伝馬制度でいう宿駅の伝馬ではない。この期の交通・運輸の実態は把握しがたい。

〔補注9〕 正作とは、もと荘園の本所・領家の直営地をいったが、中世には一般に地頭・下司の直営地を指す。百姓を雇仕する地頭手作地である。豊田武『武士団と村落』（吉川弘文館、一九六三年）参照。

〔補注10〕 散用状とは、荘園の年貢・公事や寺院等の法会・諸行事の費用などの収支を明らかにする収支決算書。丸帳とは検注帳のこと。これは検注使が所領の検注の結果を書き注した帳簿。耕地一筆ごとに所在地・面積・租税量・名請人の名を記す。

〔補注11〕 見参料、ゲザンリョウまたゲンザンリョウと読む。その職に補任された者が出す礼銭のこと。この場合は柿谷寺の院主職。

〔補注12〕　七世紀末に越前国麻生津に生まれた僧。加賀白山の開創者と伝える。天平九年（七三七）流行した疱瘡を終熄させた功により大和尚位を授けられた。

〔補注13〕　地頭と市（商業）の問題については、佐々木銀弥『荘園の商業』（吉川弘文館、一九六四年）、服部英雄『武士と荘園支配』（山川出版社、二〇〇四年）参照。また、本書一三章「田舎市」参照。

五　武士と民衆

(一)　鎌倉幕府の成立

戦乱　戦乱は、それがいかなる歴史的意義をになうにもせよ、町や村を荒廃させ、人びとを困窮に陥れる。戦争は厖大な浪費であり、それじたいは何物をも生み出さない。十二世紀末の源平の争乱は、それ以前のいかなる戦いとも異なって、まず何よりも大規模であり、戦場は列島の全域にわたり、動員兵力も比較にならないほど大きかった。はるかに回想すれば、それは絵巻物の如くきらびやかであり、心躍る勇壮な物語の連続であって、人びとの興味をつなぐに十分である。しかし、私どもは戦乱に蹂躙された民衆の姿を歴史の波間に見落してはならないであろう。

戦乱に貴族たちが恐怖したことはもちろんであるが、彼らにとっての関心事は、公領の官物や荘園の年貢・公事が確保できるかどうかということであった。「関東反逆之後、纔所レ有神領、皆悉被二押領一」と松尾神社は訴えたが、戦乱のなかで荘園の押領があいついだ。大軍の移動は当然のこととして兵糧の調達と人夫の徴発をともなった。寿永二年（一一八三）の春、平氏による木曽義仲追討計画に基づいて、各地で兵士と兵粮米の徴収が行われた。山城国和《わ》束杣《つかのそま》（興福寺領）では、杣工三六人に対して二七人を催徴され[1]、もしこれを停止しなければ寺の修造役を勤仕できないと訴えた（『平安遺文』八巻四〇八〇号）。翌三年二月、源範頼・同義経の源氏の軍隊が摂津・和泉に進出すると、和泉国大鳥荘（摂関家領）では、逗留した武士が、荘民の住宅を追捕したり、百姓の妻子・牛馬を追い取るという乱暴を働いた（同・八巻四一三〇号）。摂津国垂水《たるみ》東牧《ひがしまき》（春日神社領）でも、源氏の軍勢が乱入して人夫と兵粮米を取りたてた（同・八巻四一三一号）。

戦乱は公領・荘園を荒廃させる。備後国太田荘（高野山領）では、戦乱により「庄内損亡シテ殆如二荒野一」（『鎌倉遺文』二巻七二九号）といわれたが、それは戦いそのものによるというよりも、在地領主であり荘の下司・公文であった橘氏一族が、どさくさに紛れて、ほしいままに田地を押領し、橘氏の私領の如くに支配したことによっている。年貢・公事は納入されず、荘園領主高野山金剛峯寺にとっては「損亡」であり「荒野」にもひとしいのである。そもそも源平争乱の発端についていえば、『平家物語』は、源頼政が以仁王に挙兵をすすめたときの言葉を次のように記録している。

朝敵をも平げ、宿望を遂げし事は、源平何れ勝劣無りしかども、今は雲泥交を隔てて、主従の礼にも猶劣れり、国には国司に従ひ、庄には領（預か）所に召使はれ、公事雑事に駈立られて、安い思ひも候はず、如何計か心憂く候らん

この状態からの脱出を約束しつつ、あるいは脱出への幻想を抱かせながら頼朝は登場し、幕府は成立する。しかし、やはりそれが幻想にすぎないことを人びとは知る。平氏滅亡直後の文治元年（一一八五）四月、累代の御家人である近江国の住人前出羽守重遠が頼朝に向って述べたという次の言葉は、よくそれを物語っている。

平治合戦之後、存二譜代好一之間、終不レ随二平家之威権一、兮送二廿余年一訖、適逢二御執権之秋一、可レ開二愁眉一之処、還為二在京之東士等一、称二兵粮一号二番役一譴責之条、太以難レ堪、凡非二一身之訴一及二諸人之愁一、平氏之時曽無二此

儀一、世上未レ収歟（『吾妻鏡』巻四）

これは痛烈なる頼朝政権批判というべきものである。しかし幕府は成立し、着々と支配体制を創出していく。守護・地頭の設置、就中、公領・荘園への地頭の設置は大きな意味を持っていた(2)。

(二)　幕府の衰退

穀価高騰　元徳二年（一三三〇）五月の記録所下文（『鎌倉遺文』四十巻三一〇四三号）は「米穀者、民之天、国之本也、頃年、豊饒之処、近日依二知（和）市之不定一、有二衆庶之飢饉一云々、太不レ可レ然」といい、新穀については、弘安の例に任せて、一斗百文にて交易すべしと令した。同六月の天皇綸旨案（同・四十巻三一〇六〇号）は「近日京洛俗、偏専二利潤一、杜康之業頗以繁多、穀価宕騰躍之間、被レ定二其法一」という。酒の消費量が増大し穀価が上昇したというのである。そして同月の天皇綸旨案（同・四十巻三一〇六八号）は「近日民間有二飢饉之聞一、仍為レ被レ休二衆庶之愁一、至二于来八月一、所レ被レ止二諸関升米并兵庫嶋目銭一也」といい、綸旨案に付された追而書には、

被レ申二関東一、雖レ可レ有二左右一、穀価騰躍、民愁已急間、依レ可レ経二日数一、先所レ被レ仰也、可レ被レ存二其旨一由、同可レ被二仰下一候也、重謹言

とある。穀価の高騰・飢饉による人びとの不安は、隠しようもなかった。

同じ頃、万福寺の百姓らは「ことしのけかつ《飢渇》ニいのちをたすかり、たねをりせんすつこ《出挙》ニとり候て、田畑あらし候ハしと存候て、かうさくつかまつり候ところに」堤用途八貫文をさらに賦課されて困窮すると訴えている（同・四十巻三一一八九号）。

未進累積　元徳四年（一三三二）三月十三日、幕府奉行人が陸奥国玉造郡二か郷地頭に宛てた奉書がある。「召米」について、元亨元年（一三二一）から元徳二年まで未進が累積しており、本来ならば罪過に処すべきところであるが、「去今両年、云二御家人一云二土民一、令二疲労一之間、除二寺社料足并定役切符等一、以二別儀一所レ被二免許一也」と、不問に付した。但し、向後は固く参期を守り、沙汰致すとしたが、幕府としても窮状を認めざるをえなかった（同・四十一巻三一七〇八号）。

「元徳二年（一三三〇）三月二十五日付で、讃岐国草木荘の住人藤六・姫夜叉女は八歳の子息千松を直銭五〇〇文で、詫間荘仁尾村の平地大隅殿に売り渡した。飢えに迫られてのことであった。子を売ることによって、「此童も助かり、わか身ともに助かり候」と売券（同・四十巻三〇九九一号）は記している。また同年十一月十七日売券（同・四十巻三一二八二号）は、負物米六石の弁済ができずに、一七歳のとう三郎を次郎ごんのかみに売り渡した文書である。困窮の果ては身曳・人倫売買に至るのである。

臨川寺領の危機　正慶元年（一三三二）六月付の山城臨川寺領目録（同・四十一巻三一七七一号）は著名なものであるが、これを見ると、臨川寺領が危機的な状況に追い込まれていたことがよくわかる。順にその状況を摘記する。

①丹波国氷上郡葛野荘……領家・地頭中分の地で、領家年貢は二〇〇石であったが、前年の十月から地頭に押妨されている。
②和泉国大鳥郡塩穴荘……領家年貢は一〇〇石ばかりであるが押妨されている。
③同若松荘……領家一円地で年貢三〇〇石。悪党楠兵衛尉に押妨されている。
④伊勢国桑名郡富津御厨……年貢一〇〇石。
⑤美濃国不破郡南宮社……地頭請所、年貢二〇〇石。

⑥讃岐国三野郡二宮社……年貢二〇〇石であるが、去年の動乱に地頭が悉く押妨。
⑦常陸国久慈郡佐都荘……年貢二〇〇石。十余年来地頭に押妨されている。
⑧同豊田郡西岡田郷……年貢三〇貫。近年地頭に押妨されている。
⑨同東岡田郷……年貢一〇〇貫は十余年来地頭に押妨されている。
⑩近江国滋賀郡粟津橋本御厨……年貢五〇貫。
⑪美濃国多芸郡高田勅旨……地頭請所五〇貫、所務二〇貫。
⑫阿波国多東郡富吉荘……年貢八〇〇貫。元亨頃から十年来押妨されている。
⑬加賀国石川郡富永御厨……年貢三六〇貫。地頭に押妨されている。
⑭紀伊国日高郡富安荘……年貢二〇〇貫。十余年来地頭に押妨されている。
⑮相模国足柄下郡成田荘……年貢一〇〇貫。地頭に押妨されている。
⑯近江国坂田郡朝妻荘十二条郷……年貢一〇〇石。去去年より年貢無沙汰。
⑰大和国高市郡波多荘……年貢五〇貫。本家に押妨されている。
⑱備後国垣田荘……年貢四〇貫。本家に押妨されている。

以上、ほとんどの荘園について、地頭による押妨を蒙り年貢は進上されない。末尾の二か荘については、地頭の押妨ではなく、本家によって領家得分が抑えられていることがわかる。王家から臨川寺に施入された荘園諸職は有名無実となっていたのである。なお、同じ頃、九条禅定殿下領荘園は「地頭等濫妨所務之間、近年乃貢有名無実」（同・四十巻三一一〇三号）といわれている。

戦線崩壊　常陸国信太荘初崎郷では正中二年（一三二五）から元徳二年（一三三〇）まで年貢が納入されず、幕府の使者が入り催促したがやはり納入されなかった。同じ頃、和泉国大鳥荘では荘の住人等覚とその子息が「構二城郭一」えて殺害を致すなどの事件があり（同・四十巻三一二四八号・三一三一三号）、石見国周布郷惣領地頭は、兼光なる者が惣領分に討ち入り「構二城郭一」えて乱暴狼藉を致すと訴えている。

同じ頃、摂津国垂水荘の下司代は、荘の百姓らが「相二語悪党一、追二出下司代一、致二刈田刃傷放火一由」を訴え、六波羅の下知が出たが、これに随わぬ地頭・御家人のあったことが知られる（同・四十巻三一四二〇号）。また、元徳二年十月二十七日関東御教書（同・四十巻三一二五三号）は、最勝光院領遠江国村櫛荘では、寺用米年別一〇石六斗六升余が嘉暦三年（一三二八）以来納入されず、地頭の訴えにより幕府奉行人の使者が遣わされたが何の応答もなかった。反抗する勢力の存在が想定される。南禅寺領備中国三成郷では土民らが検注を拒否し、綸旨が出されたものの「尚以不二叙用一」といわれていた（同・四十巻三一三二一号）。

元徳三年七月の花園上皇院宣案（同・四十巻三一四六〇号）によると、下総国葛西御厨や信濃国佐久荘などで「土民等不レ叙二用勅裁一」といわれている。同年月鎮西下知状（同・四十巻三一四七九号）によると、肥前国晴気保では名主が検注を拒否し、年貢・済物を抑留し、地頭の所務に随わず、鎮西使の催促をも無視した。

地頭や在地の住人による押妨・押領を抑止する力は、もはや朝廷にも鎌倉幕府にもなかったと見るべきであろう。状況はすでに非であった。幕府倒壊の直前正慶二年（一三三三）四月一日、鎮西府の北条英時は、嶋津貞久に次のように幕府の意向を伝えている。

或捨二役所一馳二向他国一、或分二遣子息・親類一由候、有二其聞一、於二如レ然之輩一者、可レ被レ処二罪科一之旨」（国内御家人たちに相触れ、もし違犯の者あれば交名を注進せよ）「以レ不レ蒙二免許一、有二帰国之輩一云々、不日可レ被二催進一也（同・四十一巻三一一〇三号）

と。戦線は崩壊し始めていたのである。

㈢　幕府滅亡

戦う熊谷直経　幕府の崩壊が秒読みに入ってきたとき、なおも「忠実」に楠木正成軍攻撃戦に奮闘していた武士の一人に、熊谷直経がいる(3)。元弘三年二月二十五日から二十八日の楠木城戦に参加し、自らも負傷し、一族・庶子・親類・若党・旗差をあるいは矢で射られ、あるいは投石によって傷つけられた。その様を記して奉行に提出し、後の論功行賞に備えようとしている（『鎌倉遺文』・巻四十一に多く収める）。その奮戦力闘の功は幕府倒壊によって無に帰するが、彼らはどのように情報をキャッチし、どのような見通しをもって戦っていたのだろうか。

元弘三年四月一日、護良親王から出兵の催促を受けているが、同二日には鎌倉方にあって手負注文を提出している（同・四十一巻三二〇八〇号）。五月七日に六波羅陥落、同十二日には丹後国で後醍醐天皇側について戦い、同十六日には千種忠顕の軍勢催促状を受けている。そして二十六日には後醍醐天皇からも「可レ致二合戦之忠一、於レ有二勲功一者、可レ被レ行二勧賞一」との綸旨をうけた。

幕府崩壊　鎌倉幕府はやがて滅亡する。鎌倉陥落の状況を『太平記』は「血ハ流レテ晨々タル洪河ノ如シ、尸《しかばね》ハ満テ塁々タル郊原ノ如シ」と叙《の》べ、「承久ヨリ以来、平氏世ヲ執テ、已ニ百六十余年ニ及ヌレハ、一類天下ニハヒコリ、威ヲ振ヒ、勢ヲ専ニセル所々ノ探題、国々ノ守護、其ノ名天下ニアル者、已ニ八百人ニ余レリ、況乎其家々ノ郎従タル者、何万億ト云数ヲ不知、サレハタトイ六波羅コソ輒ク責落ストモ、筑紫ト鎌倉トハ十年廿年ニモ退治セラレ難シトコソ覚シニ、六十余州悉ク符ヲ合セタルカ如ク、同時ニ軍起テ、僅ニ四十三日之中ニ滅ケルコソ不思議ナレ」——

『太平記』の作者ならずとも、幕府の崩壊の急速なることには驚くのほかない。その原因はどこにあるのか。「滅亡ヲ瞬目ノ中ニ得タル」は何によるのであろうか。

野伏・悪党　内乱の第一段階で主要な役割を演じたのは、直接幕府を倒した足利・新田・赤松等の旧御家人たちであるが、同時に悪党の活動を見逃すことができない。六波羅陥落にさいして、南方探題時益は野伏《のぶせり》の矢に頸の骨を射られて死に、東国に逃れようとする北方探題仲時の軍は五、六百人の野伏に襲われた。仲時の一行は光厳天皇、後伏見上皇、花園上皇を奉じての都落ちであった。道をふさいだ野伏に対し、行幸の前駈備中国の住人中吉弥八が、「忝モ一天ノ君、関東ヘ臨幸ナル処ヲ、何ナル物ナレハ、加様ニ狼藉ヲハ仕ルソ」といったのに応えて、野伏どもは「カラ〳〵ト打笑」い「イカナル一天ノ君ニテモ渡セ給ヘ、御運尽テ落サセ給ハンスルヲ通シ奉セントハ申マシ、輒ク通リタク被思召ハ、御共仕リタル武士共ノ、馬物具ヲ皆捨サセテ、心安ク落サセ給ヘ」と述べた。東に向う仲時軍は番馬《ばんば》の宿で進行を阻止される。近隣の「山立、強盗、溢者共二三千人、一夜ノ程ニ馳集テ、先帝第五宮、御遁世ノ体ニテ、伊吹ノ麓ニ忍テ御座ケルヲ大将ニ取奉テ、錦ノ御旗ヲ指上テ」道をふさいだからである。

幕府を倒した諸勢力の中で、名和・楠木などの地方豪族が悪党的性格のものであったことも指摘されている。隠岐から伯耆に着いた後醍醐天皇を迎えた名和長年は「其身サシテ名アル武士ニテハ候ハネ共、家富貴シ、一族広シテ心カサアル物」といわれているが、船上山に兵粮を運ぶとき「近辺ノ在家ニ人ヲ廻シ」忽ちに人夫五、六千人を集めることができる。しかし、長年の軍事力は「当座ニ候ケル一族共廿余人」「其勢百五十騎」と意外に小さい。千早城の戦いでも、大塔宮の命を受けた吉野・十津川・宇多・内郡の野伏がゲリラ戦を展開した。

いったん京都に攻寄せた赤松円心は敗れて山崎まで落ちたが、ここで態勢をたて直し六波羅軍と合戦する。三千の兵を三手に分けたが、一手は「足軽ノ射手ヲソロヘテ五百余騎」、一手は「野伏ニ騎馬ノ兵ヲ少々交テ千余騎」、一手は「ヒタスラニ打物ノ衆八百余騎」という編成であった。再度の京都攻めのさいにも「真木・葛葉ノアフレ者共」も一方に編成されていた。

公家一統　やがて「天下一統」の世となるが、『太平記』がいみじくもいう通り、それは「公家一統」の世であり、「サレハ日来武威ニ誇テ、本所ヲ蔑如《ないがしろ》ニセシ権門高家ノ武士共、何シカ諸庭ノ奉公人ト成テ、或ハ軽軒香車ノ後ニ走リ、或ハ青侍恪勤之前ニ跪ク、世ノ盛衰時ノ転変、歎クニ不叶習トハ乍知、今ノ如ニテ公家一統之天下ナラハ、諸国ノ地頭御家人ハ皆奴婢雑人ノ如クナルヘシ、哀何ナル不思議モ出来テ、武家四海ノ権ヲ執ル世中ニ又ナレカシト思ハヌ人ハナカリケリ」――ここでは建武新政権の短命が予告されている。

建武新政権の政策が一貫性を欠いたことはよく知られているが、むしろそれよりも、急激なる改変が支配階級内部の分裂を将来した。建武二年（一三三五）九月、東大寺学侶は起請文を書いて美濃国茜部《あかねべ》荘につき次のように述べた。地頭の非法により年貢は四万疋も減定した。しかし幸いにも武家（鎌倉幕府）は滅亡し、地頭職を停止して一円寺領とし「満寺之大慶、衆侶之本志」と一時は満足したが、実さい去年一年の所出は七〇余貫にすぎず、百口の供僧に分配すれば一人当たり七〇〇文にすぎないと（京都大学所蔵東大寺文書）。現実には所領の回復は容易なことではなかった。

失望したのは荘園領主だけではない。建武元年五月、若狭国太良荘（東寺領）の農民たちは、「関東御滅亡之今者、罷二成当寺御領一、百姓等成二喜悦思一之処、御所務曽以不レ違二御内御領之例一、剰令二新増一、被レ付二巨多御使一、当時農業最中被二呵責一之間、依不レ絶二愁吟一」と、期待を裏切られたことを率直に述べた。また美濃国茜部荘下村の百姓らは延元元年（一三三六）五月東大寺に対して年貢の減免を要求した。「世上御動乱之間、京都鎌倉□軍勢ニ家等被二捜取一候テ、百姓牢籠無二申計一罷成」り、「冬中ノ動乱ヨリ始テ、至二于当年之今一、守護国司并国勢□□日別ニ被二乱坊一候、無二残物一さかし被レ取一」（東大寺図書館・東大寺文書）れてしまった。近くの大井荘では法華会料の免除を願い次のように述べている。一昨年の初冬から「世上令二動乱一」しめ市が立たないので米穀などを売却できず、用途を調達できない。(4) 歎きながら静まるのを待ったが、「両御方之軍勢等、日夜朝夕上路《（洛）》」のとき荘家に乱入し、牛馬以下資財、また米・大豆など悉く運び去る。このままでは餓死するよりほかない。今後は荘氏らが集まって身命を捨てて防ごうと、同心合力し連日警固に当たり、その費えは計ることができない。その後、守護・国司が在国しているので漸く静かになるかと思ったら、あるときは軍勢を出し、あるときは兵粮米・馬・物具を要求し、応じないと敵とみなして召取り、家を焼払うという噂を聞いたので、やむなく工面して納めた（東大寺文書・一）、と。

顕家上洛　前年の後醍醐天皇の命令にしたがい、南朝の頽勢を挽回すべく、延元二年（一三三七）北畠顕家は霊山城を出て、義良親王を奉じ西上を企てる。『太平記』（西源院本・巻第十九）はいう。

国司顕家卿正月八日鎌倉ヲ立テ、夜ヲ日ニ継テ上洛シ給ヘハ、其勢都合五十万騎、前後五日路、左右四五里ヲ押テ通ルニ、元来無道不造《（善）》之夷共ナレハ、(5) 路次之民屋ヲ追補《（捕）》シ、神社仏閣ヲコホチタリ、惣而此勢之打過ケル跡塵ヲ払テ、海道二三里カ間ニハ家ノ一宇モ不残、草木ノ一本モナカリケリ

また都での合戦では放火が常套手段であった。元弘三年（一三三三）赤松軍が京都を攻撃したとき「ハヤ京中へ責入タリト見ヘテ、大宮・猪隈・堀川・油小路ノ辺、五十余ヶ所ニ火ヲ懸タリ、又八条九条ノ間ニモ軍アリト覚テ、汗馬東西ニ馳違、時声天地ヲ響セリ、夕、大ノ三災一時ニ起テ、世界悉ク劫火ノ為ニヤケ失ルカト疑ル」といわれる。さらに「軍モセヌ六波羅勢共、我高名シタリト云ハントテ、在家人・町人、道ニ行合タル旅人ナトノ頸ヲカリ頸ニシテ、様々ノ名ヲ書付テ出シタリケル頸」が六条河原に八百余も懸並べられたという。「赤松入道円心ト札ヲ付タル頸」が五つもあったというのはお愛嬌であった（『太平記』）。

国人の時代　戦乱を経て、時代はいわゆる守護領国制の時代に入る。かつての「悪党」たちは「国人」として立ち現われる。国人の去就は守護の運命を左右する。郷村制の形成過程に立って、国人らは守護領国制形成の成否の鍵を握るのである。観応擾乱にさいして、信濃国から越中国に侵入した桃井播磨守直常は、野尻・井口・長沢・倉満のものどもの支持をえて、その勢い忽ち千余騎となり、やがて国中を制したが、それは越中国守護尾張大夫入道の代官鹿草出羽守の政治の猥《みだ》りなるゆえ「国人コソツテ是ヲ背キケルニ」よるのである。

国人、村落領主を核とする農民の結合は戦乱の中できたえられ、実力を蓄える。日常的な生産活動の繰返しの中で、生産の増大につとめ、余剰の一部を自らの手中に確保しながら、農民たちは少しずつではあるが着実に実力を増していく。自治的な村落結合の進展はその表われの一つであり、ときにそれは土一揆のかたちをとって爆発したのである。

注

（1）「兵士」とは、荘園領主が荘民に課した夫役で、年貢の運送と警固、荘園領主の邸宅の警衛と宿直《とのい》の役などを意味し、また戦時に荘園・公領から徴発されて雑役・運送・土木工事に従事した者をいう。本文でいう、杣から徴発された者は杣工であろうが、彼らは「歩兵」ではなく「工兵」的な働きを期待されたものと思われる。相田二郎『中世の関所』（畝傍書房、一九四三年）参照。

（2）鎌倉幕府の成立、とくに地頭の設置が、貴族・寺社による荘園支配に楔《くさび》を打ち込み、公領・荘園制を複雑なものにしたことは間違いない。各地に、領主（その訴訟代理人としての雑掌）と地頭の間に争いが起こり、多くの記録が現在に残る。論点は巨細にわたる。その様相は、本書の「四　鎌倉時代の地頭」に記したとおりである。

（3）熊谷直経は武蔵国熊谷郷の地頭。真実の子孫である。熊谷氏は、のちに安芸国に所領を得るが、鎌倉初期には熊谷郷を領する小領主にすぎなかった。一族・郎等ら数人で楠木軍攻撃戦に参加しているが、弱体な経済基盤であったから、台所事情は察するに余りある。直経より二十数年後、武蔵国土淵郷（のちの日野本郷）に居を構える山内経之なる小領主がいた。彼は山内首藤氏の支族の一員で、武蔵国高麗郡柏原（のちの埼玉県狭山市）と陸奥国桃生郡沼津（のちの宮城県石巻市）にも所領を持っていたらしい。訴訟を有利に導くために奉行の配下に振舞う酒を買う代価にも困り、乗替馬を購入するために寺（高幡不動堂）の厨料の借用を申し入れている。また在家一宇を売却して戦費を調達しようとしている。激しい戦いで経之は馬も兜も失い他人のものを借りている始末であった。兵粮米も尽き、領内から徴集された農民兵も逃亡し村に帰ってしまう有様である。「今度の合戦では討死を覚悟しなければならない。われ亡きあと、留守宅には頼みになる従者が一人もいないので、こればかりが心残りである」と手紙に書いている（『日野市　史料集　高幡不動胎内文書編』）。小領主にとっても、彼に召し仕われる農民にとっても、戦いは苛酷であった。

（4）　市が立たないために米を売ることができず、法華会料を調達できないというように、市の存在は農民にとっても必須のものとなっている。

（5）　『太平記』は、東国武士を「元来無道不善之夷」といい、野蛮な者どもであるからこのような乱暴狼藉を働いたのだと記しているが、少し付記すべきことがある。戦国時代より以前には、組織的な武器・武具・食糧などの補給システムは存在せず、いわば戦争に参加するものの「自弁」であったから、当然、現地調達方式をとらざるをえない。しかし、大量消費に対応する商品流通機構が存在しないところで「現地調達」を行うとすれば、それは暴力的な調達、すなわち「掠奪」とならざるをえない。なお、前後の事情不明ながら、元弘三年（一三三三）左衛門尉景朝書状（『鎌倉遺文』四十一巻三二〇七九号）は、紀伊国粉河寺行人に対して、武装して軍勢をひきいて河内国木屋□（欠）に四月六日辰の一点に参集するよう促したものであるが、「中五ヶ日分兵粮可被用意之由候也」と付記している。

六　堺論と水論

―高野山領紀伊国名手荘―

(一)　支配構造

嘉承二年（一一〇七）正月、紀伊国那賀郡名手村の田畠地利が高野山大塔仏聖灯油料に宛てられることになった。そのことを高野山に通達した官宣旨（『高野山文書之四』又続宝簡集二十、一一一号。以下、四の又続二十の一一一号と略記する）は、在庁官人の次の如き言葉を引用していることで有名である。

当国者管七箇郡也、所謂伊都那河名草海郡在田日高牟婁等是也、件七箇郡内、至二于牟婁日高海郡在田伊都那河六箇郡一者、毎郡十分之八九已為二庄領一、公地不レ幾、僅所レ残只名草一郡許也、件内又在二日前国懸伊太祈曽鳴神紀三所并大小諸神社仏寺領田畠等一、仍庄領巨多、公地不レ幾、就中伊都那河両郡中、十分之九已為二庄領一、僅所レ残一両村也、件一両村被レ奉二免彼寺一者、当国内至二伊都那河両郡一者、永可レ削二其名字一歟

という、文中の「彼寺」とは、もちろん高野山金剛峯寺を指している。寄進されたのは、田四一町一段三〇歩、畠八二町二段であるが、見作田は三町一段三〇歩、見作畠は一二町二段にすぎない。大部分は田代・畠代、すなわち開墾可能の野地であった。その地域は、東は静河（四十八瀬川、穴伏川）の西岸、西は水無河（名手川）、北は横峯（和

泉国との境の峯、葛城山）、南は吉野河（紀の川）北岸の内である。[1] 右の名手村の地利は、毎年国司の検注に基づいて所当額が決定されることになっている。したがって、この名手荘は国衙の手を離れた「荘園」というものではなかった。その後約百年、名手荘の支配に関する史料は見当たらない（但し、土地売券類には十二世紀のものがある）。次に本荘のことが現われるのは元久元年（一二〇四）七月の金剛峯寺所司の申文（一の宝三十七の四三七号）である。この年、名手・荒河両荘に造内裏役が賦課された。[2] これに対して三綱は、保元年中に同役が免除された前例を示して、「抑於㆓伝法院㆒者、種種公役皆免除歟、末寺尚以如㆑此、本寺豈無㆓免許㆒哉」と主張した。[3]

承久三年（一二二一）いわゆる承久の変にさいして、各地で兵粮米が賦課された。名手荘にも守護使が乱入して住民を殺害する事件があり、荒河荘でも「庄庫」を追捕することがあった（一の宝二十六の三五八号）。幕府は守護代三浦又太郎氏村に狼藉停止を命じた。[4]

さて、名手荘の管理組織は必ずしも明らかでないが、年次不詳名手荘山下懸所注文（八の又続百十三の一八三七号）によると、預所・下司・公文・惣追捕・刀禰・庫預・目代・公文代・番頭（五人）があり、ほかに沙汰人もいた。預所には山上の僧が任ぜられたらしい。延応二年（一二四〇）頃、法眼延玄が（一の宝二十一の二五六号）、正応三年（一二九〇）頃、僧蓮順が預所だったと思われるが、蓮順は「一、百姓不㆑行㆑心不㆑可㆑仕㆓牛馬㆒事、一、為㆓百姓㆒大小ニ事不㆑可㆑成㆓非分煩㆒事」と誓い、違犯のときは科怠五貫文を進納すると記している（四の又続二十の一二四号）。下司は、寛元三年（一二四五）頃、藤原行政（貴志太郎と号す）なるもので、前年下司給分米を取りすぎたというので譴責され、荘公文所へ返進を約し、同時に損亡の年には内検をうけ、寺家の配分に従う旨を誓っている（同・一一八号）。公文代については、同じ頃、朝康（伊佐太郎と号す）なるものの名がみえる（同上）。目代は判然としないが、宝治二年（一二四八）沙汰人百姓宛下知状を出している（一の宝三十の三九五号）。得分として「供給段米」が与えられたらしい（一の宝二十一の二五六号）。このほか、高野山と荘園現地の間を往復する定使がいた（四の又続二十の一一六号）。

名手荘は根本大塔の香料を負担した。賦課は「名」単位に行われ、一名につき二斗であるらしい（四の又続二十の一一二号、一一六号）。嘉禄二年（一二二六）・貞永元年（一二三二）・延応二年（一二四〇）の香日記（同・一一六号）によると、重行名・末延名・友行名・則長名・包（兼）正名・友安名・是延名・上林房名・恒枝名・行武名・行正名などの諸名の存在が知られ、他の史料から、久成名・有弘名・持安名の存在が知られる。[5] 右の諸名を含む幾つかの名が、五つの「番」に編成されていたらしいが、詳細は不明である。室町期のものと思われる欠年の荘惣田数帳（同・一一八号）によると、上田一四町二段二〇〇歩、中田一八町五段二五〇歩、下田四八町八段六〇歩の計八二町六段一五〇歩で、分米の合計は二八六石七合一勺、他に段別三〇〇文の公事銭があって、二四七貫九〇〇文定めとなっている。これが名手荘からの全納入額とすれば、これから諸給分を除かねばならない。欠年の山上山下懸所注文（八の又続百十三の一八三七号）によると、預所給・下司給并持安名・公文給并有弘名・惣追捕使給・刀禰給・庫預給・目代給・公文代給・番頭五人給などの人給のほか、神祭料・寺田（妙法寺以下一一箇寺堂）それに井料一八所がある。[6]

（二）在地構造

在地構造を探る手がかりを与えるのは、二通の分田帳[7]と一通の諸供領臈次番付書（五の又続五十一の九九四号・九九五号、八の又続百三十七の一九三〇号、いずれも断簡）と、七〇通余の田地充文・寄進状・売券の類である。このうち、分田帳・番付帳ともに室町期のものであるが、充文・売券の類には平安時代・鎌倉時代のものがある。まず比較的に古い史料から検討してみようと思う。

『高野山文書』所収の売券類のうち、名手荘関係の最古のものは、永暦三年（一一六二）十二月十九日付の僧定信畠地売券（三の続六十八の七四五号）である。三把谷西国末垣内の畠一段を直絹三疋四丈で伴武久に売却したもので、「本券文ハ国末本在」と記されている。意味は、売地（畠）は国末名内の土地であって、その一部を売るのである。したがって本券文を買人に渡すことができないゆえ、かく注記したのであろう。

嘉応二年（一一七〇）二月十三日、紀友貞は江河村黒田垣内の畠一段を乃米三石で僧仍楽に売却した。「依二レム（連）券タルニ一、本券文ヲハアイクセス」と記されているから、所持する田畠公験から、この一段分を分離して新券文を立てたのである（六の又続七十の一二七六号）。その後、建久十年（一一九九）三月十一日、僧仍楽は右の畠をさらに分割し、小（一二〇歩）を「上林房ウス、又一」に売却した。残る大（二四〇歩）は「所分ニ渡了」とあるから、さきに別人に譲与したのであろう。この場合も、したがって「新券文」を作ったのである（『鎌倉遺文』二巻一〇四〇号）。

文治二年（一一八六）七月二十五日、僧俊任は字中村丹生戸西吉道垣内の田二段を見米一二石で坂上末国に売却した（同・一巻一三二号）。しかるにその翌年、国末は右の田のうち南側の一段を能米六石で経花房に売却した（六の又続七十の一二七九号）。この場合も新券文を立てたのである。

正治元年（一一九九）十二月十三日、僧道信は江河村黒田（垣内）の田一段を五郎殿に米三石で売却したが、そのさい「只有レ限於二加地子一者、僧道信私領字名古曽田井之野中付畢」と付記している（五の又続三十六の五四五号）。思うに、この田地は領主（高野山）に対して年貢・公事を負うのであるが、他に加地子の負担があった。加地子名主が誰かは不明だが、売却に当たって本主道信は、その負担を抜き、その分を自己の私領に付けたのである。すなわち、買得者五郎殿は、買得田については、領主への年貢・公事のみ負担すればよかったのである。

建暦三年（一二一三）二月七日、上津道太子は、伝法院円文房に野上村炭釜の田一段を渡した。太子が山籠米六斗を借りながら返弁しなかったので、その代物として去り渡したということであるらしい。「高野山伝法院円文房山籠米本六斗蔵本也」とある。高利貸付である（五の又続四十八の八八三号）。嘉禎四年（一二三八）山籠大法師恵印は右の同じ田を米四石の代価で紀太子に売却した（四の又続三十五の四三三号）。

寛喜二年（一二三〇）十一月、秦貞本は田一二〇歩を米八斗で紀末弘に売却したが、売券に「池水一筋付置也、わむしやう池(8)、又一筋付、ハしや池」と裏書されている（同・四二五号）。翌月、貞本は田・畠三六歩を正円に米八斗で売却したが、これにも「池水」を付している（同・四八二号）。ここに「筋」というのは必ずしも明らかではないが、それぞれの池からの引水権を表わすものであることは疑いない(9)。

建治二年（一二七六）四月一日、山籠法師覚西は師資相伝の田二段を御影堂陀羅尼田に寄進した。寄進状には年貢額も記載されていて、一段は米九斗と麦六斗、他の一段は米八斗と麦五斗となっている（二の続六の一〇八号）。いうまでもなく、米と麦の二毛作が行われていることを示している(10)。

永仁三年（一二九五）十二月十六日、経実は上島道依の田一段を銭六貫文で堯信房に売却し、毎年六斗の加地子（片子）を納める旨を約束している。もし違背したときには「経実自作田之内、以二別在所一可二入立一也」といっている（六の又続七十の一二八二号）。加地子名主職の売却である。

元徳二年（一三三〇）三月、佐伯熊若女は野上村の田大（二四〇歩）を高野山御影堂に寄進したが、寄進状には「当作人物永定田三斗」と記されている。三斗というのは加地子額であり、熊若女は加地子名主職を御影堂に寄進したことになるのであろう（二の続五の八七号）。

同三年七月、江河弥三郎は田二三〇歩を八貫二〇〇文で和泉国住人衛門太郎（秦為季）に売却した（五の又続五十二の一〇六一号）。内容は片子（加地子）九斗であって、衛門太郎はこれを御影堂に寄進した（二の続六の一五七号）。この田は平庄司垣内の中にあり、室町期の欠年諸供領臈次番付書によると、二百廿六臈の給分となっており、「作人江川村平庄司」と記されている。いうまでもなく、平庄司垣内の主は江河弥三郎である（八の又続百三十七の一九三〇号）。

暦応五年（一三四二）二月、原田又太郎は自己の名を冠する又太郎垣内下の一段の田を、七貫文で中別所教性房に売却した。そのさい「池水半分」を副進し、「於二片子懈怠不法之時一者、下作可二取返一者也」と注記した（五の又続三十六の五六九号）。内容は加地子名主職であるが、「下作」の改替権が付されている点は注目される。「番付書」（八の又続百三十七の一九三〇号）には「慶性寄進　作人孫太郎」とある。

次に永享四年（一四三二）六月日付の野上村山上夫伝馬料足切符（五の又続五十一の九九一号）なる史料をみよう。この史料は、公事銭賦課の台帳というべきものであるが、例えば、

上百十歩　校二卒都婆前坪　地主御宮修理田　乍藤三

中大卅歩　校一千日前坪　地主妙西　乍同

の如く記載されている。問題となるのは「地主」「乍」の記載である。この「地主」と「乍」については、小山靖憲『中世寺社と荘園制』（塙書房、一九五八年）一一〇頁以下に詳しい考察がある。呼称に即していえば「地主職」というべきであろうが、その中味は「加地子名主職（作手職）」であろう。前者は加地子が御宮修理費に宛てられ、藤三が耕作者である。後者は妙西が両職を兼帯とするのである。かくして、名手荘における農民層の構成は左の如く推定

される。[11]

番頭――名主――地主（作手、加地子名主）――作人（または下作人）

㈢　堺論・水論

仁治二年（一二四一）五月、粉河寺の訴えに端を発した名手荘と丹生屋の堺・用水論争は、従来一、二の論文があって、よく知られている。[12]仁治二年五月の訴の提起から、建長二年（一二五〇）十二月官宣旨による裁決が下るまでの争いは、それで万事解決したわけではないが、いちおうまとまりのある事件として扱うことができる。堺・水論における粉河寺と高野山の主張を整理して示すと次の如くである。[13]

粉河寺……粉河寺領丹生屋村と高野山領名手荘は水無河（名手川）を以て堺とする。ところが名手荘側は水無河の西にある椎尾山を香園と称し、金剛峯寺使と名手荘官らは、椎尾の畠に出向き、作麦を刈り取ろうとした。[14]粉河寺では寺家使・地頭代が出向いて、「椎尾の地主義治入道存生のとき、高野山は何の異論も唱えなかったのに、いまになって何で濫妨するのか」と詰ると、名手荘側は、「義治入道存日のときも制止を加えたが、承引しなかったのだ」と答えた。これについて、義治入道の嫡男朝治に尋ねたが、「制止を加えられたことはない」との返事をえた。

高野山……椎尾山は名手荘内の山である。大塔五仏の香役を勤めるゆえ、俗に香御園と称している。暦仁元年（一二三八）頃、香御国を丹生屋領と称して畠を作りはじめた。高野山はこれに抗議したが聞きいれられなかった。次に朝治の証言は信用できない。そもそも義治入道は、もと名手荘の荘官で、悪行・不忠を重ねて関東に召喚されたが、病死した。「師子《ママ》身中虫自食師子肉」とは、けだしこのようなものをいうのである。嫡男朝治も父のあとをつぎ、悪行のゆえに将軍から重科に処され、わずかに丹生屋に居住を許されているのである。

粉河寺……高野山は「椎尾の西側に谷があり、これが水無河の水源である。だから椎尾は名手荘に属する」というが、椎尾の西の谷は後谷（うしろだに）といい、水無河には関係がない。水源は椎尾の東の谷である。

高野山……粉河寺の提出した国判状には「東限水無河、尋流至峯」とある。ところが、東の谷はさかのぼっても峯には至らない。西の谷は峯に達する。だから、椎尾山は名手荘に属すること明白である。

粉河寺……先年名手荘民が椎尾山に入り、材木を伐ったとき、地主僧琳宗（義治の外祖父）が山口で制止を加えたところ、高野政所南門の材木だというので、とくにそれを許し、鉞斧三十余は後日の沙汰として取りあげた。この事実を挙げて抗議すると、高野山側は「椎尾の中心を堺にしてはどうか」と提案した。しかし粉河寺側としては「旧堺を改めることはできない」と拒否した。結局相談のうえ、上裁を仰ぐことにしようというので、それぞれ退散した。

高野山……「地主僧琳宗云々」のことは、古老に尋ねたところ、その事実はないということである。全く以てこれは「粉河之自由申状」にすぎない。椎尾は水無河の東にあり、名手荘中にある。何でこの尾根を以て堺としようなどという提案をするはずがあろうや。

粉河寺……十三日に、いったん両者は退散したのだが、翌十四日に名手荘の荘官らは甲冑を着、弓箭を帯びて数百騎をひきいて、椎尾畠の作麦を刈りとったので、「昨日の約束に違背するではないか」と詰ると、「丹生屋の地頭が作麦を刈り取るという風聞があったので、刈り取ったまでだ」と答えるしまつである。

高野山……荘官らが椎尾に行ったことはないし、「甲冑云々」も虚誕である。十三日に、両者が、作畠については上裁を仰ごうと話し合ったが、その日の夜に、丹生屋地頭代長康は作麦を刈り取った。そこで百姓らが、「刈り残りは幾らもない。もしここで黙視していては、将来、椎尾は名手領ではないという根拠にされるおそれもある」というので、翌十四日に刈ったのである。

粉河寺……名手荘側は、椎尾山を押妨するのみならず、水無河の井水をも独占してしまった。水無は丹生屋村一向進止の河である。

高野山……粉河寺は、丹生屋村内に一井を立てて、これを名手側に流しているのは「当村之宥助」だというが、元来この井は名手荘のものである。仁治二年（一二四一）六月二十七日、粉河寺の僧徒数十人が兵具を帯び、百姓をひきいて名手荘の一、二の井口に至り、樋・溝をこわして用水を不通にした。そこで二十八日、名手荘民は井口に向い、その場で闘争が生じたのである。

粉河寺……正暦年間に牓示を定めたとき、水無河の東端を以て堺とするとあったのだが、近来、河流が西に寄って村の中を流れるようになった。そのため、現在では水無河の東に粉河寺領田畠がある。用吉名・中島田畠・万楽名畠・頼賢名田畠などがそれである。

高野山……河の流れはうつり変るものだから、昔の流れで堺を論ずべきものである。所領の存否によって堺を論ずるなら、水無河の西に、円田行武名や紀伊大路崩脇近重領がある。だとすれば、水無河は名手領というべきである。

粉河寺……名手荘民が粉河寺領の静川井を打ち止めたので水を得られず、東西の村々は悉く荒廃してしまった。

高野山……名手荘民が粉河荘内に出作している田畠数町歩があるが、事を左右に寄せ作毛を刈り取り、永く点定するので、公の沙汰をまつため、しばらく静川井を止めたのである。

訴えをうけた六波羅探題は、寛元元年（一二四三）名手荘下司行政（貴志太郎）に子細を尋ねたが、行政は新補下司で事情を知らぬと答えた。そこで六波羅は、高野山寺家沙汰人を召喚した（一の宝三十の三九三号）。翌年六月、六波羅から丹生屋地頭代右馬允正光に召喚状が出され、名手荘に対する用水の妨げを停止し参洛せよと命ぜられた。

正光は、これに従う旨を名手荘々官に報じた（一の宝二十九の三八九号）。同年（寛元二年）六月二十五日から七月十四日の間に七日間の問注が行われ、七月十六日読合せ、十七日決定をみた。このとき、高野山側は東寺使と寺僧七人および名手荘の下司行政と公文代朝康、粉河寺側は聖護院使と寺僧六人、中務使僧一人と丹生屋地頭代一人が出席した。六波羅奉行人は、大膳進源季定（書手）と中津川弥二郎源家経の二人であった（一の宝三十の三九四号）。問注の結果、実検のため六波羅の使者として越前法橋頼円と富田入道西念が下向し、両方の絵図を作り、問注記とともに関東に進上した。しかし、丹生屋村、名手荘ともに寺領であるから、公家の裁断を仰ぐべしというので、この件は記録所で扱われることとなった（四の又続二十の一二一号）。かくして宝治二年（一二四八）九月六日、記録所は勘状を太政官に提出し、これに基づいて裁決の官宣旨（一の宝三十の三九六号）が出された。その内容は次の如きものであった。

①水無河のこと……粉河寺は正暦官符を根拠に、両荘の堺は水無河東岸で、官使の道は東岸にありというが、右官符には「官使下向」の詞はみえない。高野山は、嘉承の宣旨案を根拠に、西は水無河西岸を限ると主張するが、宣旨の正文をみると西岸の字はない。両者の提出した証文によっては、水無河の領有を決し難い。よって、水無河を公領とする。

②用水のこと……三堰ならびに清水について、従来そのことなく、今度初めて問題となった。両度の対問にもかかわらず「一均之実証」を得られない。「山林河沢之実者、有二公私可レ共之法一歟[15]」よって両者の主張を停め、前蹤によるべきである。

③椎尾のこと……粉河寺は、東谷を以て水無河の水源といい、高野山は、君藪を以て水源と号する。また高野山は、椎尾を大塔香御園というが証拠はない。粉河寺は、丹生屋百姓為方・重包の作田・屋敷の存在を以て椎尾の領有

を証するものとし、名手荘の「堵民」久延・宗包の証言をも付する。また東谷について、高野山注進の絵図は、東谷を東西の方向に記し、粉河寺所進の絵図は南北方向に記している。寛元三年の法橋頼円沙弥蓮仁の実検絵図では南北方向に記している。君藪は乾（西北）の方に向いていて、これを東の堺というのは、いかがなものであろうか。粉河寺のいうように、東谷を水無河の水源とするのがよいと思われるが、三つの絵図は一致せず、決しがたいから、官使を派遣して実検せしめる。

④檝脇（くいわき）のこと……粉河寺は六代相伝の地といい、光信売券を証拠として提出している。高野山は名手荘百姓近重領というが証拠がない。この地は水無河の西にあるから丹生屋領知の地とする。

⑤中島のこと……粉河寺は寺領荒見村（紀の川の南岸）に属するといい、高野山は、別院北室領で、藤巌（藤崎か）から東は名手領と主張する。名手荘の南堺は吉野川（紀の川）の北岸であるから、四至外であり、高野山の主張は問題とならない。荒見村に属するか否か、重ねて糺定する。

⑥水無河ぞいの田畠のこと……河の西にある名手領、東に丹生屋領の田畠については、ともに前蹤によるべきである。

㈣　悪　党

名手と丹生屋の堺論は、宣旨によって解決したわけではない。建長三年（一二五一）高野山は、椎尾の地主朝治の申状を徴した（一の宝三十の四〇〇号）。朝治は次のように述べている。武家使者（頼円・西念）が入部実検して絵図を作ったが、そのさい、名手荘の住人宗包・久延の証言を採用された。しかし、椎尾は、わが親父義治入道の私領であり、彼ら故実を知らぬ下人の証言を信ずるのは、いかがなものか。親父の申し置きは、椎尾の中心を以て堺とするというものである。これは、現在相論の両者の申し分と相違するかもしれないが、このように存知している、というのである。

朝治の証言は、一見奇異な感じを与える。舟越康寿[16]もいうように、両寺の相論にさいして、朝治は、さきには高野山側に不利な証言をしており、高野山側から、親父義治に劣らぬ悪党だと非難されていた。それが今度は中立的な発言をしているのは、朝治の微妙な立場を表明しているとみるべきであろう。

建長三年夏の頃、名手荘の住民らが「帯二弓箭一、着二甲冑一」て丹生屋村に乱入し、用水堰を埋めたり、村人を打擲・刃傷に及んだという。同年七月日付の狼藉人張本の交名（高野山御影堂文書[17]）は二六人の名前を記している。

左案主、田仲次郎行事、浄勝官主、浄勝四郎（野上村住人）、正行事、六郎行事、高声法師（馬宿村住人）、和泉小行事、源次郎、幸僧次郎、岡五郎、関徳法師（馬宿村）、遠童、次郎行事、正検校（馬宿村）、宗包男、礼仏法師（野上村）、津助、紀助、権助、津留惣行事（馬宿村）、相語法師、中蓮法師、庁頭（馬宿村）、美乃助、新行事

ついでまた翌建長四年三月五日、名手荘民ら多数が粉河寺の後山に乱入した。丹生屋村百姓らの注進状（五の又続五十六の一一二〇号）によると、「刃傷狼藉剝奪取鍬腰刀着衣等」る乱暴を働いた「二百余人勢」は、張本たる「悪党」にひきいられたものであった。悪党と称されているのは、礼仏法師以下野上村住人一一人と紘（津留）惣行事以下馬宿村住人一一人である（このうち九人は前年の交名にその名がみえる）。この事件を朝廷に訴えて裁下を経ぬうちに、四月六日朝、名手荘住人数百人が弓箭兵仗を帯して丹生屋村に押しよせ、村民を傷つけ、住宅を焼払う乱妨を働き、さらにまた発向を企て、一村を焼払おうとしていると粉河寺は訴えている（四の又続二十の一一九号）。

水無川用水については、これを名手荘と丹生屋村の両者で中分することとしたが、名手荘側はなかなか承服しなかった。建長五年七月、六波羅では守護代に命じて用水を中分せしめた。このさい名手荘沙汰人は出対せず、丹生屋地頭品河清尚の申状によって中分は行われたらしい（同・一一二〇号）。分水方法は「料」を臥せるというものであるが、「料」は中世の用水分配施設としてみえる「計木」「井手木」「分木」と同類のものであろう[18]。建長六年七月六日付注進状（高野山御影堂文書）によると、坂田堰と上堰の二か所に用水中分のために臥せた「料」とは次の如きものであった。

坂田堰～「料長一丈五尺　料水口弘二尺六寸　厚八寸　高一尺二寸　已上寸法両方同前　料中間三尺」

上堰～「料長一丈四尺五寸　料水口二尺六寸　深四寸　高七寸　已上寸法両方同前　料中間三尺」

これだけでは判然としないのだが、これは樋ではなかろうかという[19]。すなわち、同寸法の樋（＝取水口）を二つ設置して用水の中分を図るというのである。この処置を不満とする名手荘民は数十人で押しよせ「料」を破壊してしまった。丹生屋地頭はこれを六波羅に訴え、名手荘民に召文が出されるけれども、高野山の権威を頼んで一向に出頭せず、らちがあかない。丹生屋地頭品河清尚は、正嘉元年（一二五七）八月、鎌倉に下向して直接訴えた（四の又続二十の一二二一号）。副進文書中には、建長五年と六年の院宣、同五年・六年・七年の六波羅下知状および御教書案があり、丹生屋側がしばしば訴えていたことがうかがわれる。訴えをうけた幕府は、六波羅にその成敗を命じた（同・一二二二号）。六波羅は守護代に命じて調査するが、高野山側は「下司公文改補之間、依レ為二前庄官一、不レ及レ申二子細一」と、とぼける始末で、「狼藉之条、何依二得替一可レ遁二問注一哉」と六波羅を怒らせている（一の宝三十の四〇二号）。しかし、文永五年（一二六八）三月に至っても事態は少しも変らない。名手側は召しに応ぜず、六波羅の催促も空しかった（同・四〇四号）[20]。

十三世紀後半、弘安正応の頃、名手荘の「悪党」として金毗羅次郎義方と悪八郎家基なるものの名が知られている。正応四年（一二九一）九月の悪党交名注文（七の又続八十五の一五六九号）によると、義方は「国中無雙大悪党」で、「殺害放火路次押取寺領殺生」を犯し、東荒見荘地頭代実性のもとにかくまわれており、また名手荘に乱入して「苅田狼藉」を致すといわれている。家基は、いまは桛田荘に住み、路辺において往反の輩の所持物を奪う、追い剝ぎを事としているという。義方・家基の両人は、もとは名手荘の住人で、当時荒河荘において悪行を尽した為時法師・源八義賢ら高名の悪党と連絡があった(21)。

さて、名手と丹生屋の水論は、その後も解決されず、くりかえし行われた。康永四年（一三四五）二月の畠山国清下知状案（四の又続三十四の三八九号）によると、両者は用水により合戦に及んだという。観応の初め（一三五〇—五一年頃）の水論には鞆淵荘下司景教も出陣し、疵を蒙り、高野山から感状を貰ったという（八の又続百の一七一一号）。正平十八年（一三六三）の水論には後村上天皇綸旨さえ下った（一の宝三十の四〇九号）。粉河寺雑掌はこの件について訴えたが、高野山側は全く一言の陳弁もせず、これを無視した（四の又続二十の一二六号、一二七号）。至徳四年（一三八七）から明徳四年（一三九三）の頃にわたって、また水論が起こった。事は粉河側から提起されたらしいが、結局は先例のままに「半分宛可有進退」ということになったらしい。室町幕府の裁決は建長年中の例に任せよというのであり、高野山が綸旨を申請して建長の先例を否定しようとしたのに対して、

近年国錯乱之刻、就二高野山申一被レ下二綸旨一、以二乱世之時分一一方申二請証状一、可レ破二関東之成敗置文一哉

といっている（御影堂文書）。しかし、この争いは、のちのちまでやむことがなかった。永享六年（一四三四）春、丹生屋村の坂田堰と上堰を名手荘民が押領したことがあり（四の又続二十の一三一号、一三二号）、応仁元年（一四六七）五月の水論も大規模なものであったらしい。五月八日、名手方より丹生屋を焼き払い、粉河側も報復措置とし

て野上村を焼いた。土豪野上九郎左衛門は籠城し、切畠、野上、江川、静川衆や、加勢田（桛田）、後田、麻生津衆がこれに加勢した。一方、粉河方は、旗頭大伴弥三右衛門をはじめ、丹生谷、猪垣、池田衆、中村、志野、下丹生屋、長田、上田井、松井、井田、東村、藤崎、荒見、杉原衆や粉河町衆、川原の衆が加勢し、十二日、十三日の両日合戦に及んだ。高野山衆徒が名手荘に合力のために下るとの風聞あり、丹生屋方には根来衆が加勢し、十四日長田に陣した。この事態に、同十七日守護代神保氏は仲裁に入り、先規を守って流水を分つことを約定させた（粉河寺旧記[22]）。

その後『高野山文書』中に具体的な史料をみることができず、状況は明らかにならない。堺論・水論がどうなったか未詳である。しかし、水不足の状態は改善されず、近世にも水争いがしばしば起こったのではなかろうか。いま、それをせんさくする余裕はない。ここでは、中世における堺論・水論の一例を示し、中世村落の、また中世社会のありかたを考えていくうえでの資料のひとつとするにとどめる。

水は水田稲作農業の生命である。しかし、最近は少し様子が違っている。名手の辺りは、近頃はみかん畑が多くなり、水について関心がうすくなってきている。「あまり、水が要らない」のである。したがって、灌漑用水について農民があまり関心を示さない。例えば、重谷川右岸の台地上を南北に走り、かつて大きな役割を果たしていた門井溝（用水）について、現地の人びとに尋ねても、ほとんど知識を持たず、取水地点がどこなのかも知らない始末である（一九七一年頃）。たしかに農村は変りつつあり、かつての「ムラ」のイメージは探りようもない。

注

（1）応永三十二年（一四二五）の段米納日記（四の又続二十九の一九九号）によると、名手荘内の村々として、西村、中村、野神（上）村、馬宿村、大川村の五村が挙げられている。このほか、江川村もある。

（2）荒河荘に対して「大内宜陽殿并廊敷政門前橋修造用途物」を賦課した紀伊国符案（七の又続八十五の一五五八号）は、その内容を五三寸榑三十支（分米三石）・比皮卅囲（四石二斗）・比曽五十支（五斗）・小榑五十支（五斗）・釘一尺五寸三斤（四斗五升）・瓦乃木五十枚（七斗五升）・石灰一石（一石）・紙五帖（五升）・作料米三石九斗五升、以上合計一四石四斗と記している。なお、小山田義夫「造内裏役の成立」（『史潮』八四・八五合併号、一九六三年）参照。

（3）伝法院は大伝法院、すなわち根来寺のこと。その成立過程、金剛峯寺とのあいだがらについては、辻善之助『日本仏教史上世篇』（岩波書店、一九四四年）、赤松俊秀「覚鑁とその時代」（『続鎌倉仏教の研究』平楽寺書店、一九六六年）、井上光貞『日本古代の国家と仏教』（岩波書店、一九七一年）、阿部猛「大伝法院領紀伊国山東荘」（『中世日本社会史研究』大原新生社、一九八〇年）を参照。

（4）このとき、紀伊守護は三浦義村であった。佐藤進一『増訂鎌倉幕府守護制度の研究』（東京大学出版会、一九七一年）一九〇頁。

（5）久成名は建保二年荘官等言上書案（四の又続二十の一一二号）によって知られる。有弘名は欠年公事銭切符注文（同・一二九号）によって知られる。公文名であろう。持安名は欠年山上山下懸所注文（八の又続百十三の一八三七号）によって知られる。下司名であろう。

（6）寺堂は、妙法寺・無量寿院・薬師堂・小寺（以上西村）、観音寺（中村）、最勝寺・同塔・千手寺・大師堂（江河）、浄土寺（野上）、西光寺（不明）である。なお、人給・寺田・井料などの控除分の性格については、阿部猛「荘園における除分について」（『日本荘園史の研究』同成社、二〇〇五年）を参照。

（7）中世高野山の近傍所領荘園支配体制として「分田支配」なるものが知られている。当面この問題は扱わないが、左の論文を参照。熱田公「室町時代の高野山領庄園について」、同「高野寺領荘園支配の確立過程」（『中世寺領荘園と動乱期の社会』思文閣出版、二〇〇四年）、本多隆成「中世後期高野山領荘園支配と農民」（『日本史研究』一一二号、一九七〇年）、同「紀伊国荒川荘の領主と農民」（『史林』五六巻二号、一九七三年）、増山正憲「中世高野山領庄園の特質」（『中世史研究』三・四合併号、一九七〇年)。

(8)「わむしやう池」は那賀町猪岡集落の東の岡の上にある半象池のことであろう。那賀町役場発行の地形図は「半象」の字を宛てているが、猪岡集落の人は「わんじょういけ」とよび、野垣内集落の老人は「はんぞういけ」とよび、「半蔵池」と書くのだと主張した(昭和四十六年調査)。この池がどのように管理されていたかは直接の史料は存在しないので未詳であるが、宝月圭吾「中世における用水池の築造について」(『中世日本の売券と徳政』吉川弘文館、一九九九年)は、同地方で、地域の有力農民らが「池代の買入れ、池の築造、池水の配分等、池に関するあらゆる事務を自らの手で行っていた」例を紹介している。

(9)宝月圭吾『中世灌漑史の研究』(畝傍書房、一九四三年)二五〇頁。

(10)阿部猛「中世の生産技術」(本書九章所収)。

(11)戦国期の高野山検校納分下行雑記(六の又続六十六の一二三一号)に「一名手庄サンシヨノ者十二月廿八日ニ、弓ノツル七挺毎年納之、同七月廿四日ニ上足五足納之、名手サンシヨノ者」とあり、当荘に散所民のいたことが明らかになる。散所については、森末義彰「散所考」(『中世の社寺と芸術』畝傍書房、一九四一年)、林屋辰三郎「散所　その発生と展開」(『古代国家の解体』東京大学出版会、一九五五年)を参照。

(12)舟越康寿「高野山領名手庄と粉河寺領丹生屋村との紛争に就いて—崩壊期に於ける庄園拡張の一類型—」(『史蹟名勝天然記念物』一五集一二号、一九四〇年)、宝月圭吾・前掲書(注9)二六五頁以下。

(13)史料は欠年金剛峯寺衆徒陳状案(四の又続二十の一一三号)、仁治二年七月七日同陳状案(同・一一四号、一一五号)、建長二年十二月二日官宣旨(一の宝三十の三九六号)の四通。

(14)現在「シノオ」(椎尾)と称する所は、名手川上流の、かなり谷の奥まったところで、山はほとんど、みかん畑になっている。「シノオ」は川ぞいにある小台地であるが、この付近には人家はなく、畑もない。かなり下流の川原集落の老人の証言では、「シノオ」に畑があったなどということは聞いたこともないという。現地を一見した印象では、焼畑以外、とても畑になりそうなところではなかった。かなりの急傾斜の地であり、焼畑ではなかろうか。

(15) おそらく、「山川藪沢之利、公私共之」という「雑令」の国内条の規定を指すのであろう。
(16) 舟越康寿・前掲論文(注12)。
(17) 以下の「御影堂文書」は、大石直正「名手庄・丹生屋村用水相論の新史料」(『月刊歴史』二七号、一九七〇年)による。
(18) 宝月圭吾・前掲書(注9)第五章第三節。宝月は「枓」を「斗」(＝計)と「木」の合せ字とし「計木」としている。「枓」字は「ヒシャク」の意であるが、また「マスガタ」の意である。舟越康寿は「枓」(クヒ、杭)としている(注12論文)。
(19) 大石直正・前掲論文(注17)。
(20) 高野山検校帳(七の又続九十四の一六六一号)の検校法橋上人位覚伝の条にみえる左の記述は、舟越康寿氏(注12論文)も注意されたように、本文の事件にかかわるものであろう。

第六十執行検校法橋上人位覚伝、号躰円房報恩院
文永五《(元か)》年四月十九日補任之、治山四ケ年、大和国宇知郡人也、執行代経憲、厳道房、持明院光法房入亶資、名手庄々官、丹生屋寂念等与惣衆及合戦、依此事、同五月廿日、退出山門、遂同年十月、被改易検校職了

舟越氏は、高野山が六波羅の命に抗しがたく、名手荘官を捕らえて進上しようとしたところ、荘官は丹生屋の寂念ら悪党と結び、高野惣衆と合戦するに至ったのであろうという。
(21) 服部謙太郎「悪党の歴史的性格」(『封建社会成立史論』日本評論新社、一九五八年)、本多隆成「紀伊国荒川荘の領主と農民」(『史林』五六巻二号、一九七三年)。なお、最近の論考としては、寺田直弘「紀伊国荒川荘の悪党の構成と性格」(『日本社会史研究』七五号、二〇〇八年)がある。
(22) 高野山史編纂所編『高野山文書』第九巻三七号。

七　中世の下人・所従

越後の人買い市　『撰集抄』は西行自記に仮託して作られた書物であるが、鎌倉中期の成立で、当時の社会を描いた仏教説話集として名高い。その巻一・第六は「越後国志田之上村之事」である。この村は海岸にあった港（津）で、貴賤集まり「朝の市」の如く賑わっていた。海産物や山の木の実、絹布の類が商品として並べられていたが、人の売買も行われていた。

売買される者たちは、幼少の子どもや働き盛りの者はもちろんのこと、すでに髪が白くなり腰も曲がってしまい、この先幾許もないと思われる老人もいた。人をかどわかし、あるいは買得して需要地に売却する人商人は、平安時代からその姿を見ることができるが、奴隷として売られていく先は、東国や西国など辺境の地が多かった(1)。しかし、所従・下人の存在は辺境に限られるわけではない(2)。

一宿一飯の恩義　かつて田沼睦は後深草院の女房二条の日記『とはずがたり』（巻五の六）の記述（いわゆる「和知の受難」の項、角川文庫本、下巻五七～六〇頁）を紹介し、「中世土豪の下人包摂論理」を示す例とされた(3)。二条は、船で知り合った女房の紹介で、備後国和知の土豪の家に宿をかりる。二、三日たつと、毎日四、五人の男女を誘拐してきてはこれを酷使し、目も当てられぬ有様を目の当たりにする。この家の主人は鷹狩と称して多くの鳥を殺し、狩だといっては多くの獣を捕らえる「悪業深重」の者である。

ここに女房二、三人がやってきて、江田（現、広島県三次市）というところにこの家の主人の兄がいる、年内は雪で都に帰ることも難しいだろうからと誘われて、何となく江田に赴いた。すると、この家の主人は以ての外の腹立ちで、

「我が年比の下人を逃がしたりつるな、厳島にてみつけてあるを、又江田へかどはれたるなり、打ち殺さむ」などとわめいた。(4) この家の主人にしてみれば、寄宿している二条は我が家の「下人」なのである。主人がこの件を「所の地頭」である叔父に訴えて捌きをつけて貰おうとしたことにも田沼氏は注目しているが、中心は前半の話である。「一宿一飯の恩義」から主従関係が生ずるという社会的慣習の存在が注目される。(5)

建部清綱所従抄帳　この史料は大隅国の散位建部清綱が所有の所従らを嫡男以下に配分譲与したもので、建治二年（一二七六）正月三十日付となっている（『鎌倉遺文』十六巻一二二一三号）。史料の記載にしたがって整理すると以下のようである。

①嫡子清親分……新次郎一類四人（袈裟女娘、袈裟女僻童）、大源太一類三人（高倉、子息鬼法師）、小輔殿娘（虎毘沙女）、弥十郎、黒次郎丸、矢藤三夫妻、犬市女母子二人（□家沙、熊太郎）、藤太郎（父子内三人内一人、厩房渡了）。計一六人

②二男頼綱分……藤太父子二人、犬女母子三人、亀夜叉一類三人（土鬼二郎親子）、八郎太郎、松女母子二人（子松女）、平太郎父子二人。計一三人

③建部太子分……亀万、矢三郎、清寿女子二人、房門（母子二人、娘十万）。計六人

④建部中子分……亀鶴、上葉、櫛毛。計三人

⑤建部三子分……吉野、市、ほさ、姫王母子二人（小加羅、(6) 和泉）。計五人

⑥建部四子分……得妙、乙女、小路。計三人
⑦久曾御前分……小輔殿母子三人（但月无者土与房妻也、為土与妻定ハ、不及給宛事）、得犬女、楽地母子二人、草四郎妻女、藤三郎。計九人
⑧厩房分……毘婆王夫妻（馬子）（雖不載譲状、抄帳載之）、海藤三夫妻、次郎一類四人（尺二郎、袈裟犬）、乙糞一類三人、宮熊、稲次郎、初王丸、石丸、虎女母子（娘虎熊）、定光（雖不載此を為譲状、可令相伝）。計一七人
⑨虎妙御前分……周防、玉若。計二人
⑩下主御前分……式部、増女、犬好子増。計三人
⑪虎房分……福売。計一人
⑫初子御前分……若狭、禰祇王女（同者五郎仁可被不便）。計二人
⑬三男清助分……亀王丸、太郎入道、熊満、鬼三郎丸、六郎。計五人
⑭竹母子[7]（於暇者永放免畢、但千載一期程者、庄司居薗ハ、千歳丸仁免給候也、可被不便）。計二人
⑮藤原中子分……千鳥女、田所一類四人。計五人
⑯矢藤太殿分……皮籠矢太郎（限永代譲渡了）。計一人

史料の読み方にも問題はあるが、所従の数は九〇人を超える。右の史料で気づいた点を記すと、第一は「一類」の記載である。「類」は一族とか縁故の意であろうが、父子や母子などの小集団を指していう。第二は、所従らが家族を形成しているか否かという点である。父子の組み合わせもあるが、母子の方が多いことは注目される。また、⑭の注記は目を惹く。竹（女）はおそらく清綱の妾となって解放され、子の千歳丸には一期分として「庄司居薗」が与えられた。⑦の月无は土与房の妻となって解放されている。[8]

覚順大間帳　弘安五年（一二八二）正月に大隅国の覚順が嫡女以下に所領などを処分した記録で、文中に、所従がその身分に落ちたいわれと解放されるときの由縁が記載されている（『鎌倉遺文』十九巻一四五五〇号）。字犬子について「依レ為二養子一、暇給候畢、不レ可レ有二後日沙汰一、既覚順之放文取候畢」とあり、養子縁組によって解放されたことがわかる。また倉犬女については、

加礼川百姓弥太郎別当所従也、然而彼弥太郎別当与レ聟千手王両人シ天鎮守祭田作天、不レ勤シテ逃失畢、又桑代絹并所当米不レ弁シ天失畢、仍其代召二取家中服仕者一也、又倉太郎丸父弥藤太検校所当米并桑代不レ弁シ天死畢、仍限二永代一譲与畢

とある。年貢・公事未進によって所従・下人身分に落ちるのである。

以上二種の史料については、早く、水上一久(9)によって紹介され、のち大山喬平(10)、峰岸純夫(11)らも水上の研究を下敷きにして論じている。

沙弥某譲状　中世において、人が所従・下人化する契機はいくつかあったが、その具体的な様相を語る史料のひとつが、かつて竹内理三(12)が紹介した正応二年（一二八九）正月二十三日付の安芸国の沙弥某譲状（『鎌倉遺文』二十二巻一六八六二号）である。右譲状には「長三郎国助於童召仕之、其名恵奴法師、父者国元也」というように注記がある。注記をたどると、次のような事情が判明する。

①長三郎国助……恵奴法師丸といい、父は国元で、童として召し使っている。
②武王冠者……宗用の子、国元の孫である。名は熊王丸。
③藤三郎男……父は座頭男、祖父は藤三郎男。久時殿の重代の奴である。
④清次郎男……父は清三郎男、牛田村弥富名内崩田七反半の下作人である。是包の父光包が所当（年貢）米の代に差

出した。

⑤石王丸……母は石井入道殿の下人乙女である。よって、襁褓の頃から二十余歳まで召し使うところである。

⑥北庄福田入道……仔細は内部荘（高田郡にあった。平安末期の立荘）の地頭代東条三津小三郎為方の状などに見える。父は惣追入道で、もとは浜辺の末屋敷に居住していた。多年召し使うものである。

⑦又太郎男……次郎の子。人勾引と称して守護に取られた。

⑧秦三郎男……仔細は父則包の引（曳）文ならびに本主人周防国玖珂荘（長講堂領）一方公文石崎太郎入道蓮聖の状などに見える。

⑨北沢二郎冠者……仔細は父の梶取宗四郎大夫末吉の引文に見える。

⑩浜橋本又王丸……仔細は父の梶取夜叉太郎の引文に見える。

⑪伴太国守孫……祖父は伴二郎男で、父国守の引文がある。しかし、祖父も父も死去し、子の童は母と邇保嶋に居住していた。よって弘安十一年春の頃、国保の子男を遣わし、参勤せよと命じたところ、幼少ではあるが参勤すると母から返事があった。

⑫南浜中小追清六末門子息等二人……二人のことと屋敷の仔細、いずれも末門の引文に詳らかである。

⑬南浜乙若丸……祖父宗門が己の身を五貫文で曳き進めた。したがって、その子孫を召し使うことは当然である。しかるに、宗門が死去したのち、宗遠がにわかに、地頭の仕部であると申し立ててきた。つまりは、宗門の身を代価一〇貫文（元金は五貫文）で返す旨下知したところ（宗門はすでに死去しているが、身曳の契約を解除すること）、乙若丸を進上してきた。宗遠には子息が何人もおり、傍例に任せて、子のひとりを差出したのである。

⑭佐々江法師……いまは江二郎という。荒山荘に居住している。仔細は守護在国司兼松崎下司代内藤左衛門入道盛仏

（俗名保廉）同代官源三郎入道の状に見える。
⑮田門荘矢口重員……田門荘は久寿二年（一一五五）立荘の安楽壽院領。童として召し使う。名は鶴王丸。父は貞員。祖父は貞延の子佐西大検校貞包。しかるに、地頭代馬入道阿仏が力づくで召し使ったので、事の由を六波羅に訴え申し、下知を賜わった。
⑯中洲別符友末……中洲別符は厳島社領。父は紀五郎友道で、重代相伝の下人である。仔細は、友末の起請文ならびに日吉大宮領所周防律師の状や次第沙汰の証文に具さである。
⑰田二反は所従国助の父国元の相伝の地であった。「所従領」であるから当然主人に渡された。

以上の諸例を見ると、所従・下人となる契機は、年貢を納めることができずに自己の抱える所従を差出したもの（④）、累代の所従（③、⑤、⑬、⑯）、親が子を売り渡したもの（⑧、⑨、⑩、⑪、⑫）、などである[13]。一貫して流れる思想は、所従・下人の子は所従・下人であるというものであった（⑤、⑪、⑬）。

借金が滞ったり、年貢米が納められなくなったりして身曳が行われ、簡単に所従・下人化が行われる。借金が完済されないうちは、本人はもちろんのこと、その子も所従・下人身分から解放されることはない。

また、所従・下人と称しても、童として召し使われる家内奴隷的なものと、下作人として田畠を耕作している者、主人の居住地から離れた他荘に住む者など、さまざまであった[14]。所従・下人は家族を構成し、子の童の母の許で成長していたのを参勤させよと促されている（⑪）。

注

（1）鎌倉幕府法では、所従・下人と奴婢とは法的な区別がある。所従・下人の売買は禁止されたが、奴婢の売買は認められていた。この問題については異論もあるが、本稿で扱うのは所従・下人の場合である。人身売買、所従・下人については多くの論考があるが、石井良助「中世人身法制雑考」（『法学協会雑誌』五六―八・九・一〇、一九三八年）、水上一久『中世の社会と荘園』（吉川弘文館、一九六九年）、牧英正『日本法史における人身売買の研究』（有斐閣、一九六一年）、安野真幸『下人論』（日本エディタースクール出版部、一九八七年）、高橋昌明『中世史の理論と方法』（校倉書房、一九九七年）をはじめ、鈴木哲雄『中世日本の開発と百姓』（岩田書院、二〇〇一年）、磯貝富士男「日本中世奴隷法の基礎的考察」（『歴史学研究』四二四号、一九七五年）、同「日本中世社会と奴隷制」（同六六四号、一九九四年）、「下人の家族と女性」（峰岸純夫編『家族と女性』吉川弘文館、一九九二年）など枚挙にいとまない。

（2）下人・所従は古代・中世の諸文書に多く所見するが、また文学作品には具体的な記述が多く見える。牧英正・前掲書（注1）、豊田武『日本商人史―中世篇―』（東京堂、一九四九年）など参照。

（3）『中世後期社会と公田体制』（岩田書院、二〇〇七年）。

（4）日本巡察使ヴァリニャーノの「日本要録」はつぎのように記している。「彼等はその家庭においても、配下の人々に対しても絶対的な君主である。されば彼等は望みのままに、何人に気兼ねすることなく、家族や配下の者を殺すことができる」と。この証言によれば、所従・下人に対する支配は一方的な暴力的な支配であるように見える。一遍に帰依していた丹波の山内入道は、「弓箭を帯すまじき」由誓ったにもかかわらず武装しているのを一遍が咎めると、「下人等があなづり候あひだ、方便にもちて候也」と弁解した。また鴨長明は、奴婢を使うことの難しさと心労について述べ、我が手足を動かし、「わが身を奴婢とするにはしかず」と述懐した（『方丈記』）。著名な『北条重時の家訓』（養徳社、一九四七年）は、召し仕う者（中間・下人ら）への気くばりを細かく書いているが、おそらく建治二年（一二七六）頃の北条実時消息（『中世政治社会思想　上』岩波書店、一九七二年）も同様である。鴨長明と同じく、下人らを召し使うことの難かしさを実感していたのであろう。のちの、近世初頭の「鳥井宗室遺言状」には、「下人下女にいたるまで、皆〳〵ぬす人と心得べく候」と記されている。

（5）ルイス・フロイスは、「ヨーロッパでは既婚また未婚の女性が、何かたまたま起こった出来事のために、どこかの紳士の家に身を寄せたならば、そこで好意と援助を受けて、無事に置かれる。日本では、どこかの殿 tono の家に身を寄せたならば、その自由を失い、捕われの身とされる」と述べている（『ヨーロッパ文化と日本文化』岩波文庫、一九九一年）。

（6）婢を「吉野」「和泉」「周防」「若狭」など出身国名で呼ぶ習慣のあったことが指摘されており、またこの「小加羅」は朝鮮半島でさらわれ大隅にまで売られてきた者であろうと推測されている（安野真幸・前掲書（注1）、一六九頁）。

（7）「暇」については、盛本昌広「中世における主人・下人関係の様相」（『歴史学研究』六〇三号、一九九〇年）、笠松宏至『中世人との対話』（東京大学出版会、一九九七年）等を参照。後に掲げる覚順大間帳では「暇給」と見える。この場合、暇給とは束縛から解放されること、すなわち、所従・下人身分から解き放たれることである。なお、「神ニ令申暇畢、後国中乞食成畢」という表現もある（『鎌倉遺文』十巻七二六四号）。

（8）本文の例とは逆に、下女を妻とした男は、下女の主人に召し使われる。「従者婿」というが、「田舎の習、従者婿においては召し仕う者なり」とある（『鎌倉遺文』九巻六三一七号）。

（9）『中世の社会と荘園』（吉川弘文館、一九六九年）。

（10）『日本中世農村史の研究』（岩波書店、一九七八年）。

（11）「中世社会の階級構成」（『歴史学研究』三一二号、一九六六年）。

（12）「荘園における武士と農民」（『日本歴史講座　第三巻中世編㈠』河出書房、一九五一年）。

（13）罪を犯して、その償いとして所従になることがある。建暦（一二一一―一三）の頃、大和国伊那津荘の為清は所当の年貢を盗み、さらに預所源為賢が召使っていた定使とその家族、従者を殺害し当然処罰されるところであった。しかし、為清は「罪過遁れ難し、然れども、甲（降）参の敵人その罪を免るるは古今の例なり。よって一族の引文（曳文）を与うべし、今度の罪を免るべきなり」といったので、為賢は引文を取り彼らを所従として召し使ったという（『鎌倉遺文』四巻二〇一五号）。のちの例であるが、欠年（十五世紀前半頃）紀伊国鞆渕荘の公文は、百姓が牛を殺したとして、その百姓を下部としたという（『高野山文書之四』）。

（14）下人・所従の機能については未詳のことが多い。中世の農業経営形態を具体的に示せない研究情況下では明確に述べることができないのを遺憾とする。ただ個別的には、例えば、十三世紀前半の相良頼氏と同頼重の相論の中で、頼重は、「母尼廿余年耕作来畠仁令居置年来下人」といっており、この下人は独立の住宅を持っていたことも判明する（『鎌倉遺文』十巻七〇九一号）。また同じ頃、薩摩国嶋津荘薩摩方高城郡吉枝名について、地頭渋谷重秀は「宛給下人等給田九ヶ所有之」と述べている例を挙げることができる（同・七四五四号）。また、十三世紀初めと推定される欠年某書状断簡（『鎌倉遺文』三巻一六四〇号）によると、外記入道相伝の下人藤内太郎は殷富門院領越前国榎富荘の定使であったが、勝手に同荘を支配し、多くの得分を取って「とく（徳）つき」その資産をもって借上を行い家地を構えて「たのしみ」暮らしたという。

八　荘園制下の手工業

(一)　工匠の存在形態

律令国家は、その存立に不可欠の一定度の手工生産の成果を、ひとつには調・庸あるいは交易物という租税の形態をもって、ひとつには品部・雑戸制という形態をもって吸いあげていた。奈良・平安時代においては、都市に定着する専業の手工生産者もあったが、その大部分は、農村に基盤をもつ「農民」的性格を有した。(1)

荘園内工匠　地方においては国衙工房を中心とする手工生産組織が変質しつつ、平安末期から鎌倉期にまで存続したが、もちろん、この段階での手工生産者は品部や雑戸ではない。彼らは、国衙領内に給免田を与えられることによって、一定の統制を蒙りつつ手工生産技術を伝え、また各種の生産に従事した。建長七年（一二五五）十月の伊予国免田注文（「伊予三嶋文書」『鎌倉遺文』十一巻七九一二号）によると、つぎの如き免田の存在が知られる。

経師（七段）織手（二五町）紙工（二町）銅細工（一町）轆轤師（一町）紺搔（一町）白革造（三町五段）木工（五町）国細工（四町）塗師（一町五段）鞍打（二町）笠張（二町）土器工（二町）造府（一町）

また文永二年（一二六五）の若狭国惣田数帳（「東寺百合文書」ユ—三八、『鎌倉遺文』十三巻九四二二号）によると、鍛冶（七段一二〇歩）・番匠（五段一八〇歩）・檜物（四段）・土器（四段）の給田があり、かつては国衙工房領だったと思われる細工保・織手名などが地字として残存していた。こうした例は各地にみられるのであって、平安時代には一般的な状況だったと推測してよいであろう。

荘園においては、工匠給免田は検注帳類に「除田」として出現する。建長四年（一二五二）十一月の安芸国沼田本荘作田御正検目録写（『小早川家文書之一』）によると、見作田二五〇町二段三二〇歩のうち除田二五町一段で、うち仏神田一〇町三段・人給田一四町八段で、地頭給・公文給とならんで「白皮造給」三段と「皮染給」五段があった。また建暦二年（一二一二）九月の越前国気比社政所注進目録（『敦賀郡古文書』附録）によると、同社領葉原保に比物給二段、少神戸に道々工等例給田四段、莇野保に比物給田一段・土器作給田一段があった。(2) このような、手工生産者にたいする給免田の支給は、彼らが「荘園体制」の維持に必要不可欠のものであり、支配階級が、展開した一定度の分業の成果を「抱え職人」を通じて吸収しようとした方策にほかならない。

令制下の工匠はその本質は班田農民であり、都市に定着しうる性質のものではなかったが、平安後期になっても、それは変わらない。都市工匠の一部は、すでに農業生産から分離した専業の工人であったろうが、荘園内工匠は農業と密着して存在していたにちがいない。承元二年（一二〇八）四月十一日付源壱譲状（「石志文書」）に、「（畠地）三木原分一所土器細工作」とあり、建暦三年（一二一三）八月二十四日付漆島並頼処分状（「北文書」）に「（畠分）細工作二段」とあるように、工匠が「作人」として、その生活の基盤の一部を農耕に持っていたことがうかがわれる。(3) 文明十一年（一四七九）十二月十五日付相良為続田畠目録（『相良家文書之一』）に「一所畠壱反土器その」「一所畠壱反たいくやしき」とみえ、文明四年十一月の肥後国甘木荘政所方夏麦検見帳（『阿蘇文書之一』）に「かちやその」が、弘安十年（一二八七）五月二日付相良迎蓮田地坪付在家注文（『相良家文書之一』）に脇在家として弓細工作薗がみえ、寛喜二年（一二三〇）正月十四日付藤原重俊譲状（『山内首藤家文書』）に、相模国早川荘内の在家として「伴細工一宇」がみえる。これらは、屋敷・在家・薗として領主に把握された農民であり、工匠であった。彼らが在地領主の支配のもとに、その生産の成果を吸収されていたことは、いうまでもない。

都市の工匠　中央に眼を転ずると、永仁の頃、木工寮には四～六人の寮工が、修理職には六～九人の職工が属していた[4]。院には壁工・薄師・仏師・細工・織師が隷属し、摂関家にも御服所・細工所が確認される[5]。院の隷属工集団と思われる一院御座作手は、平安京内に五段余の共有田（莚料田）をもち、おそらく寄人として院に奉仕し、またなんらかの特権を保持していたものと思われる[6]。摂関家の細工所には「重代殿下織手」とよばれる工匠がいて、織物生産にしたがっていた[7]。

寺社に属する工匠の存在は史料的には、さらに明瞭である。久寿二年（一一五五）の醍醐寺在家帳（『醍醐雑事記』）によると、番匠四人・鍛冶四人・山作四人が「重役輩」のうちに数えられており、治承三年（一一七九）の寺社御拝堂日記（同上）には、工九人・加治《ママ》三人・葺工三人・銅工二人・檜物一人・壁瓦工五人・深草（土器）七人の存在が知られる。東寺では、観応元年（一三五〇）の東寺長者拝堂記（『続群書類従』巻七百七十六）に木工六人・瓦工三人・壁工二人・鍛冶二人・畳差一人・深草一人がみえ、これらは「下部」と称されている。東大寺については、十三世紀半ば頃の東大寺拝堂用意記（『続々群書類従』第十一）に、木工・鍛冶・葺工・絵仏師・木仏師・経師・瓦工・檜皮工・主典（左官）・銅細工・朱工・作手・石造・薄師・色紙漉などがみえ、木工・鍛冶・葺工・絵師には座の組織があった。興福寺では、承元四年（一二一〇）の具注暦裏書（『大日本史料』四篇の十）に、番匠両座・瓦葺両座・鍛冶両座・鋳物師の存在が知られる。赤松俊秀[8]が紹介した永仁四年（一二九六）の史料によると、京都の賀茂社に属する番匠は一三五人（洛中四九人、一条以北八六人）、法成寺工は一八〇人余、建仁寺工は七〇〜八〇人もいたという(9)。

鎌倉鶴岡八幡宮には、天正頃経師加納氏がいて経師免田（「弐貫文之所」）を与えられており(10)元和頃大工の存在が知られる(11)。そのほか、伊豆修善寺の番匠、駿河東泉院門前の宮大工と鍛冶、甲斐州津八幡多聞坊門前の鍛冶・番匠・山作等約一〇人、紀伊国日前・国懸両社の鍛冶・土器師・檜物師・檜皮師・畳大工・絵所・瓦大工、石清水八幡宮の木工・壁工・畳差・比物・織手・紺掻・染工・石作・加治《ママ》・玉作・念殊引がある(12)。また豊臣秀吉の座の破却令によると、叡山の大工所、天竜寺・伊勢神宮の大工、浄福寺・清涼寺の鍛冶・番匠・大鋸引・畳差・瓦差などが知られる(13)。

(二)　工匠の座の独占機能―大工職―

大工職　中世における商工業が、「座」という独占機能を有するものを中心に動いていたことは、あらためていうまでもない。いわゆる職人（工匠）についていえば、座の結成が平安末期にはみられ、「座」の呼称をもたぬ場合にも、ほとんど同内容を含む「大工職」なる称がみられる。大工職とは、工匠の営業独占権あるいは親方権というべきものであるが、おのおのの場合によってみると、内容は少しずつ異なるようである(14)。大工職は「職」の語が示すように、「特許に依て発生する特種の財産権(15)」である。しかして、大工職はその領主によって補任・罷免される。

宛行　播磨国鵤庄番匠大工職事

　治部次郎行家

右惣大工職者、為二行家重代相伝一無二相違一之処、平方条住人三郎次郎左近、非分彼大工職雖二競望一、為二行家一重

代相伝之上者、如レ本、治部次郎行家仁所ニ宛行一也、庄家宜承知、不レ可ニ違失一之状如レ件

暦応三年庚辰九月八日　　有　玄（在判）

善　恵（在判）(16)

于時在庄預所

右は、法隆寺領鵤荘の大工職宛行状であるが、「重代相伝」の理によって安堵されている。大工職が世襲される例は多くみられ、『大乗院寺社雑事記』寛正三年（一四六二）十一月十八日条の「門跡大工相承次第」なる系図は有名である。大工職は財産権であることから、売買・譲与の対象となる。

永代売渡申大工処之事

合二ケ村者

右彼在所者、泉州大鳥庄上条之内、王子・北条・浜田、此三ケ村之大工処、某雖ニ代々持伝候一、直銭八貫四百文ニ宛、永代田代殿へ売渡申処、明白実也、自然、於ニ子々孫々一、違乱申者候ハヾ、盗人罪科ニ被レ行可レ申候、仍為ニ後日一、売券之状如レ件

文明十二年十一月九日　　売主　新村弥五郎衛門(17)

買得人の田代氏は大鳥荘の地頭であって、大工処を買ったからといって実際に建築に携わるわけではない。「三ケ村之大工処」というように、その地域の建築生産に関する権限を掌握する、いわば在地領主としての権限の増補が目的であろう。右の例は、地域のみ記してその特権の及ぶ範囲を示したものだが、つぎの近江国蒲生郡八幡町の大工の場合は少しちがっている。

譲与大工之事

合
一、於八幡宮
下八幡末社等同内之馬場之鳥居
同馬場村
一、興隆寺惣山之内
本堂妙光寺　炎魔堂　蓮光寺
一、島郷之内
多賀村惣中　瓜籠村惣中
井村惣中　鷹飼村上下惣中
一、金田之内
若宮殿棟梁　同金剛寺棟梁
同かや堂大工
一、土田之内
浄覚坊　勝蔵坊　浄心一類
永正九年壬申九月　日　藤原光吉(18)（判）

ここでは郷村名とともに、特定の建造物（寺社）が列挙されている。前者は「木割」のない農家建築、後者は「木割」のある寺社建築を内容とするものであって、この段階では右の大工（高木氏）は宮大工・家大工を兼ねていたのである。

大工職の保有は、それだけで建築（営業）の独占保証という特権であるが、さきにみたように、給免田・扶助田が与えられている点でも特権というべきであった。もちろん、給恩には代償がともなうのであって、延慶二年（一三〇九）十月の「当寺にして番匠めしつかふへき条々の事」という海龍王寺文書（『国史資料集』二の下）（本書一九八〜一九九頁掲載）によると、大工仕事の半日にもならぬ「少事にめしつかふ時」は手間料を下行せず、これは「別の給恩」あるゆえといわれている。また永禄年間、近江国竹生島大工阿部氏について、田地一段が「扶助」されていた。[19]

大徳寺大工職　前掲の法隆寺領鵤荘大工職宛行状に、大工職を競望するもののあったことが示されているが、これが特権たる以上、このような事態はしばしば起こりえたのである。そこで、つぎに十五世紀から十六世紀にかけて約五〇年間続いた京都紫野大徳寺の大工職補任をめぐる紛争をとりあげて考察し、大工職の性格をやや詳しく考えてみたい。[20]

扱った史料のうちもっとも先行するのは――のちに述べる大工職相論のさいにもひき合いに出される永享八年（一四三六）十二月二十五日付大工為国置文である（二一一三文書―以下、大日本古文書『大徳寺文書』からの引用は文書番号のみ記す）。置文によると、大工為国は貞宗に大工職を渡したのだが、翌二十六日の大徳寺役者連署安堵状（二一一三号文書）の記載では、その大工職は「大徳寺并諸塔頭大工職」である。また文中に「貞宗仁永代如元成下安堵」とあることからすると、貞宗は以前にも大工職を所有していた如くである。その後二十五年間は史料を欠き、相伝経路は不明だが、寛正二年（一四六一）に大工職が太郎次郎から兵衛次郎に譲られている（二一一三・二一一五号文書）。その後、応仁・文明の乱をはさむ二六年間の動静はまた不明である。そして長享元年（一四八七）にいたり、大工職が三郎次郎宗久に譲られた（二一一三・二一一四号文書）。宗久は以後大工職を保持していたが、明応八年（一四九九）になって、太郎次郎の子孫と号して大工職を争うものが出てきた。それがだれか、史料には明記されていないが、おそらくつぎにでてくる十郎宗次であろう。このときは「既云レ帯二奉書一云レ馳二過年紀一」という理由で宗久が勝った（二一五号文書）。大工職をえた宗久は翌年二月に請文（七六七号文書）を寺家に提出しているが、その趣旨は、

一、号二在国一不レ可二立レ代申一事
一、自然之時於二大工職一不レ可下入二質物一申上事
一、於二寺家一不レ可下致二一段之緩怠一申上事

というのであった。しかるに、明応九年九月二十二日付幕府奉行連署奉書（二一六号文書）は、

大徳寺大工職事、去年雖レ被レ成二下知於三郎左衛門尉一（宗久）、有二寺家被レ申旨一之間、任二証文等一如レ元被レ仰二付大工十郎宗次一畢

と述べている。右によれば、宗次は寺家を動かし、自己の大工職領掌の正当性を主張して安堵を求めたのである。このさい、宗次に正当性の認められた理由はなんであったろうか。一年前に宗次が大工職を競望したさいに、「太郎次郎子孫」と号したことを想起すべきである。これは当時の社会において「先祖相伝」の由緒が主張された一般的傾向と軌を一にするものである。一般に大工職も相伝される傾向があったが、大徳寺の場合も、宗次・宗久のいずれが太郎次郎の子孫であるかが問題になったのである。管見の史料では、いずれの主張が正当か判断できない。ともあれ、右の宗次の場合にも「先祖相伝」がひとつの根拠となったことは疑いない。しかし、実はそれだけではないことは、のちに述べる。

大工職をめぐる政治情勢　文亀元年（一五〇一）に、宗久の訴えにより宗次の大工職は停止されたが、翌年また元に復した（二一八号文書）。しかし、宗次の大工職はたちまち翌三年に宗久に奪われた。同年十二月の宗次の申状（二二〇号文書）によれば、事態の急変の裏にはつぎのような事情があった。すなわち、

彼三郎左衛門と申ものハ、かき屋の大くニて候を、御屋形様の御大く三郎左衛門かかたらひを得候て、わか身にかけて方々につき

掠め取ったというのである。御屋形様とは細川政元をさすが、大工宗久は手づるを求めてその威をかり、大工職の安堵状をえたのである。

永正四年（一五〇七）六月二十三日、細川政元は子の澄元に弑せられ、翌年六月八日前将軍義稙は入京し、七月一日復職した。そして政元の地位は細川高国にかわった。宗次は早速幕府にたいして大工職の返還を陳情したが、寺家役者一両人が宗久のかたをもち、また細川高国の申入れもあって、幕府は宗久に大工職を付すべしと大徳寺に命じた。ここにおいて宗次は、永正六年に訴訟を起こす（二二二一〜二二二三号文書）。展開された宗次と宗久の相論の根本は、つぎの点にかかっていた。

宗次……先祖相伝の証文および、たびたびの下知ならびに寺家補任状を有す。大徳寺再興に尽力せることは都鄙にかくれなきところである。

宗久……宗次相伝の証文というのは、当方から質に入れ流したものである。しばしば返却を求めたが、宗次が返却してくれなかったのである。

宗久の主張は右の一点に尽き、宗次はこれを否定している。証文質入れのことについては宗次が証拠の提出を求めたのにたいして、宗久がこれを提示しえなかったという記載からうかがえば、理は宗次にあったかもしれない。しかも、宗久のいい分は、彼じしん明応九年の請文に反する行為をしたと自認したものである。すなわち、かの請文には、もし大工職を質入れしたような場合には、大工職を解かれてもやむをえないと書かれていた。宗久の立場は、いかにも苦しいものにみえる。右の相論の結果は不明だが、永正七年十二月三十日付幕府奉行連署奉書（七七二号文

書）はつぎのように述べている。

宗次歎申之旨、手継云二証文一云二理運一顕然也、雖レ然可レ為二寺家進止一

幕府が裁断を大徳寺に任せたのは、同年四月二十日に出されたつぎの法令（建武以来追加・三六三条）の線に沿ったものであった。

一、寺社方以下大工職事（永正七 四廿）
三社并四ケ大寺之外者、一切可レ被レ停二止彼等訴訟一乎、自今以後者、可レ被レ任二本所之意一矣

しかし、大徳寺の手では解決が困難だったので、寺家はさらにつぎのように要求した。

大工職事、未二一途一儀候、如二前々申上候一、為二上意一急度被二仰付一候様ニ預二御披露一候者、寺家可レ為二大慶一候
（七七六号文書）

しかしこれより以前、なんとかして大工職を奪還しようとする宗次は、大徳寺の宗甫・宗育・宗珠らを抱きこんで幕府の飯尾下野守に働きかけ（七七七号文書）、ついに永正八年六月に幕府下知状（二二五号文書）をえ、七月九日には大徳寺にたいする後柏原天皇綸旨（五五号文書）も下されて、宗次の大工職は確実さを加えた。しかし、現実に宗次が大工職を獲得したかどうか疑わしい。というのは、永正十年十二月の幕府奉行奉書（二二六号文書）は、またまた、「宗次に利あり、しかれども大工職は寺家として進退すべし」と逃げているからである。

その手から大工職を奪われた宗久はこれをもってしても断念せず、以後しばしば訴訟を起こし、また他の大工のうちで大工職を競望するものも出て（七九四号文書）、宗次の大工職を脅かし工事の妨げとなったので、永正十四年にいたって、幕府は宗次を退けて、まったく別人に大工職を与えて禍根を絶とうとした（二二七号文書）。大徳寺は補任権を行使して、前々から紛争の種であった宗次を退けたのであるが、彼はあくまでも運動を続け、永正十年には綸

旨を賜わらんと請うたが、ついに成功しなかった（七九七号文書）。以後、享禄元年（一五二八）頃からの戦乱にさいして、京都の武力的支配者が交替するごとにその補任権は危機にさらされた。享禄元年に将軍義晴と細川高国が近江に逃れると、宗次は反義晴派のひとりである波多野氏の威をかりて大工職をえたが、天文三年（一五三四）九月に将軍が近江から入京すると、すぐまた退けられた(21)。

座の性格　以上、大徳寺大工職補任に関する紛争の経過をやや煩雑にのべたが、これらを通じて注目されるのは、大工職補任権は根本的にはそのときの政治権力者の手中にあること、大徳寺役者の申請に基づいて補任される形式をとるが、それはほとんど形式にすぎないことである。

　従来、座と本所との関係について二つの見解がある。一は座が主体性をもちえず、まったく本所の支配に服したとするもの、他はそれに反対して、座は自主的性格をもち、商工人の独占権は彼らじたいの経済的実力によるものであるとする。以上のような見解にたいして、わたくしは別な角度からの考察の必要性を主張したい。それは、「本所」対「商工人」というとらえ方のほかに、その地域における時の権力者を加えて、寺社（本所）—商工人—武家の三者の関係によって座の問題を考えるべきだということである。大げさにいえば、座の問題に政治史的な観点を導入することである。

　さて大徳寺の場合、工人が時の権力者に働きかけて特権をうること、それは一種の工人の主体性を証するものである。工人の座が本所にたいしてきわめて従属的だということは豊田武の述べたところであるが(22)、商人の座に比してのことであり、これを全面的に承認することは躊躇される。建築業者の顧客がきわめて限定されていることから、本所寺社に主導権を与える余地は十分残されていたのであって、豊田の説はこれによってその論拠を与えられている。しかし、さきに述べたような、政治史的観点もそこに加えるべきものと思う。

法的には、大工職補任権は大徳寺に与えられていたのであったが、寺家がこれを完全には掌握できなかったことは既述の通りであり、あるいはまた、天文二十一年（一五五二）に、大工・番匠が団結して本所大徳寺に反抗していることにも、それはうかがわれるのである（二六二号文書）。一般に近世初頭における商工人の主体性獲得の推進は認められるところである。最も主体性を欠いていたと思われる工人も、その地位はたかまってきていたとみなければならない。しかし、工人が「大工職」という中世的特権をめぐって争わざるをえなかったことで明らかにみられるように、そこにはふとい限界線がひかれていたのである。

(三)　戦国大名の工匠統制〔補注1〕

「天下戦国之上者、抛二諸事一、武具用意可レ為二肝要一」とは『甲州法度之次第』（二十六箇条本、第一五条）の一節であるが、ここに戦国大名の政策は端的に示されているといってよい。武力の充実こそは、分国政治の最大の狙いだったといえる。奉公のひまには書学芸能を心がけよという条文もみえるが、それとても、「軍役武具等不断可二相嗜一事、可レ為二本道一、一稜抽二余仁一者、可二加増一、第一弓馬鉄炮可二心懸一事」（『長宗我部氏掟書』第七条）という条件つきである。

分国法　戦国大名がその領国支配に当たって、一定度の展開をみせていた商工業を、いかに掌握するかは大きな課題であった。手工業に限っていえば、武器・武具の製造に従う工匠や、築城にかかわる諸職人を、いかに保護し統制するかは重要な問題であったと思われる。しかし、分国統治の基本法＝分国法には、工匠の保護・統制に関する条文はそれほど多くは見出すことができない。文明十七年（一四八五）の『大内氏掟書』は、「塗物代事」として、「刀のつかさや」の塗賃を定めている。七寸〜一尺三寸もの「地ぬり五十文、花ぬり五十文」、一尺四寸〜二尺もの「地ぬり花ぬりとも二百五十文」、二尺一寸〜三尺もの「地ぬり花ぬりとも二三百文」というのがその内容である。慶長二年（一五九七）の『長宗我部氏掟書』は、「諸職人」にたいして、その奉行・職人頭の統制に従うことを要求し（六七条）、つぎに職人の「賃（手間）」を公定している（六八条）。大工・大鋸引・檜物師・鍛冶・銀屋・研・塗師・紺掻・革細工・瓦師・檜皮師・壁塗・畳差・具足細工などにつき、一日に上手は籾七升、中は五升、下手は三升（いずれも京枡で計量）とし、船番匠賃は籾一升としている。元和元年（一六一五）の『吉川氏法度』に「鍛冶番匠作料、時々如ㇾ定可㆓召仕㆒之事」（第七二条）とあり、また「普請事」（第九八〜一一三条）と題する一六条の規定がある。ただし、これは家臣をも含めた普請役の規定の如くみえる。休日規定があり、年間四〇日を休日としているが、「弓鉄放之者、鍛冶番匠小人ハ、右之外ニ、三月四月五月八月九月十月、合而六ケ月、々別四日充ㇾ休」とし、「鍛冶番匠日別作料」は「上七分中六分下五分外ニ一日三度賄申付之事」とされている。伊達氏の『塵芥集』に「さいく人のしよたい、ミたりにうるへからす」（第一二五条）とあり、細工人の必要数を維持しようとする政策が示されている。また細工が火事・盗人の難にあったときの預かり物（注文者が原料を出して細工人が加工する）の償いをいかにするかについての規定がある（第一二六条）。

以上の如く、分国法として成文化されたものは少ないのであるが、各地の断片的な史料を集めれば、かなりの数にのぼると思われる。史料を博捜したわけではなく、たまたま管見に入ったものを列挙するにすぎないが、以下において、戦国大名治下の工匠の問題を概観してみたい。

後北条氏領国〔補注2〕　後北条氏は「扶持職人」として鍛冶・番匠・大鋸引・青貝師・欛《つか》左右師・組紐師・銀師・紙漉・結桶師・笠木師・経師を擁し、扶持高合計は七八〇貫二一〇文にのぼっていた[23]。以下、寓目したものを列挙する。天正五年（一五七七）、武蔵国入間郡坂戸の細工師長吏六右衛門は「御細工之奉公」の代償として「郷次之御普請役」を免除された(24)。弘治元年（一五五五）、伊豆松崎の船大工弥五郎宛の「船番匠可レ被二召仕一様躰」なる朱印状(25)によると、船大工は年間三〇日の労役を課され、それ以外に召し仕うときは一日五〇銭の作料が与えられた。その代償として「棟別銭壱間分」が免除された。伊豆には皮屋がいた。天文七年（一五三八）に「革作」として書きあげられているものは二一人で、内訳は、長岡～五人、三島・伊東～各三人、稲沢～二人、田中・多賀・宇佐美・大見・船原・川津・白田・仁科～各一人となっている。後北条氏は、これら「かわた」にたいして、他の被官となることを禁じ、また居住制限を付した(26)。国中皮作を統轄していたのは国阿弥・寿阿弥両人で、長岡革作七郎右衛門に宛てた弘治四年（一五五八）の定文(27)によると、貢納すべき皮は四二枚で、うち二三枚は現物、残り一九枚は一枚四〇〇文の割合で計七貫六〇〇文を出すことになった。これらは春・秋二回に分けて前記両人のもとに差出した。また毎年二月・十月の二度、小田原に出向いて皮をうけとり、これをふすべる仕事があった。加工賃である「ふすべ銭」は、永禄十年に二貫文を下したが、これは段銭のうちから差引いている。皮には「皮じるし」として「丹後増阿弥」の判を「くび上」につける定めで、ふすべるときに判が落ちぬよう、つつみ込んで行うとしている(28)。天正十二年（一五八四）には皮ふすべの役がなかったが、段銭から控除してある皮燻賃（二貫文）のかわりに板目皮五枚を出した(29)。天正六年に、板目皮五枚を急用につき申付けたとき、「豆州皮作触口」の孫九郎に「日限至三于令二相違一者、触口可レ為二遠島一」といっている。触口は皮作りの「司」に当たるものか(30)。

永禄十一年（一五六八）六月六日付朱印状(31)によると、鍛冶工は「一年ニ卅日」召し仕われ、作事には炭・鉄などの材料が支給された。天正七年（一五七九）の浦賀の作事に、金沢・かまりや・ひの又五郎・青木之弥四郎・六浦之番匠小三郎ら鍛冶番匠を召集したときは、出向に当たり伝馬を給した(32)。城下の鍛冶については、天正十四年に小田原新宿鋳物師の棟梁山田二郎左衛門がみえ、(33)同十七年、小田原・千津嶋・植木新宿・川野・三浦鴨居・荻野・井山などの鋳物師に大筒二〇挺の作成を命じたとき、「山田致指引手際よく、きす無レ之様に可レ致二出来一」と山田の監督の下に作業を行うことを命じている。(34)その前年「韮山城に鍛冶屋を被レ立」(35)とみえ、鉢形城下にも鋳物師の住んでいたことが知られる。(36)

小田原の城下山角町には畳職人の弥左衛門なるものがいて、扶持七貫七五〇文を与えられ、番子分として三貫文が与えられていた。後北条氏は、弥左衛門を棟梁とする畳職人集団を、扶持の給与によって、その組織のまま支配したのである。(37)石工も棟梁・番子制で統制されていた。小田原に近い板橋の石切善左衛門は数人の番子をもち、扶持を与えられていたが、天正三年（一五七五）に「御分国石切之可レ為二棟梁一」として特権をえた。(38)

今川氏領国　駿河府中西のつら《頰》には「かわたの彦八」なるものが率いる皮作集団が住んでいた。今川氏は、彼らに「川原新屋敷壱町五段」を与えて集住せしめ、皮の役をつとめさせていた。(39)彦八には七五〇文の屋敷を細工免として与え、(40)急用のときは「国中を走廻申二付調進一」ける任務を課した。(41)皮革は重要な軍需品だったから、みだりに移出するのを禁じた（皮留）。天文十三年（一五四四）の今川義元朱印状(42)は薫皮・毛皮・滑革を連雀商人が他国に持ち出すのを禁じ、また権門の被官と号して役を勤めぬもののあるを誡めている。今川氏の凋落後、一時武田の臣穴山信君が江尻に居て支配したが、天正七年（一五七九）に府中の「革作」の普請役と「田役」を免除した。(43)

徳川氏領国　天正十五年、家康は遠江国の金屋の山田七郎左衛門を「駿遠両国鋳物師惣大工職」に定め、「小工」を率いて奉仕すべきことを命じた。もちろん、諸役免許の特権が与えられた。(44)また翌年、遠江国志都呂（質侶）に在留していた瀬戸のものに「御分国中焼物商売之役」を免許して保護を加えた。(45)

武田氏領国　天文十二年（一五四三）、鍛冶について「御ヒ官同様ほうこう中につゐてかち二諸役可レ有二免許一者也」という。永禄十一年（一五六八）頃、城下古府の六方小路に番匠弥三郎がおり、同六年頃、穴山城下に大工源三左衛門がいて、穴山の番匠の統率権を有していた。『甲斐国志』所引の永禄六年の文書に、「当谷中番匠之事、背二大工下知一細工候はん者共、道具を執細工をおさへべし、並不断奉公之番匠も細工無沙汰候はゝ、堅可二申付一候」とある[46]。

信州南佐久の番匠　天正十年（一五八二）、信濃国南佐久春日城の領主依田氏は、丸山左衛門太郎を「郡中之大工」に任じ、知行五〇貫を与えた。同十三年には田口之郷御庵分之内三〇貫を与えられ、「自今以後者、自身之奉公不レ及レ申、脇番匠等相求（ママ）、弥可レ励二細工等一者也」とされているから、丸山氏は番匠の司の地位にあったとみられる。天正十七年の定書では知行高「四拾五貫五百四拾文」であった。丸山氏は武士的性格を有し、同年十二月の依田（松平）康国印判状によると、同心衆として「のほ（ぼ）り二本」にて従軍している。依田氏は天正十八年に上野国藤岡に転封になったが、丸山氏はいぜん三〇貫の知行を与えられていた[47]。

若狭遠敷郡の鋳物師

（袖　判）

当国金屋職之事、従二他国一来、商売之儀、依レ為二法度一、従二往古一令二成敗一云々、然而、近年或寄進、或号二音信等一、従二他国一召寄族在レ之歟、堅可二停止一、所詮於レ令二許容一者、不レ依二権門勢家一、任二先規之法一、為二金屋中一加二成敗一、可レ勤二仕其役一之由、被二仰下一所如レ件

天文九年三月十一日　　右京進（花押）

右の文書は若狭遠敷の鋳物師衆の特権を武田氏が確認したものである。これからわかることは、若狭一国における独占権の存在と、その独占にたいして、「寄進」とか「音信」（おとずれ＝贈物）と称し、鋳物を他国から買い入れる

というかたちで侵害するものがあったことである。永禄七年（一五六四）にも武田義統の安堵状が出されており、「自二他国一之鋳物一切国中江不レ可レ入」とされているが、さらに同状によると、「金屋職商売銭之事、従二先規一、延公事徳政之法仁無レ棄二破筋目一」とある。延公事は未詳だが、延は延売買と同意で、支払いの済んでいない分について徳政法を適用しないというのではあるまいか。

信長時代になって、天正二年（一五七四）の丹羽長秀判物があり、武田氏以来の金屋職が安堵されている。近世、明和四年（一七六七）十月一日付小浜藩奉行等判物によると、「自二他国一之鋳物一切国中江不レ可レ入」と同様の特権が存続していることがわかる。(48)

越前大野郡の鍛冶

まず、織田信長の幕下、金森長近が大野郡鍛冶座に与えた左の文書がある。

当郡鍛座之事、惣中へ不レ及二案内一新儀に入事并かま・鍬・釘等何も諸道具ふり売令二停止一候上ハ、惣鍛中可レ為二進退一者也、仍状如レ件

天正二
十二月廿六日　　金森五良八
　　　　　　　　長近（花押）

大野郡惣鍛衆中
大蔵宗左衛門

右文書にみる如く、鍛冶座衆の特権は、新儀の同業者の出現の抑制と「ふり売」の禁圧により維持された。右とほぼ同文のものがもう一通あるが、それには「猶以、右之かち共人々中、与介進退□者也」という追而書がある。与介はたぶん大蔵宗左衛門（尉）のことで、かれは座のオトナであろう。独占の特権付与にたいして、当然領主側からの座への統制がある。欠年九月二十八日付遠藤盛頼書状に「当町鍛冶衆之儀、他所へ越候ハぬ様ニ、其々渥分馳走

有へく候」とあり、居住制限が付されている。

近世に入り座の称は消えたと思われるが、実態はいぜん存続していた。寛政十年（一七九八）の土井家三奉行判物に、

御本丸再建之役、惣鉄具進之条、神妙之至候、依レ之、天正城築之吉例面々之外、弥当領大野郡新規鍛冶業之義并鎌鋤鍬釘等之諸鉄具、ふり売店売令二停止一之状、執達如レ件

とあり、戦国以来の鍛冶集団の特権は近世にもいぜん維持されていたのである。[49]

越前今立郡の紙座　大滝権現の神郷の紙座は有名である。天正三年（一五七五）十月に紙座に与えられた府中三人衆（前田利家・佐々成政・不破光治）連署状は、「上者木目を境、下者浅水之橋を境、東者境目、西者海端を境、如二前々一、不レ可レ有二諸役一并地下夫役不レ可レ有レ之、山林猥不レ可二伐採一」と旧来からの特権を安堵し保護を加えている。近世に入っても、定友・大滝・不老・岩本・新在家の五箇村の紙屋にたいして、「長高・正宗・奉書・間ノ紙、如前々、わき〱《（脇々）》ニて仕間敷候」という松平秀康黒印状が与えられ、特権が維持された。[50]

加賀河北郡の紺屋　慶長三年（一五九八）に森下の紺屋孫十郎に宛てた前田利家の印判状によると、「向後森本こんや一人として、念を入染候而可レ上候」とあり、孫十郎に藩用の染色を掌らせたことが知られる。また「手伝雑左の事者、惣こんや中として可レ仕候」とあるように、紺屋惣中の協力が命ぜられている。右の孫十郎家は、慶長五年に「金沢中之こんやのかしら」に任命され、藩用の染物の多いときは、その手伝いを「惣こん屋中へ割付」けることが命ぜられている。孫十郎家の特権は不明だが、彼はいわゆる御用職人であり、染工の統制に当たっていたものとみられるのである。[51]

能登鳳至郡の諸職人　永禄三年（一五六〇）正月の正親町天皇の即位に当たって、能登国鳳至郡中居の鋳物師

（「釜屋大工」）らが祝儀三百疋と金灯籠を献上したのが、この地の鋳物師の史料上の初見である。中居釜屋村は禁裏御料所であり、彼らが禁裏からなんらかの保護をうけていたと思われるが、詳しいことはわからない。天正十年（一五八二）、前田利家の七尾築城にさいしては鋳物を徴している。同年、禁裏から利家にたいして中居釜屋村の年貢を督促した。中居の鋳物師三右衛門は利家から二〇俵の扶持を与えられているが、「諸事地下等之儀可馳走」というように、中居村の長百姓であり、鋳物師の司だったのであろう。翌年、三右衛門は村内の「小百姓」と紛争を起こし、利家に喚問されている。天正十二年には、前年からの滞納年貢を利家から催促された。三右衛門が沙汰した中居村は、天正十五年の年貢皆済状によると四一五俵二升七合五勺の高で、三右衛門の扶持二〇俵と彦九郎なるものの扶持（屋敷）四俵五升を除いた三九〇俵二斗七升七合五勺、「弐ツ免引」七八俵五升五合を控除した三一二俵二斗弐升弐合五勺が定納高であった。ただし、天正十四年分年貢のうち六〇俵分は「門ノかなぐ、まど、しやうじ四枚手とり、弐ツ大がま二ツ、ごとく三ツ炭共ニ」（「廿貫めニ付て三俵あて」）とあるように、他の金属製品で代納されている。

鳳至町の鍛冶屋については、前田利家は入部後に「諸役免除」の特権を与えたが、天正十年に「百姓」らの訴訟により、もとの如く諸役をつとむべきことを命じた。職人にして農耕に従事するものについては、必ずしも諸役免除とならなかった。天正十一年の前田利家印判状に、道下村大工について「田地を於レ令レ作者、其役を可二相勤一」としているのはその例である。(52)

近江国の諸職人　天正五年の織田信長の安土山下町中掟（「八幡町共有文書」）に、町並居住の奉公人・職人の家並役免除につき、「付、被レ仰下付以二御扶持一居住上之輩、並被レ召二仕諸職人等一各別事」とあり、扶持職人の存在がみられる。(53) 天正十一年、秀吉の大坂築城には多くの職人が動員されたが、それら職人にたいしては「向後別之役儀不レ可レ在レ之」と諸役が免除された。(54) 免許の折紙は個々の職人集団に宛てて出された模様だが、その免許にもかかわらず、在々の給人・領主らがいぜんとして「夫役并地下並之諸役」を賦課することがあった(55)。

天正十二年の秀吉免許状(56)は東浅井郡西草野の鍛冶に宛てて、「かちの役つとめ候間、夫役の事令二免許一」としている。諸役免許とは、結局はその労働力を領主の要用に動員するための用意にほかならず、在地の給人・領主の支配下から大名の統制下へ移行させる梃子の役割を果たしたものにほかならない。同年六月に秀吉が近江諸浦の船大工四拾人宛に出した朱印状(57)に、「諸役事令二免除一訖、然者此方用所時無二由《ママ》断一可二相勤一者也」というのはそれである。

蒲生郡馬淵荘の岩倉・長福寺部落には石工（「石きり」）の集団が居住していたが、秀吉の初政に旧来からの特権を安堵された。彼らは主として石に加工して「石うす」を作っていたらしい。大坂築城にさいして、在地の給人の夫役などを免除されたが、その後、天正十三年の聚楽第造営、十四年の方広寺大仏殿造営、十七年の三条大橋架設、文禄三年の伏見城修築にも参加している。徳川氏の時代に入っても、旧来の特権は保持されたが、代償として「年中に壱人別卅人之御役」をつとめることになっていた(58)。

蒲生氏城下　天正十四年、蒲生氏郷は、伊勢松ケ島城下において、桶屋三五人に屋敷一所と諸役免除の特権を与えた(59)。

毛利氏領国　永禄頃、山口に「山口筆結惣司」がおり、また「磨師・塗師・鞘師・銀細工惣司」がいた。毛利氏が職人統制のために置いたものであろう(60)。

蜂須賀氏領国　天正十四年、阿波国では蜂須賀氏が紺屋又五郎を「国中ノ紺屋司」に任命し、「染物以下随分可二馳走一」といっている。国中十三郡の紺屋にひとり当たり「古銭十疋」の紺屋役を命じ、「誰々知行之内又雖レ為二山下一(城下)」すべて勤めよとしている。紺屋司又五郎は蜂須賀氏より扶持を与えられた御用職人であった。また紺灰については、正阿弥市左衛門が独占し、橋下灰舟座として、ヒラタ舟二艘の諸役を免除されていた(61)。

注

（1） 阿部猛『律令国家解体過程の研究』（新生社、一九六六年）第二篇第一章参照。分野によって、例えば紙生産、筵・簾・菅笠の生産などは、中世・近世を通じて、農村手工業の域を脱しなかった。豊田武『増訂中世日本商業史の研究』（岩波書店、一九五二年）参照。
（2） 以上については、遠藤元男「中世職人の給料・生活」（『日本職人史の研究』雄山閣出版、一九六一年）、浅香年木「工匠給免田の形成過程」（『日本古代手工業史の研究』法政大学出版局、一九七一年）、横井清「荘園体制下の分業形態と手工業」（『中世民衆の生活文化』東京大学出版会、一九七五年）など参照。
（3） 但し、荘園所職を保有するからといって、直ちにそれが農民的性格を有するとは言い切れない。荘園所職は荘園体制下の財産所有のひとつの表現——すなわち、それが加地子得分権にすぎない場合も考慮しなければならない。
（4） 赤松俊秀「座について」（『古代中世社会経済史研究』平楽寺書店、一九七二年）所引修理職官等申状（『鎌倉遺文』二十五巻一九一九七号）。
（5） 阿部猛・前掲書（注1）第二篇第一章第三節。
（6） 『平安遺文』八巻四一八五号・四一八八号。
（7） 同右・七巻三一六七号。
（8） 赤松俊秀・前掲論文（注4）。
（9） この場合、各寺院が常時これほどの番匠の労働力を必要としたということではなく、修理職や国衙からの公役を免れるための「寄人」行為であろう。また豊田武が述べたように、賀茂社が流造、建仁寺が唐様、法成寺が浄土教建築の本拠（宗家）であって、ひとつの流派をなしていたという事情も考慮に入れるべきであろう。豊田武「大工の座と建築の様式」（『日本歴史』七四号）。
（10） 『鎌倉市史・史料編第二』（一九五八年）三八一〜三八三号。
（11） 同右・三八四〜三八六号。

(12)　小野均『近世城下町の研究』（至文堂、一九二八年）一五四頁。
(13)　豊田武・前掲書(注1)四二一頁。
(14)　大工職については、遠藤元男「中世職人の座の独占形態」（『日本職人史の研究　論集編』雄山閣出版、一九六六年）、大河直躬『番匠』（法政大学出版局、一九七一年）を参照。
(15)　中田薫「王朝時代の庄園に関する研究」（『法制史論集　第二巻』岩波書店、一九三八年）一八八頁。
(16)　「鵤荘引付」（阿部猛・太田順三共編『播磨国鵤荘資料』八木書店、一九七〇年）。
(17)　田代文書・七。伊藤鄭爾『中世住居史』（東京大学出版会、一九五八年）三三二頁。
(18)　高木文書（『近江蒲生郡志　五』）。伊藤鄭爾・前掲書(注17)三三一頁。
(19)　阿部文書（『近江浅井郡志』）。
(20)　大徳寺大工職の発生当時の事情は推測不可能である。以下考察に用いた史料の大部分は大日本古文書・家わけ第十七『大徳寺文書』(一)、同・(二)に収められているものである。
(21)　『大徳寺文書之二』一二三三号。宗久もそうだったが、宗次もいろいろな手づるを求めて大工職の安堵あるいは工事への参加を要求した。二四五号・二四六号。
(22)　豊田武「興福寺をめぐる建築業者の座」（『座の研究』吉川弘文館、一九八二年）。
(23)　小野均・前掲書(注12)一五六頁。
(24)　『武州文書　三』二六二頁。
(25)　徳田釼一『中世に於ける水運の発達』（章華社、一九三五年）二八〇頁。
(26)～(30)　宮本文書（『静岡県史料』）。
(31)　原田伴彦『中世における都市の研究』（講談社、一九四二年）一七五頁。
(32)　『武州文書　二』九四頁。
(33)　小野均・前掲書(注12)一六二頁。

(34) 中丸和伯「後北条氏時代の町」(『封建都市の諸問題』雄山閣出版、一九五九年)六九〜七〇頁。
(35) 原田伴彦・前掲書(注31)一七六頁。
(36) 『武州文書　五』四三一頁。
(37) 中丸和伯・前掲論文(注34)六一頁。
(38) 同右・六三〜六四頁。
(39)〜(43) 七条文書(『静岡県史料』)。
(44) 山田文書(同右)。
(45) 加藤文書(同右)。
(46) 以上、小野均・前掲書(注12)一五六頁、一五九頁。
(47) 以上は『南佐久郡の古文書金石文』(一九四四年)二三〜三四頁。
(48) 以上は金座鋳物師文書(牧野信之助『越前若狭古文書選』一九三三年、六四一〜六四三頁)。
(49) 以上は鍛冶組合文書(同右・二一七〜二二〇頁)。
(50) 大瀧神社文書(同右・二八〇・二八四頁)。中世の紙の生産については、小野晃嗣「中世に於ける製紙業と紙商業」(『日本産業発達史の研究』(至文堂、一九四一年)、網野善彦「紙の生産と流通」(『中世民衆の生業と技術』東京大学出版会、二〇〇一年)など参照。
(51) 日置謙『加能古文書』二一三五号・二二〇六号・二二〇七号。
(52) 同右・一四一八号・一四一九号・一七一六〜一七一九号・一七七六号・一七九三号・一八〇九号・一八一一号・一八一八号・一八七五号・一九六五号。
(53) 小野均・前掲書(注12)一五七頁。
(54) 井上和夫『長宗我部掟書の研究』(高知市立市民図書館、一九五五年)二三七頁。
(55) 岩倉共有文書(『近江蒲生郡志　五』三八五頁)。

(56)　鍛冶座共有文書（『東浅井郡志』）。

(57)　近江七里外市氏所蔵文書（『大日本史料』十一編の七）。

(58)　以上は岩倉共有文書（『近江蒲生郡志　五』）一五二〇号・一五二二号・一五二三号・一五二八～一五四一号。

(59)　小野均・前掲書（注12）一四七頁。

(60)　原田伴彦・前掲書（注31）一八二頁。

(61)　『阿波国徴古雑抄』四八七頁・四八八頁・五四六頁。

〔補注1〕　永原慶二・所理喜夫編『戦国期職人の系譜』（角川書店、一九八九年）所収の諸論文を参照。

〔補注2〕　則竹雄一「後北条領国家における番匠の存在形態」（『戦国大名領国の権力構造』吉川弘文館、二〇〇五年）参照。

九　中世の生産技術

ひとつの地域の歴史の流れに即して生産技術の発展をあとづけることは、ほとんど絶望的である。史料は断片的であるし、しかも内容を適切に語るものはほとんどないといってよい。技術史的な研究の重要性・必要性が説かれながらも、この分野の研究が遅れた理由も、またそこにあった(1)。以下に例示するのは、農業・製塩・鋳物・造仏・建築・酒造の各分野についてのものであるが、いずれの場合でも、前述の制約を免れず、すこぶる不十分なものにすぎないことを、あらかじめ記さなければならない。

(一)　農　業

中世の農業技術の問題は多岐にわたり、そのすべてを扱う能力はない。そこで、いきおい恣意的に問題を選択せざるをえないが、ここでは、主として「高野山文書」を用いて、高野山領紀伊国諸荘園の場合について述べることにしたい。

(1)　畠　作

わが国の農業が水田稲作を中心にして発展してきたことは疑いないが、古代以来、畠作もきわめて重要である。と

表1

村　名	田（A）		畠（B）		B/A+B
	地　積 反　歩	分　米 斗	地　積 反　歩	分　麦 斗	%
大　野	114.190	357.365	82.240	119.194	43
清　水	181.080	774.318	44.020	55.762	20
小　田	170.350	757.58	57.260	77.02	25
那古曽	332.330	1096.364	59.310	83.222	16
不死原	380.290	1120.996	58.230	81.255	13
紺　野	171.120	690.02	52.220	82.256	24
山　田	230.000	938.42	11.240	15.069	5
吉　原	68.230	238.093	2.020	2.648	3
田　原	124.310	418.506	7.090	9.594	6
中	106.270	318.612	8.030	10.008	8
畑　山	85.190	339.242	62.120	87.909	41
久戸山	33.230	117.721	84.170	129.033	70
計	2001.070	7167.031	534.120	740.258	21

表2

村　名	田（A）		畠（B）		B/A+B
	地　積 反　歩	分　米 斗	地　積 反　歩	分麦豆 斗	%
一　坪	41.180	205.4505	184.028	403.0814	82
清　水	116.274	621.1281	169.324	333.1992	59
向　副	104.125	523.0507	104.250	187.5027	50
畑	38.195	171.5418	(29.340 8.000	50.9056) 17.12	44
計	301.054	1521.1711	496.288	991.8089	62

くに、山がちの地域での畠作の役割を見落とすことはできないであろう。まず、田と畠がどのくらいの割合で存在したかを数的にみることは、畠作の地位を考えるおよその目途になる。応永三年（一三九六）の官省符荘上方諸村の惣田畠数と分米・麦を史料[2]によって整理してみると表1のようである。全体としては、畠は耕地の約二一％を占めている。大野・畑山・久戸山村がとくに多く、久戸山村は約七〇％が畠である。つぎに応永元年（一三九四）の相賀南荘の場合をみると表2のとおりである[3]。この荘園では、官省符荘以上に、畠作が重要な役割を持

つことがうかがわれる。畠作物の主なものは麦と大豆であるが、建武元年（一三三四）南部荘では、「畠分　柒町捌段小　粟肆石弐斗陸升代米弐石壱斗参升(4)」とあり、この畠の作物が粟であったことを示している。たぶん山畠であろう。官省符荘の場合、上田一段の分米は約五斗で上畠一段の分麦は一斗七升にすぎず、畠の貢租率がかなり低かったと推定される。とすると、畠作は農民の手もとに余剰をもたらし、再生産手段としての意義は看過できないことになろう。(5)

(2)　二毛作

中世農業技術の発展〔補注1〕を示すものは、二毛作・多毛作の普及であるといわれる。「高野山文書」中で、最も時期的にさかのぼる二毛作の史料は、つぎの史料である。(6)

奉二寄進一　御影堂水田事

合弐段者　壱反米九斗　麦六斗
　　　　　壱反米八斗　麦五斗

在紀伊国那賀郡名手大塔御庄字中村丹生戸□吉道垣内

四至在二本巻一伍通

右件田地者、覚西師資相伝之地也、三十余年領知之間、敢無二違乱一、而去文永之比、京得法師構二謀書一、渡二于慶本房一之間、無道被二押領一之条、未曽有次第也、雖レ須下任二証文旨一致中沙汰上、所詮御影堂寄進之条、依レ為二多年本懐一、為レ祈二先師菩提一、本証文相副、永奉レ寄二進陀羅尼田一之状如レ件

建治二年丙子四月一日　　山籠覚西（花押）

右は僧覚西が名手荘の水田二段を御影堂《みえいどう》に陀羅尼田として寄せた寄進状であるが、うち一段は米九斗と麦六斗、他の一段は米八斗と麦五斗の所当を負っている。夏作と冬作の両種の所当を負うことは、当然これが二毛作であること

を物語っている。永仁四年（一二九六）入寺道弁が、同じく御影堂に寄進した畠地一段について、「夏秋二箇度作毛代分仁、毎年乃米六斗五升」とあるのは、陸稲と麦の二毛作を示し(7)康正三年（一四五七）入寺重賢が勧学一結衆に寄進した志富田《しぶた》荘の田一所について「都合定田（夏麦弐斗 秋米参斗）」とあるのも稲と麦の二毛作であり(8)、宇井唯性垣内は、夏麦と秋大豆の二毛作かとみられる。

奉二寄進一　御影堂陀羅尼田事

合両所者　在二古佐布郷内一

在所　馬場彦次郎垣内（菴察前小畠加定 茶薗片子春五百秋三百已上八百定之）

宇井唯性垣内（夏麦三斗秋大豆二斗五升定之 毎年公事物百六十文アリ）

右垣内内、十念買領相伝之私領也、且而為レ訪二二親并亡妻菩提一、且為レ祈二十念現世安穏後生善処一、所レ奉レ寄二附御影堂陀羅尼料足一、相二副両所本券十四通一也、然則七世四恩速預二滅罪整然之益一、法界含識同遂二離苦得楽一矣、

仍奉二寄進一状如レ件

暦応四年辛巳閏四月廿一日

願主沙弥十念（花押）(9)

また応永八年（一四〇一）の相賀南荘生地島請所状(10)に「右件請所者、夏大麦壱石、小麦一石、秋大豆弐石、粟壱石、已上伍石之分」とあり、大麦・小麦と大豆・粟の二毛作の事実を示している。

米と麦の二毛作は、夏に植えて秋に収穫する稲と、冬に蒔いて夏に収穫する麦との組合わせであるが、麦と豆の二毛作は、夏に収穫する麦と、秋に収穫する大豆の組合わせである。稲の場合、麦の刈取りが遅れると田植が遅れて不都合の生ずることもあった。室町時代大和国の場合であるが、『大乗院寺社雑事記』文明七年三月十七日条に、「抑水田二百姓等近年任二雅意一麦作事、為二地主一不便事也、耕作遅々間、毎々旱損之由申レ之」とある。

『高野山文書之七』（三九三頁）に「田麦」ということばがみえるが、これが水田裏作の麦のことであるのを証するのはつぎの史料である。[11]

一、諸国百姓苅二取田稲一之後、其跡蒔レ麦、号二田麦一、領主等徴二取件麦之所当一云々、租税之法、豈可レ然哉、自今以後、不レ可レ取二田麦之所当一、宜レ為二農民之依怙一、存二此旨一、可レ令レ下二知備後備前両国御家人等一之状、依レ仰執達如レ件

文永元年四月廿六日　　武蔵守　判

相模守　判

因幡前司殿

この史料は、二毛作の普及を考える上で著名なものであるが、水田裏作としての麦を田麦といい、領主が麦の所当を取ることを禁じたのである。麦の所当徴取は高野山領でもみられたところであるが、幕府がそれを禁じたのは、「宜レ為二農民之依怙一」というように、裏作が小農経営再生産の上で大きな役割を担っていたことを認識していたからではあるまいか。

なお、史料の文中に備前・備後二国があげられていることからして、この二国がとくに二毛作の中心地であったという理解もできるかもしれないが、こうした御教書形式の法令は全国の守護に対して発せられるものであるから、右の両国に限定する必要はない。実際、肥前国の「青方文書」中に、右の法令を引用した肥前守護少弐氏の施行状の断簡も残っている。[12]

(3) 肥料

つぎの史料は、紀伊国粉河寺が、肥灰《こえはい》の他領への持出しを禁じたもので、[13] 自領の農民が他領へ出作する場合でも禁

止しているのは注目される。肥灰というのは草木灰のことである。「永昌記裏文書」（大治四年紙背）に、摂津国山田荘について、「当牧之法、元三日以後、採レ柴為レ灰入二御供田一令レ肥者也、無二此能治一者、浅薄田地弥令二荒廃一、作物難レ登者歟」というのは、それを示している。中世に用いられた肥料には、右の肥灰のほか、厩肥・人糞尿・苅敷があるが、どの程度普及したかは、はっきりしない。

定置肥灰事

右於二当寺内一、恣肥灰他所出来不レ可レ然、依レ之寺内畠田疲極而作毛不レ得、既後間旁衰微此事也、大海之一滴、九牛之一毛、不聊事眼前支証也、而上者於二向後一不レ可レ出二他所一、縦雖レ為二出作一堅停二止之一、若背二此旨一輩出来者可レ処二罪科一者也、依二衆義一所レ定状如レ件

応永十五年戊子三月廿九日

三ヶ所沙汰人（花押）
公文代衛門（花押）
預所代衛門大夫（花押）

肥灰・苅敷については、当然、草木の供給源である山野利用の問題が浮びあがってくる。山野の利用については一定の慣習や規定が存在し、草刈場の境をめぐる争いも起こった〔補注2〕。正慶元年（一三三二）の荒河荘荘官等請文[14]には、「不レ可レ剪二取寺僧幷百姓領樹木一事」「不レ可レ奪二取苅草一、又押二入民屋一不レ可レ責二飯酒等一事」とあって、農民の権利を保証している。鎌倉幕府の仁治三年（一二四二）正月十五日の法令[15]でも、御家人らが「放二牛馬一、採二用土民作物草木一事」を禁じている。応永頃、荒河荘と隣荘田中荘の間に山論があった。田中荘は紀の川流域にあり、山裾の荒河荘に草刈りに入ったのであるが、応永五年（一三九八）の下知状[16]は、

高野領紀州荒川庄山事、田中庄依二掠申一、度々雖レ被レ成二下奉書一、尋二究子細一之処、於二外山一者、弁二山手一切レ之、

至二内山一者、不レ入二他領者一之条、為二先規一之上者、任二先例一可レ有二其沙汰一

といっている。すなわち、外山については、田中荘住人が山手料を支払って草木を採取することを許したが、内山には他領のものを入れない定めであった。

(4) 畜力の利用〔補注3〕

正応四年（一二九一）九月の高野山衆徒訴状案(17)は、荒河荘住人為時法師・源八義賢・蓮空ら悪党の濫行を次のように述べている。

乍レ作二公田一不レ済二公物一、年々歳々併令レ闕二怠仏聖灯油人供料一、或押二入土民之住宅一捜二取資財一、或責二致山河之生命一偏宛二衣食一、毎臨二夜陰一招二寄悪党一、焼二百姓之住宅一、為二一庄之衰微一、累年之所行也、始而雖レ不レ可レ驚、且計二去年以来之放火一、漸及二四十余宇一、剰焼二致女人牛馬一畢

また別の史料では、教仏の妻女や数十疋の牛馬を焼き殺したとあり、荒河荘の宗恒の住宅焼亡の際には、馬一疋・牛二頭が焼死したとある(18)。建治元年（一二七五）阿弖河荘では、地頭湯浅氏が「搦二取百姓廿余人一、押二取数疋之牛馬一」ったが(19)別の史料によると、百姓二八人、牛二疋・馬六疋であったという(20)。また鞆淵荘でも、悪党らが武具を帯びて乱入し、百姓の牛一三疋を押取る事件があった(21)。正応四年（一二九一）の神野荘・猿川荘などの荘官の請文には、

「称二殿牛一不レ可レ取二仕百姓牛一事」「与二少分用途一号二買領一、不レ可レ押二取他人地一事付牛馬等」「可レ停二止当庄狼藉一事押取馬牛事、押買事、路次押取事」「大犯輩出来時、不レ嫌二坊免一可レ召二取其身一、但於二資財物牛馬等一者、不レ可レ取事」「牛馬放飼并秣苅可レ停二止事一」

とあり(22)、農民の間に、かなり広く牛馬が飼養されていたことを物語っている。馬が農耕に使役されることは少なかっ

たらしく、それはもっぱら運搬用であったと思われる。耕起には牛が用いられたであろう。欠年（応永頃とみられる）鞆淵荘百姓等言上書案に、(23)公文の非法としてあげられたもののなかに、次の一条があった。

一、百姓我牛にて我地をすき候時、牛の志《（死）》にて候を、打ちころしたると仰候て、御罪過候て、御下部ニなされ候、かつ《（且）》ハ御すいりやう《（推量）》もあるへく候、我牛を、ぬし《（主）》として打ころす事あるへく候哉、不便至極事候

(二)　製　塩

生活必需品としての塩は、かつては日本各地で生産されたらしい。わが国では岩塩の産出をみないから、海水から採取するほかなく、そのため、塩を採り出すための効率的な方法が工夫されねばならなかった。『延喜式』（巻二十四、主計上）において、調庸物として塩を納入すべき国としてあげられているのは、伊勢・尾張・三河・若狭・播磨・備前・備中・備後・安芸・周防・紀伊・淡路・讃岐・伊予・筑前・肥前・薩摩の一七国であるが、他の国々で製塩が行われなかったということではない。

(1)　藻塩焼く法

中世の製塩技術を考える前に、まず古代の技術について顧みる必要がある。「万葉集」以来、古歌をひもとくまでもなく、ただちに想い起こされるのは「藻塩焼く」ということばである。試みに手許の国語辞典を引いてみると、塩分を含ませた海藻を焼いて、その灰を水に溶かし、その上澄みを釜で煮つめる製塩法、などと書いてある。常識では納得できないことであり、このような製塩法が本当にあったのだろうかと疑問が起こる。十二世紀末に書かれた僧顕昭の「拾遺抄註」（『群書類従』巻二八九）には、つぎの如くある。

モシホトハ、藻ニテ塩ヲバ焼ナリ、故ニモシホトハ云也ト書タルモノ侍レド、イカヾトオボユ、モシホタルトハ、ウシホヲ藻ニシメテ、コレヲタレテヤクナリ、塩木トテ木ニテヤク也、ソレヲモシホヤクトハ申ナリ

藻を製塩過程でいかに用いるかについて、当時の知識人の間に理解の相違のあったことがわかるが、「ウシホヲ藻ニシメテ、コレヲタレテヤクナリ」という点に注目すべきであろう。そこで、東北の塩釜神社の八月六日の藻塩焼神事と、瀬戸内で行われた枝条架式（ソダ棚式）法というのをみると、藻をいかに使うかが推測できる。前者は、桶から釜に汐水を移すとき、藻を釜の上に掲げておくものであり、後者は、浅いタンクを挟んで二本の柱をたてて多くの横桟を渡し、これに多数の竹枝を吊りさげて垣根状にする。そして上から汐水を滴下し、竹枝を伝わって落下する間に水分を蒸発させる。これを繰り返すと濃度をかなりあげることができる（同じ方式の設備を播州赤穂付近で実見した）。これを知れば、「藻塩焼く」の藻は焼いてしまうのではなく、枝条架式の竹枝の役目を果たすものと推測できる。こうして求めた濃い塩水を釜に入れて煮つめるが、塩釜は蒸発面の広い盆のような形のものであった。天平九年（七三七）の長門国正税帳に、口径五尺八寸、深さ一寸の鉄釜がみえる。燃料となる木を塩木、塩木を採取する山を塩山という。八世紀中頃、東大寺は播磨国と紀伊国に合計五六〇町の塩山を所有していた（『東大寺要録』）。

(2) 伊勢の塩浜

製塩技術は藻塩焼く法から塩田法へと発展する。その転換の時期は、おそらく九～十世紀の交であろうと思われる。初期の塩浜は揚浜式塩田といわれるものである。揚浜には二種類ある。一つは自然浜で、遠浅の潟を利用して、干潮のときに塩分の付着した砂をかき集めるもので、最も原始的な方法といえる。他は海岸から少し高いところに塩浜を造り、桶で海水を汲んで浜に撒くものである。先にも出てきた僧顕昭には『六百番陳状』（岩波文庫本による）という著述があって、ここでかなり詳しく伊勢国の塩浜について記している。ここにみえる塩浜は明らかに自然浜で

ある。

あまは塩焼くとては塩干のかたのすなごをとりて、すすぎあつめて、其塩竈にたれて焼くなり、さて又、其塩たれたる後のすなごをば、もとのかたにまき〳〵するを、あまのまくかたとは申すなり、汐の干たるまにいそぎまくなり、又汐満ちてすなごに塩しみぬれば、又其砂をとりて塩をたれとりて、如レ此いつとなくいとなめば……其汐のみちひるかたをば田となづけて、善き悪しきをわかちて、上田下田などいふなり、皆各主の定まりて侍るなり、……汐のみちひるかたは、掘られたるやうにて砂とるべくもなくなれば、しほしむべきすなごもなくて悪しかりぬべければ、蒔くなり、さ様にまくだにもしほに被レ引、浪に被レ打て、砂皆崩れうせて、しほ引くかたすべなくなるとぞ申す、それぞ下田と名づけてわろき田にするなり、……塩浜と申すは惣て塩焼く浜の名なり、其の中に取りて、潮もさしのぼらぬ処に浜にしほやを立て、塩竈を塗りて其所にて塩をば焼くなり、塩干のかたと申すは、塩の満干の所なり、塩みちぬれば海となり、塩干ぬれば舟ならで行きかふ事陸のごとし、其の処に塩しみぬれば、すなごを、しほ干て後にとりて、塩がまにたれ入れて、塩をば焼く、其塩たれたるすなごをば、又もとの干潟に蒔き散らすなり、中羽などのやうなる物に入れて、ふたりかきて運ぶなり、まくにはゐぶりさゝえなどのやうなる物にて、庭にすなごまきほらすやうにうるはしくかきならすなり、

上田・下田の別も生じて、所領対象としての地位は向上しているが、堤防のない自然浜では作業時間が潮の干満に左右され、また砂の流失の恐れもあり、きわめて能率が悪かった。初期の塩浜が数町・数十町という広い面積を持っているのも、これが自然浜であって、海岸を占有する形態で製塩が行われていたことを示し、塩浜所有の個別化（小経営の成立）が進行していないことを物語っている。

(3) 自然浜から入浜へ

塩業技術史の上で画期的なのは、第一は藻塩焼く法から塩田法への発展であり、第二は自然浜から入浜への発展である。自然浜に堤を築き、樋門を設け、海水導入の溝をつくった入浜塩田は、近世初頭に瀬戸内海で始まったといわれているのであるが、この点は必ずしもはっきりとはしていない。

僧顕昭が「六百番陳状」で述べた伊勢の塩浜が、具体的にどの辺の塩浜を指すのか判然としないが、十四世紀末から十五世紀末にかけて、現在の宇治山田市北方に、かなり大規模に塩田の開かれていたことを示す史料がある。それは伊勢大湊の「太田文書」および神宮文庫所蔵の諸文書（とくに塩浜売券）である。文書を通覧すると、塩田の所在を示す部分に、しきりに「大河」とみえる。『三国地誌（上）』によると、大河とは現在の宮川のことであるから、この塩田は宮川河口三角州の低地に分布していたことがわかる。

さて、この地の塩田の構造を考えてみるが、まず史料を掲げてみよう。(24)

定永財沽渡塩浜事

合壱段者　在所大塩屋御薗之内字樋口云々

四至　限東江古　限南堤　此内西塩屋之下
　　　限西堤　限北堤　地幷西小浜共

右件塩浜者、自二辻次郎太郎禰宜手一買得知行之後、進退知行于レ今無二他妨一地也、然今依レ有二直急用一、限二上件直物一、相二副次第手継本文書一、所レ沽二渡進于荒木田重行一実正明白也、（中略）仍為二後代一新立券文状、如レ件

応永拾年癸未八月廿二日

藤原幸憲（花押）

一段の塩浜は、その四至記載によって、南・西・北を「堤」で囲まれていることがわかる。こうした例は他にも多く、塩浜が堤防によって外海から守られていたことを知るのである。河口三角州低地に分布し、堤防を備えていることから、これが入浜塩田となりうる可能性はかなりある。一方、『理科年表』でこの地方の干満の差を調べてみると、

一年を通じて平均約一メートルで、これも条件として十分である。

ここまでは全く机上の作業であるが、現地について地形上の知識を得ると、右の推測がぐらついてしまう。なぜなら、現在この付近は海面からは、かなり高く、とても入浜塩田にはなりそうもないところだからである。しかし、少し調べてみると、この地は、明応七年（一四九八）八月二十五日の大地震で土地が隆起して以後、塩田としての条件を欠いたのだということがわかる。

次にまた別の売券(25)をみると、塩浜の四周が他人名義の塩浜で囲まれている。

永沽渡進塩浜之事

合三丈者　在所大塩屋御薗 内鮨桶鬼禰宜浜

四至　限東弥松大夫殿浜　限南現内二郎浜 限西小林之熊四郎大夫浜　限北馬瀬刑部殿浜

直物十三貫文請取了

右件塩浜者、氏法開発之後、無二知行相違一、雖レ而依二急用有一、上件限二直物一、大塩屋之泉殿処二沽渡進一、実正明白也（中略）仍沽券状、如レ件

応永元年甲戌十二月廿八日

沽主大塩屋宮九郎（花押）

この塩浜が入浜塩田となるためには、当然のこととして、海水導入のための水路（溝）が存在しなければならない。実際、売券のうちには次のような四至記載を持つものを多くみることができるのである。

四至　限東堤　限南野 限西北ハ溝也

四至　限東堤　限南大塩屋安大夫殿林際 限西道願浜　限北安大夫殿浜溝

四至　東はきゆしの大夫との浜をかきる　北は溝をかきる
　　　西は道場浜をかきる　南は溝をかきる

右の四至にみえる溝は人工水路と考えてよいと思われる。以上のことから、宮川河口では、十五世紀の段階で入浜法が行われていたのではないかと考える。しかし、この推測にはいくつかの点で不安が残る。第一には他に例証がみられないこと、第二は、かりに入浜法としても、この技術的知識が、自生的なものか、あるいは他から学んだものか判然としないこと、――自然浜の発展が入浜に結果するものとすると、他にも例があって然るべきものと思われるのである。

(4) 塩浜の経営

製塩の手順は、およそつぎの如くであった。まず満潮のときに堤防の取り入れ口を開いて塩田に海水を導入する。一度塩田に滲透した海水は、毛細管現象で塩田面に上昇し、日光と風で水分を蒸発させ、塩分が砂に付着する。その砂をかき集めて沼井《ぬい》に入れる[26]。沼井は粘土で固めた小さいプールである。沼井に入れた砂の上から海水を注ぐと、濃い塩水が底部に流出し、これを壺に受ける（瀬戸内では藻垂《もたれ》壺という）。濃い塩水は付近の塩屋に運ばれ、塩釜に入れ煮られる。「太田文書」中に「鉄釜」がみえる。燃料（塩木）には主に松が用いられたらしいが、当地では塩木を熊野灘沿岸の山地から買っていたのではないかと思われる。建仁三年（一二〇三）志摩国相佐須浜の住人は、塩木を船に積んで交易に出ているが、伊勢海岸の製塩地に向うものであったかもしれない[27]。

製塩には莫大な燃料を必要とするから、背後によほど豊富な山林を控えていないと永続性がない。江戸時代の例では、塩田経営費の約半分は燃料代だといわれ、五〇町の塩田には三八〇〇町の松林が必要だとされている。東寺領荘園だった伊予国弓削島の場合、名《みよう》の編成をみると、屋敷（垣内）・畠・塩浜・塩木山がひとつのまとまりをなして、それぞれ名として把握されている。ところが、伊勢の場合、売券類に塩山の記載が全くみられない。これは塩浜と塩山の分離を示し、経営の進化した形態とみることができる。明治末年まで製塩を行っていた八戸沿岸では、製塩労務者は海岸の住人であるが、経営者は奥地の山林所有者であったといわれている。こうした点に注意してふたたび史料をみると、塩浜所有者の多くは伊勢神宮の神官および御師《おし》たちであり、近くの大湊の住人がまた多いことが知られる。塩木の輸送は船によらなければならないから、大湊の船持ちたちが、塩浜の経営に何らかの形でかかわりを持ったと推測される。

(5) 塩浜の集積

十四～十五世紀の売券を整理してみると、塩浜の価格は田畠に比してかなり高く〔補注4〕、畠の二倍以上、田地より二〇～三〇％高い。大まかにみて、塩浜経営が田畠経営よりも有利なものだったと考えてよいであろう。中世において、宇治山田や大湊付近郷村では、早くから自治的な気運が生まれ、山田では山田三方、大湊では会合衆が行政の任に当たっていた。永享四年（一四三二）大塩屋の「村人中一同」が山田の高柳の久阿から屋敷一〇処を買得配分するに際して、郷の「老分《おとな》」五人が評議加判し、「若不慮之煩出来者、惣里一同令二談合一、可レ止二其沙汰一者也」といっている。老分五人中三人は荒木田姓で、二人は姓を欠くが、いずれも郷内の有力者で、おそらく御師であろうと思われる。山田では自治体三方の中心となったのは御師にして高利貸業者であった窪蔵、榎蔵とよばれる人々であったが、大塩屋に関する史料によると、同地内の塩浜・田畠が少数者の手中に集積されていく様子が顕著である。

　永譲渡進塩浜百姓職事
　　合四仗者　四至具本券面也／在所大塩屋御薗内字鮪桶
　　　直銭四貫文請納畢
右件塩浜者、去自二応永三年十二月廿五日良円・宗円・清継・幸興等之手一譲得後、知行無二相違一処也、雖レ而依

㆑有㆓直急用㆒、限㆓上件直物㆒、大塩屋住荒木田重行、永譲渡進処実正明白也、若後日煩出来、本銭慥可㆓弁進申㆒者也、依為㆓後代㆒、塩浜放券状、如㆑件

応永五年戊寅十二月廿日

沽主僧良禅（花押）

右の史料(28)によると、売買された権利の内容は「百姓職」である。これが加地子得分権であることは明らかであろう。応永から永享にかけては荒木田一族の龍満大夫が、永享から文明にかけては、同じく東殿とよばれるものが多数の塩浜を集積しているが、彼らも山田の窪蔵や榎蔵と同性質のものではないか。その経営はもちろん直接経営というようなものではなく、小作経営であろう。

㈢ 鋳物

文安四年（一四四七）夏、高野山大湯屋の釜の鋳造が行われた。湯屋はいうまでもなく風呂である。古い時代の風呂はカラブロ――すなわち蒸し風呂で、奈良東大寺の大湯屋、法華寺の湯屋は今にその姿を残している。現今のような、湯舟に湯をたたえた風呂――水《すい》風呂・湯風呂の出現は比較的新しいものであり、その普及は近世初頭のことに属すると思われる。風呂釜の規模については、天平十九年（七四七）の「法隆寺伽藍縁起并流記資財帳(29)」にみえるものは銅製で「口径四尺五寸、深三尺九寸」であり、貞観十三年（八七一）「安祥寺伽藍縁起資財帳(30)」に記されたものは二石五斗入りであった。元慶七年（八八三）「観心寺縁起資財帳(31)」では九斗入り、延喜五年（九〇五）「観世音寺資財帳(32)」では「口径二尺二寸、深二尺」の鉄釜がみえる。高野山大湯屋の釜の規格は不明であるが、その製作の過程と

材料については、文安四年（一四四七）八月二十一日付の「大湯屋釜鋳目録」[33]と、欠年後欠「大湯屋釜鋳勘録状」[34]があって、かなり詳しく知ることができる。

(1)　釜の鋳造工程と費用

まず右の二史料によって、およその作業日程を記してみると、次のごとくである。

三月二十七日　　杣人に命じて材木の伐り出しが行われ、五月十七日まで作業が続いた。高野山内の適当な木を伐り出したのであろう。[35] 一方、日付ははっきりしないが、釜形を作るための土砂が集積された。砂は八〇余荷で、紀の川辺から運び、その人夫は名手・政所・志富田荘から調達した。土は二六〇荷で、これも右の三荘の人夫が運んだ。ただし一部分は山内で取った。同時に、糠一〇〇荷、藁一〇〇荷[36]が右三荘と荒河荘から納められた。

四月八日　　小舞竹を買い入れ始め、五月二十三日までの間に一五三荷を買った。「たるき竹」四二本は長谷荘から買ったが、竹選びには鋳物師二人がでかけているところをみると、この竹はタタラに用いる送風用の太い竹であろうか。

四月十日　　鋳物師の仮屋を建て始める。五月二十六日までの間に、鋳師屋（五間×四間）一宇、タタラ仮屋八宇、鋳立所一宇、奉行屋一宇の計一一宇を建てた。

四月十一日　　鞆淵荘に使者を出し、堅炭一〇八荷を焼かせた。政所・山田・久住・摩尼・田原にもそれぞれ炭を注文した。堅炭は合計一五〇荷。鍛冶炭（小炭）は隅田・花園・長谷・毛原荘に合計一六〇荷注文した。

四月十三日　　寺領山崎村（伊都郡内）の鋳物師大工右衛門尉長継と、大和国三輪の鋳物師脇大工衛門次郎が登山した。日付は不明だが、彼らは東大寺に赴き、同寺の湯屋の釜を実見した。また、この日から五月二十八日まで、寺内で祈禱が行われ、五月五日～八日、十八日～二十日、二十五日～二十八日の三度、特別の読経・祈禱が行われた。

四月二十一日　鍛冶某が召された。彼は領内のものであった。五月二十六日まで作業に従事した。堺に鉄を買いに行ったのは鍛冶[37]である。
五月二十五日　これより以前、鋳物の釜形をつくり終わっていた。この日、鋳物師が登山した。
五月二十六日　杣人に命じ「釜引木」を用意させた。
五月二十七日　午前八時頃からタタラを吹き始め、鉄を溶かし、鋳型に流し込む作業を行い、午前十一時頃に終わった。午後四時頃、型を崩して釜を取り出した。用意された鉄は八七七貫だったが、実際に使用したのは七七七貫であった。
五月二十八日　午後五時、釜を車にのせ、数百人で引いて大湯屋北戸口に運んだ。その後、釜を据えつけ、塗り固め、工事が完了したのは八月十五日だった。
八月十六日　最初の湯を沸かし、以後毎月三度沸かした。

以上が完成までの順序である。この作業に要した費用は寄進によって賄われた。嵯峨五大堂寄進の二四一貫文、弥勒堂客僧賢深房寄進の九七貫余をはじめとして、計三五三貫九五〇文であった。支出は、史料が後欠のため全体を明らかにすることはできないが、判明する分だけを類別表示すると表3のごとくである。このうち作食料・手間は一人一日に一〇〇文である。収入約三五〇貫に対して、支出約二五〇貫で、残り約一〇〇貫の使途は知ることができない。

(2)　職人の存在形態

大工となった山崎の鋳物師について、直接の史料は見当たらない。寺社や荘園領主に属する諸職人が給免田を支給されていた例は広くみられるが、高野山では免家を与えられていた。延元二年（一三三七）の「官省符荘在家支

表3

	費目	代価 貫文
材料購入費	鋳師鉄	41.250
	打鉄	23.150
	堅炭	13.900
	鍛冶炭	3.900
	こまいき竹	9.258
	たるき竹	.950
	槇木曽木	7.170
	松板	1.127
	縄	.150
	五寸釘	25
工具購入費	鋳師鉄槌	1.600
	〃坑具	1.200
	〃鍬	.300
	〃〃鋤	.350
	〃桶	.380
	鍛冶鉄槌	1.350
	枝鋏	.200
	いかき	.112
	敷物	.444
	上莚	.100

	費目	代価 貫文
雑具購入費	敷布	50
	鋳師折敷	.120
	鍛冶茶桶	45
鋳師給与	手間	39.000
	食物	35.000
	硯水	1.800
	茶銭	.300
	祝儀	1.157
鍛冶給与	手間	19.800
	飯酒	.300
	ハクチ	.120
番匠給与	食作料	9.500
	同増料	3.419
	仮屋上葺賃	1.200
	硯水	.300
	茶銭	.100
	祝儀	.300
炭焼	祝儀・祭料	1.100
	大鋸引賃	4.596

	費目	代価 貫文
杣人給与	食作料	10.500
	硯水	.300
	祝儀・祭料	.700
奉行給与	集会酒代	1.000
	ふしん酒肴代	1.200
祈禱料	集会酒代	1.000
	大般若供灯料	.510
	荒神供料	3.000
	土公供料	1.500
旅費・連絡費	東大寺釜見学	1.500
	長谷竹下見	.200
	竹購入関係	50
	鉄購入関係	1.400
	炭購入関係	.200
	人夫徴収関係	.200
	鋳師へ連絡	.100
その他	塩購入	1.000
	竹購入謝礼	.300
計		250.233

配帳」(38)によると、番匠大工・杣大工に免家が与えられていることが知られる。

官省符在家支配帳　延元二年丁丑九月日

検校御房　有職免一宇　入寺免一宇　中村乙法師　中村次郎

（中略）

山上番匠大工　二人内　一人竜一久住辰法師　一人文正大谷源二郎

山上杣大工　二人内　一人禅正大谷市　一人正善三谷次郎太郎

（中略）

山下番匠大工　慈尊院　一宇中揖里乙法師

山下杣大工　慈尊院　一宇東揖里熊入道

免家は、高野山より在家役を免除され、その代わり、免家所有者のもとで、田畠の耕作や、その他雑事に駈使されたものであった。

職人の土地所有に関する史料を探してみると、建保五年（一二一七）また建武二年（一三三五）に、荒河荘内に「井大工領」があり(39)、仁治二年（一二四一）官省符荘大藪村に「さいく（細工）」の作田があり(40)、建治三年（一二七七）大藪垣内一所ならびに坊舎が「細工」に宛行われ[41]、元亨四年(一三二四)大藪村室前の細工入道の作田一段は御影堂陀羅尼田に寄進された[42]。弘安十一年(一二八八)政所河北方佐賀村に「鋳師屋殿領」がみえ[43]、元応三年(一三二一)大藪村の水田一段を僧西念が売却したときの文書によると、この水田は「故鋳師屋殿」から買得したものという[44]。嘉元三年(一三〇五)大藪村の鋳師屋殿嫡女河北女房は、田一段小を売却した[45]。明応頃のものと推定される諸供領薗次番付書[46]によると、大藪村字夜行屋半内九〇歩(作人大藪住人十楽)は鋳師屋娘の寄進にかかり、河北方不死原門田一段(作人不死原住人京忍)は鋳師屋上座の寄進、河南安田獺口(作人久戸山住人石熊)と河北佐賀井田(作人丹生河住人次郎法師)は鋳師屋要光房の寄進によるものと記されている。また応永十五年(一四〇八)の「志富田荘在家支配帳」[47]に「一宇鍛冶良禅房、一所西念垣内作カチ深聖房」とある。在家として把握された鍛冶は、西念垣内の一所の作人でもあった。

正慶元年(一三三二)の「荒河荘々官等請文」[48]は、

一、造作材木等、令㆑宛㆓取百姓㆒条、自身外可㆓停止㆒事

一、一族造作之時、庄内鍛冶番匠等、召㆓仕之㆒、募㆓京上㆒云々、向後永可㆓停止㆒事

と誓約している。荘内の杣人・職人らは、荘官個人の造作などには当然出向いて働かねばならなかったが、ほかにも不当に使役されることがあったのである。

(3) 三輪の鋳物師

脇大工衛門次郎は大和国三輪の鋳物師であった。大和は河内についで鋳物業がさかんなところであり、とくに下田と三輪が著名であった。下田の鋳物師は梵鐘づくりに名があり、下田鋳物師の銘を持つ室町時代の梵鐘が、大和・近江・出雲・讃岐・土佐に存する。ただし、応永二十二年(一四一五)興福寺東金堂の本尊薬師仏を鋳直す作業に参加したときは、下田鋳師は「僅鍋釜才学」といわれ、技術的に河内鋳物師に劣るとされている。三輪の鋳物師は現存す

る梵鐘の銘にもみえないが、明応五年（一四九六）長谷寺の鐘を鋳造したとき、三輪座の衛門三郎が人数のなかに加えられている。[49]

下田・三輪の鋳物師は、ともに平時は鍋釜を製造していた。明応四年（一四九五）、鍋の販売をめぐって両者の間に争いが起こり、三輪座の訴えを受けた興福寺大乗院門跡は、鍛冶炭座に命じて、下田鋳物師への燃料の供給を絶つという制裁を加えた。こうした本所の保護に対して、三輪鋳物師座は、毎年公事銭一〇〇文を納めていた。

(四)　仏像制作

(1)　支　度

京都嵯峨大覚寺が所蔵する五大明王像は、わが国美術史上著名なものであるが、そのうちのひとつに、金剛夜叉明王像がある。[50] この像の台座裏には墨書銘があって、次のように読めるという。[51]

安元二年（一一七六）一月十六日

於七条殿弘御所被奉始之 灑水三河僧正賢覚 法眼明円造進之

銘文にみえる作者明円は、平安末期～鎌倉初期に活躍した有力な仏師のひとりであった。[52] 竹内理三編『平安遺文』（古文書編）をみると、明円に関する史料二通を発見できる。

〔史料A〕

注進　三尺愛染王十躰奉始事

合

御衣木
八九寸木十切 長各三尺
硯一面 在墨筆
敷莚五枚
浄衣十領 之内一領大仏師析
右注進如件、但於小仏師浄衣者、任先々例、注載之
長寛三年（一一六五）四月廿八日　　法橋明円上[53]

〔史料B〕

注進　三尺愛染王一体御支度事
合
准絹仟三百疋 材木木造塗彩色錺等析
砂金三分 持物御光并細金等析
右注進如件
長寛三年四月廿八日　　法橋明円[54]

右の二通のうち、〔A〕は愛染明王像十体を製作するについての用材および必要道具・物品の内訳書であり、〔B〕は像一体の費用見積書である。〔A〕の御衣木は像の用材で、長さ三尺。「八九寸木」とあるのは、断面のタテ・ヨコの長さを示しているものと思われる。[55]硯・墨・筆は製図用のものであろう。莚は作業用の敷莚であろう。同じ長寛三年四月付の仏師院慶の支度注文[56]では、

一、奉請雑事
　案十脚　　莚十枚
　継紙十枚　　勒布十段
　人夫廿人
　　但雪《雨カ》降時、可有覆料用意之

とある。「雪降時……覆料……」とあるから、作業は戸外で行われたらしい。「浄衣十領」とあるのは、作業のさいに着る白衣である。十領のうち一領は大仏師料で、他の九領は小仏師のものである。

(2)　明円工房

小仏師は大仏師（この場合は明円）に隷属する仏師であるが、大仏師と小仏師の関係は、いちがいには規定できないものがあった。小仏師のなかには大仏師の家族労働力（子供）および大仏師とは別に工房を有する半独立の弟子、(57)さらに、大仏師の工房内に起居する徒弟としての小仏師がある。大仏師明円の南三条京極東の住宅には「小仏師人々」が同居していた。(58)大仏師が小仏師をひきいて造仏に従う——共同製作組織は、およそ十一世紀に入ってから一般化してきたものとみられ、それは造仏における木寄法を技術的な基礎とする共同製作様式の成立を前提とするものであった。木寄法という一種の大量生産方式の成立は、一本彫成方式による小規模経営を著しく不利なものとし、仏師間の階層分化を促進することになった。(59)

前掲史料〔B〕は、像一体についての見積りであるが原料として砂金以外は、「准絹」代物としての絹で支払われていたことを物語る。もと、注文生産にさいしては、注文者から生産者にたいして原料が与えられ、生産者は手間賃（加工賃）をうるにすぎなかったが、十一世紀に入る頃から、代物による支払いがはじまったといわれる。これらの点は、すでに遠藤元男の研究(60)によって明らかにされている。

さて、〔A〕〔B〕史料の提出者である明円は、平安末期〜鎌倉初期に著名な仏師のひとりであった。彼の祖父賢円は法眼位をえた仏師であり、父忠円も、

賢円——忠円——明円——朝円
　　　　　　　　　　└実円

保延五年、円勝寺供養造仏の賞として法橋位を授けられた(61)。仁安元年七月二十六日、藤原基実が薨去し、その法事に阿弥陀三尊（中尊等身、脇士観音・不動尊、各三尺五寸）を据えたが、これを作ったのは法橋明円であった(62)。奈良県吉野の玉峰寺にある寄木造りの薬師如来坐像（高さ二尺九寸二分）の胎内銘（墨書）に、

大名持十二所
承安三年(一一七三)癸巳四月廿日壬子造供養了
父祐安仏師明円房安一安休除病
消除為出雲中子同四子□同中子
同三子同四子安一郷年出雲祐年
五尺薬師如来造立供養仁勝
弥勒寺三宝常住僧仁勝(63)

とあり、銘中の「仏師明円房」も、明円のことであろうと思われている。承安四年、八条院暲子の蓮華心院供養に、造仏の功により明円は法眼位を授けられた(64)。また、鎌倉初期の興福寺の再建事業にも参加し、奈良仏師成朝の競望を退けて、同寺金堂の造仏を担当した(65)。『僧綱補任』裏文書・寿永二年条をみると、

法師　院尊 院覚弟子
法眼　明円 三条忠円子

法橋　院実 院尊子　院尚 院朝子　康慶 肥前小仏師　朝円 明円一男　実円 明円二男

とあって、鎌倉初期仏工界の形勢がうかがわれる。院派と円派の京都仏師が圧倒的に優勢であり、鎌倉期を代表する慶派——奈良仏師は、まだ第三勢力として雌伏していた。しかし、建久五年（一一九四）の東大寺再興のさいの造仏を契機に、慶派は大進出を遂げるのである(66)。

円派の総師明円は正治元年（一一九九）に世を去ったが、この頃から、仏工界はその勢力分布を大きく変えていく。

(五) 建　築

(1) 祇園社の鳥居の建立

建築生産の例として鳥居を取り上げるのは不適当の感もあるが〔補注5〕、これほど具体的に工程のわかる史料も珍しいと思われるので、あえて取り上げてみたい。京都祇園八坂神社の三の鳥居建立に関する「三鳥居建立記」(67)である。

貞治四年（一三六五）正月、三宝院光済を通じて、将軍（足利義詮）より鳥居建立の寄付ある旨が伝えられた。祇園社では、さっそく大工三条大夫宗綱を召して、三基の鳥居の「損色注文」（破損の調査報告書、見積書）を提出させた。二月には、祇園社大絵師良円に命じて三基の鳥居の絵図を描かせ、これを三宝院に提出した。三月に入り、下付される予算額は一二〇貫ということで、結局三の鳥居のみ建立することになった。しかし、大工の見積りでは、鳥居（本体）に六八貫、同埒に五〇貫五二〇文、合計一一八貫五二〇文、ほかに酒肴・禄物を要求するものであった。

工事に先立って、大工には料足三〇貫が渡された。鳥居の柱（檜）二本のうち一本（長さ二丈五尺、径二尺□寸）

は大原野から購入し、代価は一〇貫文であった。代価は大工の手から支払われた。運搬用の車は清水寺から借り、牛六頭で引いた。他の一本は深草の杣人から買った。最初の約束では代価一〇貫文だったが、杣人らは一三貫を要求し、大工はやむなくこれを支払った。この柱は先が少し細かったが、急に取り替えることもならず、左右の柱が不揃いになる恐れもあった。

四月二十六日、大工の禄・酒肴は計七〇貫と定めた。陰陽師安倍有世の勘申によると、翌二十七日が吉日だというので、作事始が行われた。大工宗綱は浄衣・立烏帽子、引頭・長(68)は白直垂・折烏帽子といういでたちであった。鳥居の建立は六月十四日の祇園会に間に合わせるべく、仕事が急がれていた。六月三日、大工は摂津尼崎に赴き、笠木・雨覆木の注文をし、これは十一日に到着した。このときは二〇〇人余で木を引いた。鎹《かすがい》は祇園社の鍛冶作手である三条烏丸入道に作らせ、一貫七〇〇文を支払うことになった。丹塗りは錦小路富小路東北の頬《つら》〔補注6〕に住む行定なるものに、八〇〇文で請負わせることになった。

鳥居を建てる穴は、四条河原細工丸十余人を呼んで掘らせた。鳥居を建てるのに轆轤《ろくろ》(69)を用いたが、これは綱とともに清水寺から借りた。十二日には笠木などの工作を番匠三十余人がかかって完成した。十三日、建立に当たっては、数人の人夫を臨時に雇ったほか、祇園社の社僧・公人・承仕や、境内に住む人々も大勢出て綱を引いた。人びとには酒が振舞われた。建立が終わったときは、すでに日暮になり、しかも時折雨も降るあいにくの天気だったので、丹塗りは下塗りしかできなかった。しかし、十四日の祇園会にはやっと間に合った。「建立記」は、「祭礼申刻無為神幸、鳥居丹、今朝猶雨□間不㆑塗㆑之、然而神輿御通無㆓子細㆒、目出々々」と記している。翌十五日、無事に丹塗りも終わり、借りてきた轆轤や綱も清水寺に返して、工事は完了したのである。

(2) 祇園社宝蔵修理と神輿造替

鳥居を建立した大工宗綱は、至徳元年（一三八四）に神輿宝蔵修理の見積書と神輿造替の見積書(70)を提出している。両者の費用を示すと表4の如くである。先の鳥居の場合も請負い仕事とみることができるが、宝蔵・神輿の場合は、さらに明白である。

(3) 内裏修造見積り

元久元年（一二〇四）の内裏宣陽殿廊・敷政門前橋修造の材料見積り（『鎌倉遺文』三巻一四六八号）は表5の如くであった。この費用（分米）は紀伊国荒河荘に賦課された。

(4) 大工職

宗綱は祇園社の大工であった。中世において、工匠の営業独占権ないし親方権は、通常「大工職《しき》」とよばれた。宗綱に関しては直接の史料を見出すことができないのであるが、のちのものながら、「大工職補任状」をみよう(71)。

社家　袖判

表4

	神輿 単価×数量（文）	神輿 代価（貫文）	宝蔵 単価×数量（文）	宝蔵 代価（貫文）
柱	270×14	3.780	300× 3	.900
槇坂	150× 6	.900	200× 4 150×10	2.300
野禰木	270×58	15.660	250×14	3.500
鷺浜板	×60	1.000	×172	1.100
三尋木	50×45 40×69 寸	5.010	40×45 寸	1.800
葺榑	×2000	11.800	×1530	9.000
檜三寸間	150×66 束	10.700		
二寸替	120×38	4.560		
小四五	130× 3	.390		
丹波板	×24	1.440		
計	55貫240文		18貫600文	
車賃	50×28	1.400	50×10	.500
釘・鎹		6.000		2.500
作料	100×150	15.000	100×80	8.000
計	22貫400文		11貫000文	
合計	77貫640文		29貫600文	

表5

種目	数量	分米(石)
五尺三寸榑	30支	3
比皮	30井	4.2
比曾	50支	0.5
小榑	50支	0.5
釘一尺五寸	3斤	0.45
瓦乃木	50枚	0.75
石灰	1石	1.
紙	5帖	0.05
作料		3.95
	(計)	14.4

補任

右、当社御大工職事、依レ有二子細一、宗願新左衛門尉久次令二与奪一之上者、一円仁可二相叶一之状、如レ件

明応六年丁巳三月廿三日　祇園執行玉寿

大工源左衛門殿

別の史料(72)によると、祇園社の大工職は「両大工」——二人で分割していた——であったが、何かの事情で、新左衛門尉久次の大工職を奪って、源左衛門尉に一円に申しつけたというのである。

大工職の保有は、それ自体建築（営業）の独占保障という特権であるが、多くの場合、大工には給免田・扶助田が与えられていた。ただし、祇園社において給田のごときものがあったかどうかは明らかではない。また補任に際して任料を支払うことも普通であるが、祇園社では不明である。給恩には当然代償が伴なう。

当寺にして番匠めしつかふへき条々の事

一、寺中の造作にをきては一向大工に仰含て其沙汰をいたさるへし、但手間料にをきては、大小をいはす食の外に、大工は日別百文、権大工は九十文なるへし、修理なとのこと〱しからさる作事には、大工ならひに権大工おなしく食ともに百文なるへし、自余の番匠にをきては、その手により、様にしたかひて、常のことく沙汰あるへし

一、寺の外の小房と□は制の限にあらす、縁により様にしたかひて、いつれの番匠にても心にまかせて、めしつかふへし

一、大工か沙汰として、厨のゆい桶ならひに器物等の修理、もしは寺中のさえうちなとする程の少事にめしつかふ時、手間料下行すへからさる事、但半日にすきて一日ともならは手間料を下行すへし 此条さきにも沙汰あり、かやうの事にたひことに下

行もかつは砕々なるけあるによりて、さやうのれうにふるまゐて、別の給恩あり、しかるを近年間々その規式にもたかひたるかのあひた、ことさら此むねをのす、但食物にをきては、こと〳〵くその沙汰あるへし

右三箇条、衆議によりて定ところ如レ件

延慶二年己酉十月　日

右の史料は大和国法花寺の大工の場合であるが(73)、半日ほどの「少事」には手間を支給せず、それは「別の給恩」ある故といっている。

営業独占の形態は、以上の例のように、特定の寺社単位になされる場合と、地域を限るものとが存する。

宛行　播磨国鵤庄番匠大工職事

治部次郎行家

右惣大工職者、為二行家重代相伝一無二相違一之処、平方条住人三郎次郎左近、非分彼大工職雖二競望一、為二行家重代相伝一之上者、如レ本、治部次郎行家仁所二宛行一也、庄家宜二承知一、不レ可二違失一之状、如レ件

暦応三年庚辰九月八日

于時在庄預所

有玄　在判

善恵　在判

右は、法隆寺領播磨国鵤荘内の大工職宛行状(74)であるが、この場合、荘内のすべての建築について独占権を行使したのかどうか、その点は明白ではない。というのは、寺院・神社や宮殿建築のように「木割《きわり》」(75)といわれる設計技術を用いるものと、農家・町屋のように木割のない建築の二種類があるからである。前者を扱うのが、いわゆる宮大工・寺大工であり、後者を扱うのが家大工である。

譲与大工之事

合

一、於八幡宮

下八幡末社等同内之馬場之鳥居

同馬場村

一、興隆寺惣山之内

本堂妙光寺　炎魔堂　蓮光寺

一、島郷之内

多賀村惣中　瓜籠村惣中

井村惣中　鷹飼村上下惣中

一、金田之内

若宮殿棟梁　同金剛寺棟梁

同かや堂大工

一、土田之内

浄覚坊　勝蔵坊　浄心一類

永正九年壬申九月　日　藤原光吉　判

右の史料(76)の近江国蒲生郡八幡町の大工高木氏の場合をみると、郷村名とともに、特定の建造物（寺社）が列挙されている。前者は木割のない農家建築、後者は木割のある寺社建築を内容とするもので、大工高木氏の独占は両者に及んだのである。

㈥ 酒　造

酒の生産は古くさかのぼるが、中世においては産業の重要な一部門を形成していた。京都には、応永の頃、約三五〇軒の醸造酒屋があり、その盛んなありさまをうかがうことができる。地方では、大和国奈良・菩提山寺・中川寺・長岡寺・多武峯、摂津国西ノ宮・平野郷、和泉国堺、河内国天野山金剛寺・観心寺、近江国坂本・百済寺、越前国豊原寺、加賀国宮越、伊豆国江川、筑前国博多などが記録の上に現われる。

(1) 麹つくりの技術

酒造りの主原料は米・麹・水であるが、このうち麹の問題は重要である。麹を用いた酒造技術が大陸から輸入されたものであったか、またはわが国固有のものであったかは、よくわからない。ただ、大陸での麹原料は麦・麦粉であって、麹かびは「くものすかび」であるが、わが国では米を使用し、麹かびの種類も「ばら麹」という優秀なものである。麹を作るには、米を蒸して「ひねりもち」という、手びねりで餅ができる程度に、やわらかくなったときに麹室に入れ、種《たね》麹という麹かびと胞子を混ぜて、摂氏二五度位に保つと、約四〇時間で麹になる。種麹は、特別の方法で麹菌を純粋に培養し、胞子をたくさん作らせた一種の麹で、乾燥して紙袋に入れて保存する。麹室のなかでは種麹を使わなくても麹菌が自然に生えて麹は作れるが、種麹を使うことによって、確実に必要とする麹菌を生えさせることができる。種麹つくりは特殊技術であり、一種の秘伝に属するものでさえあったから、中世においては、麹つくりが独立の生産部門となり、麹販売業者が出現した。

(2) 麹の座

中世の寺社において酒造業の発達したことは天野山金剛寺以下の例でも明らかであるが、山城国の男山八幡――石清水八幡宮境内にも、麹の専売権を持つ人々がいた。[77] 八幡宮境内の麹の専売権を有したのは、境内杜《もり》(薬円寺、いわゆる森の薬師)の刀禰および住人らであった。彼らは八幡宮創建以来の特権であると主張するが、もちろん信用できるものではなく、その証拠は寛元四年(一二四六)までしかさかのぼらない。もっとも、このとき山城散在神人や権門他所の住人が勝手に麹を売りあるいたので、杜の住人が訴え、社家の下知状によって特権を再確認されたというのであるから、時間的にはもう少しさかのぼることになる。

杜の住人の持った特権は八幡宮境内四郷の専売権であって、その代償として「毎年修二頭役、大嘗二季彼岸僧供米并仏供灯油八講已下寺役」を勤めた。文永年中(一二六四―七五)南方の河内国交野郡楠葉の住人が境内で麹を売買したので、刀禰らが訴え、社家の下知によって追放したことがあった。次いで正応五年(一二九二)また楠葉の若《わか》なるものが境内四郷で麹を売り、杜住人の抗議に対して怠状を出し、「かう《(麹)》志の事、くすは《(楠葉)》より、これよりのち、やわた《(八幡)》へうり候事、ゆめ〳〵候ま志く候」と誓った。「むろやのわか」とあるように、彼は楠葉に住んで麹室を構えた業者であった。

その後一五年ばかりたって、また杜の住人と楠葉の住人の間に争いが起こった。おそらく徳治元年(一三〇六)から徳治二年にかけてのことである。両者は訴陳状を交わしたらしいが、詳しいことはわからない。ただ、楠葉方の主張のなかに、「(楠葉の)至㆓禰宜等㆒者、以㆓麹売買之業㆒助㆓身命㆒、相㆓従神事㆒之条、承前之恒規也」とみえる。これは、楠葉の弥勒寺が八幡宮の支配下にあり、神事を勤仕していた事実を前提にして理解できる。[78] 杜の住人はいう。麹売買の業をもって「助㆓身命㆒」というのなら、それもよかろう。そのこと自体には反対しない。ただそれなら、楠葉郷内に麹屋をたて、そこで売買すればよいのであって、境内四郷に入る根拠はない。そして、「楠葉郷民等者、以レ造二土器一為レ業哉、是則自二往古一于レ今不退転歟」――「おや、そうですか、楠葉の方がたは昔から土器造り専門だと思っていましたが、いつから麹の商売をなさるようになったのですか」と、皮肉たっぷりに応酬する。楠葉には摂関家領の牧があり、『梁塵秘抄』（巻第二）に、「楠葉の御牧の土器作、土器は造れど娘の貌ぞよき、あな美しやな、あれを三車の四車の、あい行輦に打載せて、受領の北の方と云はせばや」と謳われている、周知の土器生産地であったから。

結局、社家の裁断により、杜の住人の特権は保持されたが、またまた二年後、延慶二年（一三〇九）に、楠葉郷住人松王太郎なるものが麹を売ったので、杜の刀禰らがこれを抑留したところ、御馬所殿の殿人と号して奪いかえすという事件があった。それから約二〇年後、嘉暦二年（一三二七）頃には、杜の専売権はいっそう危うくなった。八幡宮境内の米屋や土倉が麹室を構えて売買し始めたのである。杜住人はただちに訴えたが、その結末は不明である。その後、杜の麹売りの存在は、少なくとも文明十五年（一四八三）までは確かめられる。「賦引付　二」[79]のなかに、分一徳政令に関して、「八幡境内在所森」の治郎左衛門なるものが、福島三郎衛門尉数経から一一貫七三〇文を借りていた事実を示す記載がある。

(3) 醸造法

古代の醸造法は『延喜式』（巻四十・造酒司）に何種類か記されていて、およその様子はうかがうことができる。中世の醸造法は、少なくとも室町期には江戸時代の方法と大差ない高度なものに到達していたとみられる。最も詳細に技術の内容を伝えるものは、「御酒《ごしゅ》之《の》日記《にっき》」と題する史料で、十六世紀初めの書写になるものであるが、内容的には十四世紀の醸造技術を伝えているものとみられる。その一部を示すと、つぎのごとくである。

御酒之日記　能々口伝可レ秘〳〵

〔Ⅰ〕抑白米一斗夜一やひやすへし、明日ニ能々むすへし、かうしハ六升ツヽの加減人はたにて合レ之作候、よいよりひやし候水と作入水ヲハ人はたニて自レ上一斗はかりて入候、席ヲかふせ六日程可レ置、成リ出キ候ハヽかくへし、懇ニ桶はたまてかくへし、ひるハ二度つヽかくなり、からミ出来候は水かうしをすへし、其時ニ如レ前一米一斗能々むすへし、其を能々さまし、わき候酒之中ニおたいを入候、自レ其而日ニ二度つヽかくへし、又、志つまはまぜ木ヲ可レ引、ふたを作らせよ、口伝、

〔Ⅱ〕一、あまの、にか《マヽ》もなきのうまい一斗、一夜ひやし候、あけの日ニ能々むし、これも冬之酒ニ候間、人はたにてかうし六升合作入候、水一斗はかり入候、席ヲかけて可レ置候、四五日程内くつるき候ハヽ、成出き候ハヽ小合をすへし、是もからミ出来候ハヽ、よいより米一斗ひやし、あけの日能々むしこれも席之上ニテ能々さまし、かうし六升合、以前作候酒ニ入候、水一斗かきませ候、わき出来候ハヽ、かめ二こくミわけ候、米三斗むしてあいて志かけ候、かうしは六升如レ前、口伝秘々、

〔Ⅲ〕一、菩提泉、白米一斗澄程可レ洗、其内ヲ一升取テおたいニすへし、夏ニてあれハ、其飯ヲ能々さますへく候、其をざるに入テひやし、米の中ニ可レ置、くちを一日つヽみテ一夜可レ置、三日目ニ別の桶をそは二置テ、上の澄たる水を汲テ可レ取、其時なかのおたいをあけて、よそに可レ置、其時下の米をあけて能々むすへく候、夏ニて候ハヽ能々可レ醒、かうしハ五升、一升取テよそに可レ置、一升之かうし、一升之おたいと合テ半分桶のそこに志くへく候、四升かうしをハおたいともミ合テ作入候、其時ニ以前くミて置候水を、一斗はかりて上より入候、其時ニ以前のこったるおたいを上よりひろけて可レ置、席を以口ヲつヽみ候、七日可レ置、此酒七日出来候へ共、いまた用ニ不レ入候ハヽ、十日迄も可レ置候

〔Ⅰ〕〔Ⅱ〕は冬期間に作る、いわゆる「寒造り酒」である。その第一工程は酛《もと》を造るもので、まず白米一斗をよく洗い、ひと晩冷やし、翌日これを蒸す。蒸米をよくさます。冷えた水一斗に麹六升を混ぜ（これを水麹という）、蒸米を加え、手でかき混ぜる。こうしてできたものが酛である。酛の入った桶に莚をかけ、四～六日たつと、表面にぶつぶつと泡がたち始める（これを「湧く」という）。これを毎日かき混ぜる。やがて甘味が減って、酸味とアルコールの辛みがでてくる。これで酛ができあがる。第二は醪《もろみ》の工程で、酒造りの本段である。蒸米・麹・水を加え（これを「添え」という）、また表面が泡で覆われ、湧きたち、やがて泡がひいて消え、醪の表面がうすい膜で覆われる。これを「ふた（蓋）」といい、発酵が完了したことを示す。なお、〔Ⅱ〕の天野酒の場合は、「添え」が二回行われる二段掛法である。

〔Ⅲ〕の菩提泉は温暖な季節に作る酒である。この酒造りでは、酸の防腐作用によらなければならず、そのため、とくに乳酸菌を強く育てる必要があった。したがって、特別の工夫がされたのである。まず白米一斗を洗い、そのうちの一升を飯（「おたい」）に炊き、よくさましてから、ざるに入れて、残り九升の米を冷やしてあるなかに埋める。飯を漬け水に入れると、乳酸菌の繁殖に必要な養分が多く水に溶けるのである。三日目に、漬け水の上澄を別の桶に取る。そのとき、漬けた一升の飯も取り出す。この飯に一升の麹を混ぜ合わせ、その半分を桶の底に敷く。そこへ別に蒸して十分さました九升の蒸米を四升の麹とともに入れ、その際、以前の漬け水を一斗ばかり入れる。そしてその上に、飯と麹を混合したものの残り半分をおく。莚で包んで七日たつと酒ができる。この酒は、酛と醪の区別がなく、かなり酸っぱい渋い酒であろうといわれる。

⑷　酒の保存法

元来酒は、腐敗しやすいものであるから、これをいかに保存するかも、大きな問題であった。日本酒では、腐敗防

表6

	酛	初　添	中　添	留　添		
永禄11年	2月17日 夏酒1斗6升入了	3月8日 酒口3斗			5月1日 酒揚了	6月23日 第1度 酒ニサセ樽へ入了
永禄12年	2月22日 夏酒入了，2斗水2斗，4升入了	3月8日 少ツホ酒口足了，2斗入	3月18日 酒口白4斗足也，合6斗也	3月19日 酒口4斗足之，3度ニ合，白1石入了	5月9日 酒上了，ツホ1ツニ袋18ニテ皆上了	5月20日 酒ニサセ了，初度
元亀元年		3月16日 酒白2斗入，初度水2斗4升	3月25日 酒口タス，白□斗カウシ1斗，水1斗8升入	3月26日 酒口タス，白2斗カウシ1斗，水1斗8升入，合白6斗入了		5月22日 酒煮之，初度7斗程在之
元亀2年	4月13日 酒白1斗5升入了	4月22日 酒白昨今ニ4斗口ヲタス				6月16日 酒ヲニサセ了，初度也

止のために「火入れ」を行う。火入れとは、五〇～六〇度の低温の過熱を行う作業である。いわゆる低温殺菌である。低温殺菌法は、十九世紀にフランスのパスツール（Louis Pasteur. 1822-95）が腐敗ブドウ酒の研究によって発見したものであるが、火入れの原理はこれと全く同じものである。火入れ法は江戸時代中期から始まったといわれていたが、これは火入れのことについて記した書物があるというまでで、実はそれ以前、室町時代の末には、すでに行われていたらしい。奈良興福寺の『多聞院日記』をみると、その記事のうちに、酒造りの工程の判明するところがある。正月酒（九～十月に造る）と夏酒（一～六月に造る）の二種類があり、問題となるのは後者、夏酒である。小野晃嗣の研究[80]によって示すと表6のごとくである。永禄十二年（一五六九）・元亀元年（一五七〇）の場合、いわゆる三段掛法をとっているが、他のいずれの場合にも、五～六月に「酒を煮る」ことが行われている。酒を煮て樽に入れるというのは、江戸時代に「煮込み」といい、五〇度位に熱した酒を、貯蔵桶で

はなく、直接に樽に詰めて市場に送ったのと同じものとみられるが、「酒ヲニサセ了、初度也」というのは、酒が危くなるごとに火を入れる後世の習慣を連想させる。『多聞院日記』には、「不ㇾ断甘酒ニテヲク秘事、栗ノ木ヲ一束ニ列テ、ワラニテ巻テ酒ノ中ニ入テ置ハ、終ニ甘クテハツル也」とも書かれている。

注

（1）豊田武編『産業史Ⅰ』（山川出版、一九六四年）、児玉幸多編『産業史Ⅱ』（山川出版、一九六五年）が古代～近世の諸産業についての知識をまとめた戦後初の「体系」である。本項は初め『郷土史研究講座　第三巻』（朝倉書店、一九七〇年）の一部として書かれた。拙稿発表ののち『講座　日本技術の社会史』（全八巻、日本評論社、一九八三―八五年）が刊行されて研究は一段と進んだように見える。しかし、網野善彦『中世民衆の生業と技術』（東京大学出版会、二〇〇一年）の「まえがき」で「まだまだきわめて広大な未開拓の荒野がひろがっている」と書かれたように、研究は緒についたばかりである。なお、技術史研究の空白を埋めるためには、理工系分野の研究者と歴史分野の研究者が「知識」を共有すること、すなわち共同研究の体制を組む必要がある。

（2）『高野山文書之七』三五三頁・三六〇頁。

（3）『高野山文書之四』四頁・一〇頁。

（4）同右・五四八頁。

（5）畠を主題とした研究には、木村茂光『日本古代・中世畠作史の研究』（校倉書房、一九九二年）がある。

（6）『高野山文書之二』二一六頁。

（7）同右・二二八頁。

（8）『高野山文書之三』四〇八頁。

（9）『高野山文書之二』二六四頁。

(10)『高野山文書之三』四六〇頁。
(11)『中世法制史料集』第一巻（岩波書店、一九五五年）二二一頁。
(12)佐藤進一『日本中世史論』（岩波書店、一九九〇年）二五三頁。本文に掲げた文永元年（一二六四）の御教書は、二毛作に関する先行史料とされてきたが、河音能平は元永元年（一一一八）閏九月十三日伊勢太神宮検非違使伊勢某状案（『平安遺文』五巻一八九二号）を以て、二毛作起源の史料としている（『中世封建制成立史論』東京大学出版会、一九七一年、三八五頁）。河音は、「二毛作」とともに「押蒔」という現象についても問題を提起した。
(13)『粉河寺文書』五。
(14)『高野山文書之七』一三一頁。
(15)前掲書（注11）一三三頁。
(16)『高野山文書之七』一三八頁。
(17)同右・一五七頁。荒河荘の「悪党」についての研究は多いが最近の研究状況は、寺田直弘「紀伊国荒川荘の悪党の構成と性格」（『日本社会史研究』七五号、二〇〇八年）を参照。
(18)同右・一六三頁。
(19)『高野山文書之一』二〇四頁。
(20)『高野山文書之五』六八一頁。
(21)『高野山文書之四』一四九頁。
(22)『高野山文書之七』一九三頁・二〇〇頁・二〇一頁。
(23)『高野山文書之四』一三九頁。
(24)「太田文書」一。
(25)同右。
(26)文書に「土舟」「つちふね」というものがみえる。「十石焼の土舟」という表現から、これが塩釜であろうという説もある。しかし、これは沼井と思われ、またいわゆる「土舟《どぶね》」―沼井で採取した濃い塩水を貯えるプールのことと考えられる。

（27）『鎌倉遺文』三巻一四〇〇号。なお、伊勢国の製塩については、かつて「中世塩業史に関する一考察―伊勢国度会郡大塩屋御薗―」（『日本歴史』五四号、一九五二年）を発表した。本文の叙述はそれを修正・要約したものである。

（28）「太田文書」一。

（29）『寧楽遺文』中巻・三四四頁。

（30）『平安遺文』一巻一六四号。

（31）同右・一巻一七四号。

（32）同右・一巻一九四号。

（33）『高野山文書之八』九七頁。なお、講座・日本技術の社会史第五巻『採鉱と冶金』（山口啓二ほか執筆、日本評論社、一九八三年）も、金属製品の普及と生産労働組織については研究を深めたが生産技術については未だしの情況にある。

（34）同右・一〇二頁。

（35）文安五年（一四四八）金剛心院の湯屋修造に際しては「於二材木一者、今日為二吉日一之間、院内山中、可レ然用木可二撰定一之事」とされている。『高野山文書之二』四六六頁。

（36）この大量の糠・藁を何に用いたか必ずしも明らかではないが、おそらく、鉄を溶融するとき、不純物を取り去るために用いられたと思われる。この点については、東京工業大学の長谷川教授の御教示を得た。

（37）釜の鋳造に鍛冶が参与しているのはなぜか。堺から購入した鉄は、鋳師鉄と打鉄の二種類であった。わが国の鉄は近世まで砂鉄から製した。砂鉄から直ちに鋼を作る方法もあったが、普通はまず銑鉄を作り、鍛冶屋がこれを錬鉄に変えた。鋳物用の鉄は銑鉄であるが、これにさらに炭素を加えて鋳鉄とする技術もある。ここで鋳師鉄・打鉄というのが、いかなるものか明らかでないが、いずれにせよ鍛冶が購入した鉄に手を加えたことは確かで、先にふれた藁糠が、その工程で用いられた可能性が大きいと思われる。

（38）『高野山文書之七』二八〇頁。

(39) 『高野山文書之二』二〇五頁、『高野山文書之三』四七一頁。
(40) 『高野山文書之三』四八二頁。
(41) 同右・六二四頁。
(42) 『高野山文書之二』一二三四頁。
(43) 同右・四九九頁。
(44) 同右・五一七頁。
(45) 同右・三〇一頁。
(46) 『高野山文書之八』四六六頁。
(47) 『高野山文書之六』一頁。
(48) 『高野山文書之七』一三一頁。
(49) 『大乗院寺社雑事記』十一、明応五年三月十七日条。
(50) 大覚寺五大明王像についての美術史的研究には、つぎのようなものがある。
明珍恒男「大覚寺の五大尊について」(『東洋美術』一八)、石崎達二「大覚寺蔵五大明王彫像に就て」(『史蹟と古美術』一一の四)、野間清六「大覚寺五大明王像と鎌倉彫刻」(『東洋美術』特輯、日本美術史・一)、米山徳馬「大覚寺金剛夜叉明王立像」(『史迹と美術』一一六)。なお、以上の文献については、東京学芸大学の赤沢英二教授からご教示をえた。
(51) 『平安遺文』金石文編・四六一号。
(52) 仏師明円については、小林剛「三條佛師明圓」(『日本彫刻作家研究』有隣堂、一九七八年、初出は一九五三年)があるが、のちに紹介する二通の文書を参照される便宜はなかったものと思われ、触れておられない。
(53) 『平安遺文』七巻三三四六号。
(54) 同右・七巻三三四七号。
(55) 『左経記』万寿三年八月八日条にみえる仏師定朝の支度注文には、「尺九寸木十三枝、余七八寸卅余枝」などとある。

(56)『平安遺文』七巻三三四八号。

(57)『長秋記』大治四年七月十日条に、「仰云、円勢・長円・賢円等所レ造之女院御料仏等皆可レ令レ運二渡長円弟子許一云々、直召二検非違使成国・行友一仰二此旨一也、件仏師三人、可レ造二本院御仏一故」とある。

(58)『山槐記』治承三年十月二十九日条に、「今夜、仏師法眼明円宅南三条京極東入二強盗一、殺二害妻并小仏師人々一、明円他行之間云々、或云二嫡所為一云々」とある。

(59)浅香年木「古代における仏師の生産関係と社会的地位」(『日本古代手工業史の研究』法政大学出版局、一九七一年、付論)。

(60)遠藤元男『日本職人史の研究—論集編—』(雄山閣出版、一九六六年)、同『職人の歴史』(至文堂、一九五六年)など。

(61)大日本仏教全書・興福寺叢書・第一、僧綱補任・第六裏文書に、「円信十月廿六日叙、円勝寺供養造仏賞法印長円子 忠円同日叙、同賞、法眼賢円子」とある。

(62)『兵範記』仁安元年九月七日条。

(63)『平安遺文』金石文編、四二三号。

(64)『吉記』承安四年八月二十三日条。

(65)同右、治承五年六月二十七日条につぎの如くある。

明円申云、一向南京仏師可二勤仕一者、不レ可二争申一、今度金堂講堂御仏、院尊已奉レ之由承レ之、康平仏師長勢覚助等也、而覚助雖二下﨟一奉レ之、興福寺御仏、康保三年頼順雖二下﨟一奉レ之、如レ此例者、上﨟必不レ可二勤仕一、至二于永承一者、宗朝之外依レ無二他人一、難レ用二上﨟勤仕例一歟、金堂講堂之間、不レ奉二一堂一者、雖三縦奉二他堂一、猶可レ為レ愁云々、成朝康朝息申云、南京大仏師、以二実朝一為レ初、仍永承焼失之度、定朝奉レ造二御仏一、康平覚助奉レ造レ之、永長頼助奉レ造レ之、其後康助康朝成朝相并六代也、就中講堂御仏被移阿弥陀院之刻、頼助奉造之、件引懸猶留、成朝家為南京大仏師、争不勤仕哉云々、院仰云、明円之所申非無其謂、殿下可令計宛給、殿仰云、左右猶可依院御定、予猶有申旨、又成朝事無左右仰

なお、浅香年木・前掲(注59)論文、林屋辰三郎「仏師運慶について」(『中世文化の基調』東京大学出版会、一九五三年)参

照。

(66) 周知の如く、東大寺の再興は鎌倉幕府―頼朝―の後援によって推進された。幕府に接近した慶派が、院庁政権に密着して仏工界を支配してきた院派・円派を抑えて進出したのは当然である。なお、林屋辰三郎・前掲論文(注65)、浅香年木・前掲論文(注59)を参照。

(67) 『八坂神社記録　上』六二〇頁以下。

(68) 造営に際しての工匠の労働組織として、十～十二世紀には〈大工・引頭・長・連〉の組織がみられる。例えば久安五年（一一四九）金剛峯寺大塔工事のときは、大工（一人）―引頭（二人）―長（一二人）―列（五九人）（八人）であり（『平安遺文』六巻二六七一号）、同金堂の場合は、大工（一人）―引頭（二人）―長（一二人）―列（五九人）となっていた（同・二六七九号）。また、養和元年（一一八一）の興福寺諸堂上棟の際の組織は〈大工（一）権大工（三）引頭（一）長（一一）烈（八四）〉であり、承元四年（一二一〇）興福寺北円堂上棟の際の組織は〈大工（二）引頭（八）長（二〇）連（一一）〉であった。この組織は工事ごとに臨時に編成されるものであり、工匠の日常的・身分的な階層組織としての性格はもたない。浅香年木・前掲書(注59)、大河直躬『番匠』（法政大学出版局、一九七一年）参照。

(69) 木材運搬や建物の組立てに轆轤を用いた状況は「法然上人行状絵図」や「大山寺縁起絵巻」にみえ、また十五世紀の遺構が興福寺東金堂の天井上に発見されている（中村雄三『図説日本木工具史』大原新生社、一九七四年）。

(70) 『八坂神社文書　上』七四五号。なお、十四、十五世紀の東国における寺社造営に関するものではあるが、小森正明『室町期東国社会と寺社造営』（思文閣出版、二〇〇八年）がある。寺社造営の用脚、用材、労働力編成などについての詳細な研究であり、すこぶる参考となる。

(71) 『八坂神社文書　上』一一三三号。

(72) 同右・一一三四号・一一三五号。

(73) 「海龍王寺文書」。

(74) 「鵤荘引付」（阿部猛・太田順三共編『播磨国鵤荘資料』八木書店、一九七〇年）

（75）　木割は「木砕《くだ》き」とも称し、建築物の各部材寸法を決定する技術または方式をさす。建築物の主体構造は、柱間間隔（柱の心から心までの距離）を基準にしてすべての寸法が決定される。これは、近世の部材寸法決定が柱間内法制であるのと根本的に異なっている。また、中世の建築作業の状態を具体的に示すものとして絵巻物の類を見逃すことができない。「春日権現霊験記」「松崎天神縁起絵巻」「石山寺縁起絵巻」「大山寺縁起絵巻」および「洛中洛外図屏風」などには、建築の手順や使用工具の形がよく示されている。なお、本項では工具について述べることができなかった。これについては、中村雄三・前掲書（注69）を参照。

（76）「高木文書」。

（77）　以下の典拠は「宮寺見聞記」（『石清水文書之四』四五八頁以下）である。なお、阿部猛「石清水八幡宮の麹座」（『東京学芸大学史学会報』九号、一九七八年）参照。

（78）　楠葉の弥勒寺については『石清水文書之二』に史料がある。

（79）『大日本史料　八篇之十二』。

（80）　小野晃嗣「中世酒造業の発達」（『日本産業発達史の研究』至文堂、一九四一年）。

〔補注1〕　中世農業技術の水準また不安定性を適確に示す史料は乏しい。そこに登場したのが戸田芳実の「カタアラシ」論である。「一年耕作したら次の年には休ませておく田畑」休耕田説である。戸田の提唱は学界を席巻したが、これには服部英雄の有力な批判があり、戸田説は史料の誤解・誤読に基づくものとする。よって、ここでは「カタアラシ」についての論述をさし控える。戸田芳実『日本領主制成立史の研究』（岩波書店、一九六七年）、服部英雄『歴史を読み解く』（青史出版、二〇〇三年）。

〔補注2〕　天治二年（一一二五）右大臣（藤原家忠）家領山城国山田牧の野焼きの火が隣の東大寺領賀茂荘の宅地の垣や栗林を焼いた事件があった。『平安遺文』五巻二〇三三号・二〇三五号・二〇四〇号・二〇四一号。阿部猛「畿内における一荘園の消長」（『中世日本荘園史の研究』大原新生社、一九七三年）。なお、欠年月日某書状（十三世紀初頭と推定される）に「田に入れ候ハんとて、くさとり候下人」という記述があるのは史料となる（『鎌倉遺文』三巻一二六〇号）。

〔補注3〕 中世農業を語るためには、なお、農具の発達や、稲の品種増加・改良の問題を扱うべきであろうが省略する。古島敏雄『日本農業技術史　上』（時潮社、一九四七年）を参照。

〔補注4〕 田・畠・塩浜の売買価格といっても、単位面積あたりの価格を表示してもほとんど意味はない。その土地に付随する得分の内容が明らかにされなければならない。したがって、ここでいう、塩浜の価格が田畠に比して高いというのは印象批評に近く、確たる根拠に基づく主張ではない。

〔補注5〕 中川武「建築設計技術の変遷」（講座日本技術の社会史『建築』日本評論社、一九八三年）は、「鳥居は日本建築においてもっとも単純な構造の記念建築であり、記念性の追求を通して形成されてきた日本建築の設計技術の問題をもっとも明快に体現している」として木割につき解説している。

〔補注6〕 「頰《つら》」は古代・中世の京都における宅地の所在表示法。「錦小路富小路東北頰」とは、錦小路と富小路の交叉する十字路の東北側《がわ》のこと。阿部猛「頰考」（『日本歴史』一〇五号、一九五七年）参照。

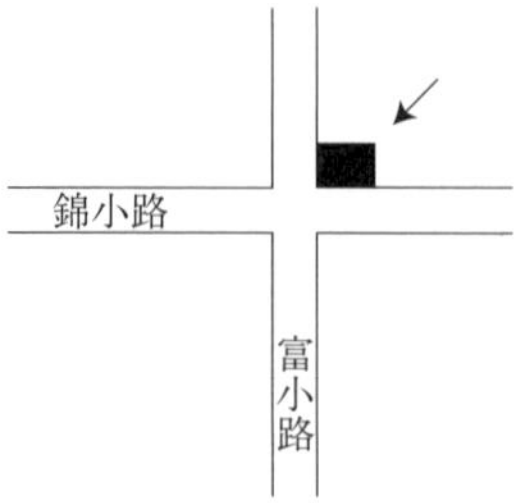

一〇　中世物流組織成立前史

(一)　市の商業

東西市の衰退　平安京における官営市場である東西市のうち、まず衰えを見せたのは西市であった。もともと平安京の立地条件を見ると、右京には低湿地が多く、初めから発展が望めなかった。(1)十世紀末頃には「西京は人家やうやう稀にして、殆ど幽居に幾《ちか》し」（「池亭記」）といわれたくらいで、西市がまず衰えたのは当然であった。すでに平安初期の承和九年（八四二）頃、「今百姓は悉く東の遷り（中略）市廛既に空しく、公事は闕怠す(2)」といわれていた。これより先、承和二年に、特定商品を西市だけで販売させたことがあったが、(3)これは西市振興策のひとつであった。

西市の衰退後は東市のみ栄えたが、やがてそれも振わなくなった。十二世紀末の僧顕昭は、「いちかど」すなわち市の入口に設けられた市門について、つぎのように解説している。

市門ハ、七条猪隈《いのくま》ナリ、七条町《まち》トイヘル、僻事也、市座アリ、市マツリアル所ナリ、著鈦祭ナリ、夏冬二度アリ、昔ハ其市ニテアキナヒシケリ、町ハ私事ナリ、彼市ニテ盗人ヲモトヒ、又犯人ハヾスルモノ、アマ子ク市ニテ人ニミゴリサセム為トコソ中メレ、ソノ小路ノ末ヲバ、フルクハ市門トイヒケル（『拾遺抄註』）

これによると、平安末期には東市も市としての機能を失い、その繁栄は昔のこととして忘れ去られようとしていたことがわかる。平安末期の人びとにとっては、市祭、著鈦《ちゃくだ》〔補注1〕祭の行われるところ、それが市だったのである。しかも顕昭は「町ハ私事ナリ」と述べている。官営市場は衰退し、平安京の商業の中心は「町」に遷っていったことを示している。

町の成立　「町」の字の本来の意味は「田界」「田区」である。『倭名類聚抄』（十世紀前半の成立）は、「町　和名は未知　田区也」と説明している。一方、町は都市の条坊制の坊を示す場合があり、田積の単位としての町《ちょう》はこれに起源する。平安京では、町とは、東西に走る道路と、南北に通じる町通《まちどおり》（新町通）との交差点を意味する。[4]東西市の衰退に伴い、平安京の商業地域はこの町に遷っていった。町の範囲は、町通をはさんで東は室町、西は西洞院に至る間であるが、商業地域となったのは、二条・三条・六角・錦小路・四条・七条の各町で、中心は七条町であった。

『寂蓮法師集』（寂蓮は一二〇二年没）を見ると、鎌倉時代初頭の検非違使別当藤原隆房が、都の政治をみな昔の如く改めようとし、七条町を認めず商人たちを逐わせたので、上の方の三条や四条辺に商人が集まり、もとのように賑わったとある。

大江匡房の『続本朝往生伝』（一一一〇年頃の成立）にある阿闍利覚真の伝にも、二条町辺りは店屋が軒を並べ、あらゆる物品が売られていると書かれている。町を構成した「店家」はマチヤと訓《よ》む。『倭名類聚抄』は「俗に言ふ東西の町是也、坐して物を売る舎《いへ》なり」と説明している。当時の店家の様子は『信貴山縁起絵巻』や『年中行事絵巻』などに描かれているが、曾木板葺、土壁または網代張り、片側土間で、現在の京都に見る通庭式住宅の原型を示している。[5]店家には棚があって、そこに商品が並べられる。店家には販売商品を示す看板を掲げるものもあった。東西市では文字看板が掲げられていたらしいが、十世紀の店家では、絵看板や模型看板もあったらしい(6)。

地方市場の発達　平安京の商業の中心が東西市から町に遷る頃、地方各地にも市の発達が見られた。大量の物資の移送が国家権力を媒介にして初めて可能であったことを考えるならば、国衙の市が重要な役割をになったであろうことは十分に推測できるが、国衙所在地を中心とする地方交易圏を明らかにすることは、かなり困難である〔補注2〕。

奈良時代の市が引き続いて地方小交易圏の中心として機能した例もある。十世紀末の『枕草子』には「市は辰の市、椿市は大和に数多ある中に、長谷にまうづる人の、かならずそこにとどまりければ、観音の御縁あるにやと、心ことなるなり、をふさの市、餝磨の市、飛鳥の市」と書かれ、「八雲御抄」(十三世紀前半の成立)はつぎのような市の名を列挙している。

安倍市(駿府)・辰市・椿市・三輪市・飛鳥市・軽市・磐余《いわれ》市・西市(大和)・餝磨市・さとの市・をふさの市(播磨)

右のうち餝磨市は国衙・国分寺に近く、おそらく国衙市だったのだろうと思われる。一般に地方市場に関する史料は乏しいが、例を挙げよう。

一一三〇年代、長承年間、伊勢国益田荘内の星川市庭で、歌長清国の男末房が交易をしようと市にやってきたので、荘の下司久米為時が例に従い、津料を徴収しようとしたところ末房は承服せず、下司に悪口をいい、抜刀してあばれ下司を殺そうとした。幸い下司は難をまぬかれたが、後日の証拠として末房の刀を取りあげた。そして末房と荘の政所に召喚し所持品を没収した。それは「□五十隻、鰯九束、米肆升五合、稲十三把」であった。処罰を恐れた末房は政所から逃げ出した。のち、自分は伊勢神宮の神人であると称して、虚偽の記録を書いて、荘の政所によって不当に荷物を取られたと訴えた。末房が殺意を持ったことは、そのとき市場に集まっていた人びとの証言により明白で、これは律の条文にてらせば杖一百の科に相当すると明法家は書いている。[7] 市に出入りするについては津料（市場税）を出さなければならなかったのである。[8]

別稿「田舎市」（本書一三章所収）で述べたように、「田舎の市」では品数も少なく貧弱であり、市場圏も狭少であったと思われる。

隔地間商業　小交易圏の要《かなめ》となる地方市場が発達してきたかげには、多数の商人の往来が考えられなければならない。『新猿楽記』に記された商人の典型は商人主（首）領八郎真人で、彼は東は俘囚の地に至り、西は貴賀島にまで渡って交易し「利を重んじて妻子を知らず、身を念《おも》ひて他人を顧みず、一を持ちて万と成し、埴《つち》を博《う》ちて金と成し、言を以て他心を誑《たぶら》かし、謀《はかりごと》を以て人目を抜く」といわれるほどの徹底した利潤追求に生きる隔地間商人であった。『今昔物語集』にも、都に富裕な水銀商人がいて、伊勢国との間を毎年往来し、「馬百余疋に諸の絹糸綿米などを負せて、常に下り上りし、大和の瓜商人も「多くの馬共に瓜を負せ列りて、下衆《げす》ども多く京へ上」ったと書かれている。

荘園からの収取体系　物資の流通を都の側から眺めてみる。都の貴族たちの経済的な基礎は公領と荘園にある。彼らが公領・荘園から収取するものは、①年貢（官物）、②雑公事、③夫役の三種であるが、①の年貢は米麦で取ることが多く、②の雑公事は多種類の作物や単純加工品より成っている。鎌倉初期の十三世紀末期の長講堂所領荘園の場合は表1の如くであった。[9] 支配下の荘園から雑多な公事を収取していたことがうかがわれる。領主側ではこれら荘園からの収取物をも含めて、諸物を収納する倉庫を持ち、また専属工人による工房（細工所《さいくしょ》）をも有し、必要物資が調達されるようになっていた。

摂関家では政所《まんどころ》・蔵人所《くろうどどころ》・小舎人所《こどねりどころ》・御随身所《みずいじんどころ》・侍所《さむらいどころ》・行事所・御続所・主殿《とのも》所・御台盤所・御厩《みうまや》・修理《すり》所・作物《つくも》所・御服所・膳所・納殿《おさめどの》・贄所《にえしょ》・御倉町《みくらまち》などの機関があって、このうちに、倉庫・工房・台所（厨）など

表1　建久二年長講堂領雑事一覧

	所領名	絹・布	油	莚・畳	炭・薪（たいまつ）	簾	砂	人夫	餅	菖蒲	牛飼料	移花	兵士	菜料	トクサ	器物	神祭具	装束	牛飼衣料	囲碁	召使米	菓子	黄楊木
山城	下桂荘			○		○	○	○		○		○											
	伏見							○		○	○	○											
大和	八釣荘			○		○							○										
	雨師			○		○	○					○	○										
	慈光寺			○		○	○	○				○	○										
和泉	吉見苑田荘			○		○											○						
摂津	葦屋荘	○		○		○	○	○			○	○	○										
	志宜荘							○				○	○	○									
伊賀	柏野荘	○		○		○						○											
尾張	篠木荘	○		○		○	○	○				○	○			○	○	○					
	上門真荘	○		○		○	○	○	○			○	○			○		○					
	野間内海荘	○		○		○	○					○	○					○					
	稲本荘	○		○		○	○	○				○	○	○		○	○	○					
	藤懸荘					○																	
遠江	山香荘			○		○	○	○				○	○	○			○	○					
美濃	深萱荘	○		○		○	○	○				○	○	○									
	伊自良荘	○		○		○	○	○				○	○			○		○					
	市俣荘	○		○		○	○	○				○	○										
	革手・加納	○		○		○	○	○				○											
	六条			○		○	○	○				○		○		○							
	鶉					○						○											
	宇陀弘見荘	○		○		○	○	○				○	○	○			○						
	蜂尾南荘	○		○		○	○	○				○	○	○		○		○					
	〃北荘	○		○		○	○	○				○	○	○			○	○					
信濃	住吉荘			○		○	○						○	○									
	高田荘	○		○		○	○					○	○										
若狭	吉田三宅荘	○		○		○	○					○											
	和田荘	○		○		○	○	○				○	○	○		○	○	○			○		
越前	坂北荘	○		○		○	○	○				○	○	○		○	○	○			○		

	所領名	絹・布	油	莚・畳	炭・薪(たいまつ)	簾	砂	人夫	餅	菖蒲	牛飼料	移花	兵士	菜料	トクサ	器物	神祭具	装束	牛飼衣料	囲碁	召使米	菓子	黄楊木
加賀	富安荘			○		○	○	○				○	○			○							
	能美荘	○		○		○	○	○				○	○			○	○						
	井家	○		○		○	○					○	○	○									
能登	上日本荘	○		○		○	○					○	○	○		○	○	○					
	〃新荘	○		○		○	○					○	○	○		○	○	○					
	家田荘			○		○																	
	甘田保					○																	
越中	新保御厨	○		○		○	○	○				○	○	○					○				
越後	吉河荘	○		○		○	○						○	○					○				
丹波	弓削荘	○		○	○	○	○	○				○	○	○		○				○			
	前山荘	○		○	○	○	○	○				○	○	○			○	○			○	○	
	野口荘						○	○				○											
丹後	宮津	○		○		○	○	○				○	○	○		○	○	○			○		
	久美荘	○		○		○	○	○				○	○	○		○		○				○	
	田村荘	○		○		○	○	○				○	○	○		○		○				○	
但馬	菟東小代荘	○		○		○	○	○				○	○	○				○					
	朝来			○		○	○						○	○									
	久斗大庭	○		○		○	○				○	○	○	○									
	木前			○								○	○										
伯耆	善住寺																						
	稲住荘	○		○								○	○			○							
	久永御厨													○									
播磨	平津荘	○		○	○	○						○	○										
	菅生荘	○		○	○	○						○	○				○						
	松井荘	○		○	○	○						○	○	○		○	○	○			○		
美作	真島荘	○	○	○	○	○						○	○			○	○						
	一宮																						
備前	島取荘	○		○		○						○	○	○									
備後	河北荘	○		○		○				○		○	○										
安芸	吉茂荘	○		○		○						○	○			○							

	所領名	絹・布	油	莚・畳	炭・薪(たいまつ)	簾	砂	人夫	餅	菖蒲	牛飼料	移花	兵士	菜料	トクサ	器物	神祭具	装束	牛飼衣料	囲碁	召使米	菓子	黄楊木
安芸	生口荘			○		○				○		○	○	○			○						
周防	玖河荘	○		○		○						○	○	○			○	○			○		
	阿武野	○		○		○						○	○	○			○	○					
紀伊	石垣荘	○		○	○	○	○	○			○	○	○							○			
阿波	那賀山	○		○	○	○	○				○	○	○										○
	一宮			○		○	○							○									
	麻殖荘			○		○	○				○												
伊予	忽那島			○	○	○	○							○									
	三島荘	○	○	○	○	○	○				○	○	○										
肥前	巨勢荘		○	○		○	○					○	○				○	○					
	松浦荘			○			○					○	○										
肥後	六箇荘	○		○		○	○					○	○	○									
	豊田御厨			○		○	○																
	安富領			○		○																	
筑前	志賀島	○		○		○	○					○	○	○									

の機能を有するものがあった。贄所は各地に散在する贄人《にえひと》を管下に置き、そこからの貢納物を収納した。納殿は所領荘園等から納入された衣料品類や舶来品、金銀などの財宝を納めた倉庫である。御倉町には家具・什器類が納められており、ここには工房があり、冠師・仏師・鋳物師・塗師も所属していた。およそ、美術工芸品の製作と保管、およびその原料保管を掌っていたといってよい。修理所は木工指物系統の工房、作物所は金工系統の工房である。

令制租税体系、荘園制的収奪体系、それに基づく諸物資の都への集中、そして純然たる商品としての物資の流入、平安時代末期には大量の物資が平安京を中心として動いていた。鎌倉幕府の成立によって、焦点は二つになったように見えるが、経済的な観点からすれば、鎌倉が京都と対等の地位を主張することは遂になかった。

商業は未熟な段階に在るが、しかし列島の隅々まで往来する商人たちがもたらす物資は、地方の名産として平安貴族たちの認識の中に入ってくる。『新猿楽記』や『堤中納言物語』などに見える地方特産品を列挙しておこう。

東北～駒〈馬〉、檀紙、漆（陸奥）、関東～鐙《あぶみ》（武蔵）鞦《しりがい》（上総）綾（常陸）、中部～八丈、柿（美濃）綿（越前）斑布（甲斐）釜（能登）梨子、木賊《とくさ》（信濃）粔《おこしごめ》（尾張）椎子・餅（若狭）鮭・漆（越後）餅（飛騨）、近畿～縑《かとり》（紀伊）紙（但馬）墨（淡路）縄莚（京都）莚（摂津・河内・紀伊）櫛（和泉）針（播磨）鍋（河内・大和・近江）味噌（河内）栗（丹波）鮒《ふな》・餅（近江）鰤《ぶり》（伊勢）蕪《かぶ》（河内）茄子《なす》（山城）瓜（大和）和布《わかめ》（丹後）、中国～紬《つむぎ》（石見）刀（備中）筵（出雲）榑《くれ》（安芸）鉄（備後）火桶・折敷《おしき》（備前）甘海苔（出雲）牛（長門）海糠《あみ》（備前）鯖《さば》（周防）鮑《あわび》（隠岐）、四国～手箱・砥《と》・鰯・簾（伊予）円座・釜（讃岐）絹（阿波）、九州～鎮西米・筵・皮籠《かわこ》（筑紫）

（二）沽価

貨幣流通の滞り　和同開珎に始まる国家権力による貨幣鋳造は、いわゆる皇（王）朝十二銭として一二種類の貨幣（銅貨）を生み出したが、その大部分は平安初期において発行されたものであった。そして天徳二年（九五八）の乾元大宝の鋳造で公的な貨幣はあとを絶つ。しかも時を同じくして貨幣に対する信用は極度に低下し、貨幣流通は停滞してしまう。もともと、いわゆる皇（王）朝十二銭が、改鋳の都度、出目《でめ》をかせぐ政府の政策のために質を低下させ、インフレを進行させていた。例えば貞観七年（八六五）頃、鋳貨は文字破滅・輪郭不完全のため諸人みな使用を嫌ったという。[10]しかし、政府は一貫して新銭一を旧銭一〇に当てる政策を取り続けたから、旧銭が流通面から姿を消して死蔵されることとなり、銭貨の流通は不活溌になるのを免れなかった。交易に際して悪貨を選別して受け取りを拒むことが多かったが、政府はこれを禁じている。

永観二年（九八四）頃、世間は銭貨の使用を好まずして物価騰貴し、塩が一升五〇文から六〇文にも達し、小童市間にこれを謡ったという。(11) 寛和二年（九八六）にも、去年九月頃から世間では一切銭を用いず、交関まことに不便であるといわれ、(12) 翌年にも「上下の人々、銭貨を用いず」といわれている。当時、銭貨が法貨としての価値を失い、地《じ》金《がね》として通用せしめられていた。政府は銭貨の流通を寺社に祈り、あるいは私鋳銭を禁じ、または銭貨使用を嫌悪するのを制止したりした。(13) しかし、貨幣流通の滞りは全く解消せず、その代替として米・布・絹などが貨幣の役割を果たしていた。貨幣流通の不活溌化は商業の不振によってもたらされたものではなく、むしろ事態は逆であった。世間は良質の貨幣を要求したのだが、それが十分には供給されなかった。したがって、米・布・絹が貨幣の役割をになうに至ったのである。(14) 例えば永承五年（一〇五〇）東大寺に納めた某国の封戸物（調）について、

調絁廿四疋七尺五寸疋別五百文『代廿四石一斗疋別一石』代十六貫八百七文　料紙五百六十二帖卅枚(15)

とある。これは、納入すべき調の絁を銭に換算し、実際には紙で納めていたことを示している。さらに『　』内には米との換算が参考として記されている。すなわち、絁→銭→紙、絁→米という面倒な換算をしている。結局、貨幣流通の不振がこうした交換形態を生んだのである。

沽価法　交易の媒体が銭貨であると現物であるとを問わず、交易の規準となる適切な沽価が定められなければ市場は混乱する。沽価法には何種類かある。第一は、平安京の東西市における沽価で、貞観十三年（八七一）の太政官符(16)は、東西市の沽価が時価に拠らず、また東市と西市の間で沽価が相違し混乱したことを述べている。第二は、諸国衙から中央に送られる現物の換算率である。天暦元年（九四七）の雑物沽価法、(17) 寛和二年（九八六）の沽買法、(18) 延久四

年（一〇七二）の沽価法[19]と称するものがそれである。のちの治承三年（一一七九）の藤原道親の書状[20]によると、寛和の法は銭貨を以て沽価を定め、延久の法は絹または米を以て沽価を定めたものであったらしい。右の書状は右大臣九条兼実の日記『玉葉』に収録されているものであるが、兼実は明法博士中原基広を召して沽価について尋ねている。基広は渡唐銭（宗銭）を交易に用いるのは私鋳銭を用いるのと同断であり、禁ずべしと答えた。しかし、このときは流通停止には至らず、のち治承四年（一一八〇）に銭貨使用禁止（銭直商法の禁止）の宣旨が出された。建久三年（一一九二）にも同様の宣下あり、翌年には宋銭通用禁止が宣下された[21]。宋銭の絶えざる輸入によって物価が動揺したことが直接の理由であろう。しかし、禁止にもかかわらず銭貨の輸入量は増大し、普及流通していった。

沽価法の第三は国例の価法で、国衙と農民の間に適用される。この問題については、永延二年（九八八）の「尾張国郡司百姓等解」が恰好の史料となる[22]。この解文は尾張守藤原元命の苛酷な収奪に対して、その停任を要求した愁状であって、それ故に、国司と農民との間の問題点を明らかに語る。解文の第五条には、例数官法のほかに段別に稲一三束二把を加徴するが、これを絹・布・糸・綿・漆・油などに交易して送進させる場合の換算率が問題とされる。国守元命は、絹一疋＝稲四〇〜五〇束、手作布一端＝八束、信濃布・麻布一端＝五〜六束で百姓らから買いあげたが、同解文第九条によると、絹の場合、時価は上品絹一疋＝一二〇束、中下品絹一疋＝一〇〇束というから、時価の半値以下で買いあげたというのである。これらは百姓らの主張であるから直ちにすべてを信ずる必要はないが、尾張国では、国衙と農民の間に「国例」ともいうべき価法が存在したことは疑いない。おそらく、①農民→国衙、②国衙→太政官の二つの価法が存在し、①と②両者の値びらきが国司や中央官衙の「利益」をもたらしたのであって、受領層の致富の一因もこの辺にあった。

(三)　物　流

積載量　陸上輸送は人の背によるか車・馬・牛によるのであるが、量的には人担は限りがあり、車や牛馬による輸送が中心となった。古代には政府の定めた規準積載量があり、人間ひとりのにならべき標準量は『延喜式』(木工寮式)につぎのように規定されている。

巨材(一四〇〇～一六〇〇寸)　雑材(三二〇〇～二六〇〇寸)　㼾瓦《めがわら》(一二枚)　筒瓦(一六枚)　鐙瓦《あぶみ》(九枚)　宇瓦《のき》(七枚)　白土(三斗)　赤土(三斗)　沙(二斗五升)

また重量による場合は、「大六十斤を一担と為す」と規定されている。馬による輸送については一駄に米三俵とされている。当時の米俵は五斗俵である。車による輸送については『延喜式』(木工寮式)に車載の法があって、一輌に積むべき量がつぎのように定められている。

巨材(三万寸)　雑材(二万七〇〇〇寸)　榲榑《すぎくれ》(一六材)　㼾瓦(一二〇枚)　筒瓦(一四〇枚)　鐙瓦(八〇枚)　宇瓦(六〇枚)　大坂石(七九二〇寸、小石九〇〇〇寸)　讃岐石(六三〇〇寸、小石七二〇〇寸)　白土(三石三斗)　藁(五〇囲)　四尺檜皮(一二囲)　三尺檜皮(一八囲)

として、駄馬は右の三分の一の重量だった。白土を例にとると、人担は三斗で六〇斤、駄載は二〇〇斤、車載は三石四斗で六〇〇斤となる。『延喜式』(主税式)には、このほかに一駄の積載量を具体的に書いたものがあって、それによると、絹(七〇疋)　絁(五〇疋)　糸(三〇〇絇)　綿(三〇〇屯)　調布(三〇端)　庸布(四〇段)　商布(五〇段)　銅(一〇〇斤)　鉄(三〇廷)　鍬(七〇口)、となっている。

車借と馬借　法定積載量は山の入口や港津に牓示して人びとに知らせた。もし「賃車之徒」にして従わぬものあれば、その所の刀禰が取締まるよう命ぜられていた。賃車之徒とは、運賃をとる民間の運輸業者、いわゆる車借（車力）・馬借である。交通の要地には車借・馬借が群集していた。淀川べりの山城・山崎・木津や近江の大津また大和の龍田などで、諸官司や諸家の使者が威勢を仮りて車馬を無理に雇いあげるといわれ、『今昔物語集』には「京都六角ヨリハ北、……其ノ辺ニハ車借と云フ者数有リ」と書かれている。

陸上輸送の中心は駄馬であったが、牛も使われた。九世紀の終わり頃、坂東の諸国では僦馬《しゅうば》の党《とう》と呼ばれるものたちが、駄馬による運送に従事していた。[23] 平安末期の『新猿楽記』は馬借・車借のあり方をつぎのように記している。彼は越方部津五郎、字は津守持行といい、「東は大津三津に馳せ、西は淀の渡り山崎に走る、牛頭は爛《ただ》るといふも一日も休むことなく、馬背は穿つといふも片時も怠らず、常に駄賃の多少を論じ、鎮《つね》に車力の不足を諍《あらそ》ふ、少しも休むことなく牛馬を追ひ、手から鞭《むち》をはなすことはない」と。

製品の規格統一　一般に、調庸物に粗悪品が多く使用にたえないという証言は平安時代を通じて多く見られる。政府は精好《せいごう》（良質）な調庸物の貢納を促し、粗悪な調庸物を送進した国司・郡司また宰領した官人および収納を掌る官人の責任を追及したが、絹布が破れてクモの巣のようだったり、長さや幅の寸法が足りなかったり、あるいは野草の皮を混ぜて織ったものまであるという有様であった。[24] 仁和三年（八八七）には、規格にかなった旧様の絹布を全国に配布して、それを見本として織るように命じている。[25] また材木などは、その用途からして規格化されている必要があった。長短厚薄雑多では造作に差支えるし、政府が造営のために多量の材木を都に集中して、多くの不都合（不レ中レ用）を経験したことから、しばしば規格厳守の法令が出され、規格を示して現物を京の街に牓示し、違反あれば売買人ともに同罪とした。[26]

荘園の発達　『古今著聞集』（巻三―三）に、村上天皇の時のこととして、天皇が諸司の下部の年たけたる者を召して尋ねた。「当時の政道をば世にはいかゞ申す」と。すると「めでたく候とこそ申候へ、但、主殿寮《とのものりょう》に松明《たいまつ》多く入候、率分堂《りつぶんどう》に草候」と答えたという話が載せられている。主殿寮に松明多く入るとは、政治が形式的で儀式が夜に入ることをいい、率分堂に草候とは、諸国の租税が集まらず、倉庫に空しくペンペン草が生えているという有様を示している。

　ところが一方では、『栄華物語』（十五、うたがひ）には、藤原道長の法成寺《ほうじょうじ》建立に当たっては、

さるべき殿ばらを始め奉りて、宮々の御封《みふう》・御庄《みしょう》どもより、一日に五六百人、千人の夫どもを奉るにも、人の数多かる事をばかしこき事に思ひおぼしたり、国々の守ども、地子・官物は遅なはれども、たゞ今はこの御堂の夫役、材木、檜皮、瓦多く参らする業を、我も〳〵と競ひ仕まつる

と書かれている。この状況は、律令租税体系の解体によってもたらされたものである。また九条（藤原）伊通《これみち》の『大《たい》槐秘抄《かいひしょう》』は、「今の上達部《かんだちめ》は、封戸すこしもえ候はず、庄なくば、いかにしてかは、おほやけわたくし候べき、近代の上達部、多く国を給はり候は、封戸のなきがする事なめり」と述べている。これは十二世紀半ば頃の状況を示したものであるが、上級貴族の経済的な基礎の変遷を鮮やかに表現している。封戸に代表される令制給与の減少から知行国制の展開への事実を示すものである。

年貢の輸送　徴税体系の変化は、当然のこととして、運輸機構とあわせ考察しなければならない。まず、荘園領主みずからが運輸手段を持つことがある。平安初期、山城国安祥寺は二艘の船を所有し、一艘は二〇石積で大津にあり、一艘は一五石積で岡屋津《おかのやのつ》にあった。[27] 宇治川の舟運に備えるもので、おそらく底の浅いヒラタ舟であろう。治承五年（一一八一）二月の宣旨[28]は、神宮の神戸《かんべ》・御厨《みくりや》・御園《みその》をはじめ、すべての荘園・島・浦・津の水手《かこ》（水夫）と雑船

を点定《てんじょう》し、尾張国墨俣渡《すのまたのわたり》に回漕するよう命じた。宣旨に応じた太神宮司方出船注文によると、御厨六か所の船は四八艘で、水手は二九八人であった。船の所有者は追捕使・別当・検校ら荘官級の者が多い。しかし、荘園領主が船を保持して、それによって荘園年貢の輸送を全面的に行っていたとは考えにくい。普通は民間の運輸業者にそれを依頼していた。長徳四年（九九八）二月、奈良秋篠寺の美作国米一八〇石と塩二〇籠を積んだ二六〇石積の船が摂津国武庫郡の小港で沈没した。この船は備前国鹿田荘の別当渋河幸運の所有船で、それを梶取《かんどり》佐伯吉永が借りていたものであった。(29) 佐伯吉永が秋篠寺の年貢米・塩の運送を請負ったのである。また十二世紀後半、興福寺領安芸国日高荘の年貢の輸送を摂津国大物浜《だいぶつはま》の船が請負っている例もある。(30)

運送費用　琵琶湖畔の大津は、北陸諸国および近江各地からの物資輸送に際して中心的な位置を占める要津であり、京都・奈良への仲継地としても重要な役割を果たした。美福門院（鳥羽天皇皇后）をはじめとして、京都・奈良在住の荘園領主がここに倉庫を経営していた。(31) 元興寺領の近江国愛智荘の地子米は船で琵琶湖を渡り、堅田浦に寄り大津に陸揚げされている。その際、湖上運漕に要する費用は永承五年（一〇五〇）度には、卅石納船二艘（八斗）・梶取二人賃（八斗）・水手六人賃（二石八斗）・苫賃（一斗五升）・堅田渡酒直（一斗五升）の合計三石七斗で、総額三七石三斗の約一〇％を要したことになる。(32) 長治元年（一一〇四）の伊予国米の結解状(33)には平駄《ひらた》三艘賃が見え、大治五年（一一三〇）の筑前国碓井封の年貢送状(34)には、

船賃料（一〇石五斗）・船祭料（三斗）・奴祭料（三斗）・梶取功食料（七石八斗）・水手功食料（二七石）・平駄賃料（一石五斗）・津川下料（五石）・水手功物料（絹四五疋）・兵士粮料（一石）・本賃料（七石五斗）・欠料（六石）

などの費目が見える。正米一五〇石に対して支出雑用六六石九斗で、合計二一六石九斗、雑用の比率は約三〇％であ

る。

注

（1）『類聚三代格』巻十六・弘仁十年十一月五日太政官符、同・天長四年九月二十六日太政官符。湿地にはセリやハスが栽培されていたし、水田も営まれていた（『続日本後紀』巻十二・承和九年十二月二十日条）。源高明の宅地西宮は、大量の葦を敷きつめた上に土をかぶせた造成宅地であったという話が『今昔物語集』（巻二十六）にある（阿部猛「宅地造成」『平安貴族社会』同成社、二〇〇九年）。

（2）『続日本後紀』巻十二・承和九年十月二十日条。承和二年（八三五）九月の太政官符によって錦綾・絹・調布・糸・綿・紵・染物・縫衣・続麻・針・櫛・染革・帯幡・油・土器・絹冠・牛については西市で専売させることにしたが、東市側は反論している。

（3）『続日本後紀』承和九年十月二十日条。

（4）赤松俊秀「町座の成立に就いて」（『日本歴史』二二号、のち『古代中世社会経済史研究』平楽寺書店、九七二年、所収）。

（5）伊藤鄭爾『中世住居史』（東京大学出版会、一九五八年）、野口徹『中世京都の町屋』（東京大学出版会、一九八八年）。

（6）宮本又次「看板と引札」（『あきなひと商人』ダイヤモンド社、一九四三年）。

（7）『平安遺文』九巻四七〇一号。

（8）同右・七巻三七〇一号。

（9）『鎌倉遺文』一巻五五六号。

（10）『日本三代実録』巻十一・貞観七年六月十日条。

（11）『日本紀略』後篇・永観二年十一月六日条。

（12）『本朝世紀』寛和二年六月十六日条。

（13）小葉田淳『改訂増補日本貨幣流通史』（刀江書院、一九四三年）第一章。

(14) 同右。
(15) 『平安遺文』三巻六七八号。
(16) 『類聚三代格』巻十七・貞観十三年八月十四日太政官符。
(17) 『日本紀略』前篇三・天暦元年十一月十六日条。
(18) 同右・前篇八。
(19) 『百練抄』第五。
(20) 『玉葉』治承三年七月二十五日条。
(21) 小葉田淳・前掲書(注13)第一章。
(22) 阿部猛『尾張国解文の研究』(大原新生社、一九七一年)参看。
(23) 『類聚三代格』巻十八・昌泰二年九月十九日太政官符。なお史料解釈上の異論については、阿部猛「僦馬の党」(『日本荘園史の研究』同成社、二〇〇五年)参看。
(24) 阿部猛『律令国家解体過程の研究』(新生社、一九六六年)第一篇第三章。
(25) 『日本三代実録』巻五十・仁和三年四月十三日条。
(26) 阿部猛・前掲書(注24)三五〇頁注10。
(27) 『平安遺文』一巻一六四号。
(28) 同右・八巻三九五二〜三九五四号。
(29) 同右・二巻三六九号。
(30) 同右・七巻三五四一号・三五四二号。
(31) 西岡虎之助「荘園における倉庫の経営と港湾の発達との関係」(『荘園史の研究　上巻』岩波書店、一九五三年)。
(32) 『平安遺文』三巻六八七号。
(33) 同右・四巻一六一一六号。

（34）　同右・五巻二一七〇号。

〔補注1〕　著《ちゃく》（着）鈦政《だのまつりごと》とは、検非違使が強窃盗犯、私鋳銭犯の未決囚を東西市に引き出して鈦（首かせ）でつないで獄舎に送ること。毎年五月と十二月に行われ、年中行事化した。鎌倉時代以後は有名無実化したという。佐藤全敏「着鈦政」（『平安時代年中行事事典』東京堂出版、二〇〇三年）。

〔補注2〕　正嘉二年十月四日紀伊国阿氏河荘綿送文案（『鎌倉遺文』十一巻八二九五号）に、「御わた国の市のうりねをたつね候へハ、一目に六百文と申候也」とあるように、国の市の和市が国内和市の基準とされたのである。豊田武『増訂中世日本商業史の研究』（岩波書店、一九五二年）、佐々木銀弥『中世商品流通史の研究』（法政大学出版局、一九七二年）参照。

一一　問丸の起源

(一)　課　題

中世の問丸については多くの研究[1]が発表されていて、史料的にも付加すべきものはないかと思われる。とくに豊田武の論文[2]は中世流通史上の問丸の位置を明らかにした、依拠すべき基本文献ということができるであろう。もっとも、だからといって問題が解決し尽くされたとはいえず、例えば問丸と水路関との関係の如きは、かつての清水三男の問題提起[3]に対していまだ十分には応えられてはいないのである[4]。それといまひとつ、問丸の起源、また問丸成立の前提となる平安後期の運輸機構の究明である。もちろん、これについても幾つかの論考が発表されており、とくに西岡虎之助の網羅的な研究[5]は史料的にも余地のないほど詳細である。先学の研究に敬意を表しながらも、なお残された課題について論ずべき事柄もあると思い、考察を試みたい[6]。

(二)　問丸の語源

語源の詮索は必ずしも直ちにその実体を明らかにすることにはならないが、言葉や文字が一定の社会の中で一定の内容を持ち、社会の変動に伴って意味する内容にも変化のあることを思えば、やはり語源の探究も無意味ではないであろう。

新村出は「邸の字音と問の語源」[7]において、中国の「邸」（テイ・タイ ti）が転訛して「トイ」（問）になったと述べ、これは有力な学説となっているように思われる。「邸」は元来倉庫のことであって、いわゆる『魏志倭人伝』に「収租賦、有邸閣、國國有市、交易有無、使大倭監之」とあり、『唐律疏議』に「邸店者、居物之処為邸、沽売之所為店」とある。また『新唐書』食貨志には、

武宗即位、塩鉄転運使崔珙、又増江淮茶税、是時茶商所過、州県有重税、或掠奪舟車、露積雨中、諸道置邸以収税、謂之搨地銭

とあり、『長安志』東市条に「市内貨財、二百二十行、四面立邸、四方珍奇、皆所積集」とある。邸にはまた旅宿の意もあるが、一方、倉庫を意味する語に「店」もある。店はいうまでもなく商店の意を持つが、また倉庫の意もある。したがって、合わせて「邸店」と称する場合もあったのである。[8]ところで『日本書紀』（巻十七）継体天皇八年三月条に、半島の伴跛の叛乱について述べて「置㆓烽候邸閣㆒」と記している。烽候は措いて、邸閣の古訓は「ヤ」である。王国維の「邸閣考」[9]は「古代儲峙軍糧之所、謂之邸閣」といい、倉庫の意とし、河村秀根の『日本書紀集解』も「邸閣、倉廩異名」と注する。[10]

問の語源について西岡虎之助は、宋代の問官と関連させて考えるべきかといわれる。(11) 西岡は『参天台五台山記』の延久四年（一〇七二）四月十四日・十六日・十八日・二十日の各条を挙げて、(12) それが水運に関連あるものと考え、問官と問丸の関係を推測された。しかし宋代の官職中に問官となるものは見えないようであるし、疑いを存する。(13)

つぎに豊田武は「問と刀禰との関係を考えて見たい。高野山文書に刀禰を問禰とあてた場合もあるし、刀禰が浦々にあって貨物の集散にあたっていたこと」(14) から、「問（刀）禰→問」という推測をたてられた。機能的には両者の関連を考えることは可能かもしれないが、語源的にこれを結びつけることには疑問を感ずる。

「邸」字より成る熟語には邸家がある。『倭名類聚抄』（巻三）には、

弁色立成云、邸家〔邸音丁礼反、今案、俗云㆓津屋㆒、此類也〕停㆓売物㆒取㆑賃處也

とある。「弁色立成」は『日本国見在書目録』にも載っている古辞書であるから、少なくとも九世紀末以前の成立にかかる。「停売物取貨処」というのは、「他人の貨物を停蔵し、若しくは他人に代って之を沽却して賃銭を取る処の意」(15) であるが、唐・宋時代の文献には倉庫業者が問屋を兼ねたことを示すものはないということである。(16) しかし、もし「弁色立成」の解釈を妥当とすれば、実際はそのようなことが行われていたとみてよい。ところでつぎの問題は『倭名類聚抄』のいう「津屋」である。『参天台五台山記』の熈寧五年（延久四年、一〇七二年）四月十三日条につぎのようにある。

小雨下、巳時雨止、潮満々来、音如㆓雷声㆒、人々集出見㆑之、造岸潮向来、奇恠事也、即出船了、未時著㆓杭州湊口㆒、津屋皆瓦葺、楼門相交、海面方畳㆑石高一丈許、長十余町許、及㆓江口河左右㆒同㆑前、大橋亘㆑河、如㆓日本宇治橋㆒

これは、海岸に倉庫がたち並んだ様子を示したものだが、「邸」を「津屋」といい換えているわけである。

「津屋」の文字は右の二史料の他には見えないが、ただ『延喜式』（巻二十六・主税上）に「屋賃」と見えるのが注意をひく。すなわち諸国運漕雑物功賃の条につぎのようにある。

自二敦賀津一運二塩津駄一賃、米一斗六升、自二塩津一漕二大津一船賃、石別米二升、屋賃石別一升、挟抄六斗、水手四斗

屋賃が倉庫料であろうとの解釈は一致しているが、この「屋」は「津屋」に他ならないであろう。『延喜式』（主税式）の屋賃が「石別一升」すなわち貨物の一％であるのは、後世の問職得分率と一致している。文永七年（一二七〇）勧学講条々[17]に「問職事」として「敦賀津百石ニ一石」とあるについて、豊田武は年貢米運送の監督・倉庫管理の仕事に対する代償と考え[18]、西岡虎之助も「問の得分はその管理する倉庫もしくは屋の貸与料である[19]」といわれる[20]。

さて、以上諸説を顧みたのであるが、語源的には、問は邸の語音の転訛であろうとする新村出の説が妥当と思われ、機能的には、邸は日本の津屋に当たると考えられる。実体としては『延喜式』（主税式）の「屋」や、『倭名類聚抄』所引「弁色立成」の「津屋」――「停売物取賃処」であり、まさに倉庫なのである。

㈢　古代の倉庫

ここで、古代における倉庫の性格を眺めておく必要があろう。倉庫の歴史は農耕の歴史とともに古いと思われるが、いま問題をそこまでさかのぼらせる必要はない[21]。およそ、令制下の官倉は正倉《しょうそう》と総称されたが、その用途は多様である。天平十年（七三八）駿河国正税帳[22]を見ると、つぎの如き各種の倉庫の存在が知られる。

不動穀倉（一二〇間）・動用穀倉（一四間）・動用穀借屋（七間）・糒倉（九間）・糒借倉（四間）・粟倉（二間）・
粟借倉（五間）・頴稲倉（五六間）・頴稲税屋（一六間）・頴稲借倉（一間）・頴稲借屋（三間）・空倉（一一間）・

空税屋（四間）・空借倉（二間）

正倉は国衙・郡衙にあって国司・郡司の管理下にあった。倉庫群として集中して建っていたから[23]「一倉失レ火者、百庫共焚焼」[24]という危険があった。そこで延暦十四年（七九五）には、右の危険を回避することと、「百姓之居去レ郡僻遠、跋二渉山川一有レ労二納貢一」という理由で、「毎レ郷更置二一院一」くことにした[25]。このことは、正倉（院）に収納される稲の管理が郡以下の行政単位である郷の郷長に委ねられることを意味するのであって、令制徴税組織の歴史の上でも重要な意義をもつものであった。院の設置は、弘仁十四年（八二三）に始まる大宰管内の公営田制[26]の中にも見出される。公営田からの穫穎は田租・納官分を除き、百姓の居の近くに建てられた小院に収納する。この小院を管理したのは営田の監督者正長であった。正長には「村里幹了者」と択んで任じたが、彼らは力田の輩であるとともに富豪的側面をもつ在地の有力者であった。それは、小院（正倉）という官倉の管理者という点では郷司的性格を担うものにほかならない[27]。

右のような徴税組織の変化の過程に出現するのが、吉田晶が問題とした「農民的納所」[28]である。吉田によると、天喜五年（一〇五七）、同六年の紀伊国高津郷司解[29]以外には見えないが、同解によると、永島納所・常安納所・清友納所等々、人名を冠するもので、郷司の監督下に置かれた徴税組織であった。この農民的納所は機能的には負名に異ならず、また里倉と呼ばれるものと同じである。里倉は、

正税公廨雑稲之類、不レ納二本倉一、納二百姓私倉一、謂二之里倉一、又云下以二正税一置中百姓宅上[30]

と説明されるものであるが、初見は昌泰四年（九〇一）閏六月二十五日太政官符[31]にある。それは、播磨国の百姓らが六衛府舎人と称して田租・正税・調・庸を対捍するという事情を述べた著名な史料であるが、その中に、

或所レ作田稲苅収二私宅一之後、毎二其倉屋一争懸二牓札一、称二本府之物一号二勢家之稲一、或事不レ獲レ已、収納使等認徴

之時、不レ弁二是非一、捕以二凌轢一、動招二群党一、況作二濫悪一、於レ是租税専当調綱郡司憚二彼威猛一、不レ納二物実一、僅責二
契状一、空立二里倉一

とあるものである。(32) 延暦十四年格に見える院は、いわゆる郷倉であり、公営田制中の小院もそうである。これらの場合、史料では新たに小院を建てると表現しているが、実際には倉庫を新築するということではあるまい。とくに公営田制の場合、正長の私倉にこれを納め、正長の私宅に穎稲を収納したということではなかろうか。「宅」は宅地であるが、その内容は家屋・倉・園地で、私有権の強いものであった。(33) 右の「宅」は吉田のいう農民的「納所」であるが、これとは性質の異なる「宅」の存在を確かめることができる。それは、おそらく天平宝字四年（七六〇）のものと思われる造法華寺金堂所解(34)に見える「丹波宅」である。史料から摘記すると、

六百五十九貫百十六文雑売物価宝字三四年中
　四百貫自二丹波宅一所レ請
　　一百貫宝字三年中　（中略）
　三百貫宝字四年中　（下略）

とある。これは、雑物を丹波宅に売却した代金を記した部分であるが、雑物の内容は絁・糸・綿であった。すなわち、絁についてはつぎの如く記されている。

四百七十一匹三丈売料
三百十一匹奉レ送二丹波宅一宝字三年中
六十一匹十一月八日 六十匹但馬、一匹三川白絁
百十匹同月十九日 五十匹近江、六十匹播磨

卌匹十二月二日 廿匹因幡
六十匹同月廿六日 讃岐
五十匹安芸

注記された国名は絁所出国名である。同様に、糸は但馬・因幡の四八絇、綿は筑紫の調綿、但馬・因幡の庸綿で、五七〇屯が丹波宅に売却された。さて、この丹波宅とは何であろうか。史料によると、造法華寺金堂所が雑物を売却した先は右の丹波宅以外には見えず、残りは「院中平章売」と見えるように、法華寺の工事現場で一般に売却されたのである。(35) 他に傍証史料はないが、「丹波宅」とは丹波国が経営する倉庫だったのではないか。(36)

国の経営する京辺の倉庫といえば、よく知られているのは、平城京東市の西にあった相模国調邸である。(37) この敷地は左京八条三坊にあって方四〇丈、すなわち平城京の一町の規模を持ち南北に広さ二丈の堀河が貫流していた。天平二十年（七四八）東大寺司は相模国司に依頼して調邸の地を割譲して貰い、すでに二、三の倉屋を建てた。この地は東大寺司と相模国の間で相博したのであるが、もし相模国が相博を許さないというのであれば、土地の代価を支払って買得したいと東大寺は申し出た。この旨を国司が郡司らに諮ったところ、郡司らは、相博地は朝廷から遠く不便だから、調邸を売った代価で便利な土地を買いたいと述べた。そこで相模国司は件の地を東大寺司に売却することにし、代価を請求した。天平勝宝八年（七五六）二月六日付で相模国は調邸一町を東大寺司に売却し、代価六〇貫文をうけとった。(38) かくして相模国調邸は東大寺領市荘となり、東大寺の交易の拠点のひとつとなったのである。

右の調邸は、相模国の京進調物などを保管する倉庫であり、また在京出張所兼倉庫というべきものであったに違いない。こうした諸国の倉庫は、都の中や、近辺の要津、交通の要地に設けられていたものと思われるのである。時代は下るが、「貞信公記」天暦二年（九四八）六月四日条のつぎの記事を見よ。

四日、右大臣（藤原師輔）云、奉レ仰云、欲レ行ニ賑給絁米一事、只今諸司無レ米、如レ聞、備中・伊予等国米多隠旧（匿）也、伊予山崎宅、備中西寺、是公輔等所レ申也、須三遣レ使令ニ検封一申上者令給了（ママ）[39]

すなわち、山崎津に伊予国経営の倉庫（納所）があり、京の西寺の倉庫には備中国米が保管されていたのである。

このような倉庫の在り方を官物納入の経過の中で具体的に調べてみると、つぎの如くである。但し史料上の制約もあって、東大寺の封戸物徴納関係に限定される。これについては別稿[40]でやや詳しく述べたので重複をさけて簡単に記すにとどめる。

まず封主東大寺は封戸所在の国に対して封物納入の催促状（牒）を出す。封主の催促に応じて国雑掌は送り状（解）を作り、国司は切符（下文）を出す。

下　木津納所行友

可下米陸拾伍斛陸升捌夕事

正米五十石之、雑賃十五石六升八勺、海路料二石五斗八升三合三勺 中 運寺賃十二石四斗七升七合六勺

右、東大寺当年御封内、奉レ下如レ件、取ニ使請文一之

永承二年十一月廿五日

若狭守橘朝臣[41]　在判

右の文書で注目されるのは、その宛所である。「木津納所行友」とあることから、若狭国の東大寺封物は木津納所の行友の管理する倉庫に収納されていたことが判明する。右のほか、讃岐国の木津納所[42]、越前国の大津納所[43]なども確認される。また国司切符が梶取や綱丁に宛てて出されたものもある。[44]この場合は封物の収納場所は不明であるが、やはり奈良に近い木津の辺りにあったと考えてよいであろう。

右のような納所・梶取は元来は諸国経営の倉庫の管理人ないし運輸担当官人というべき者だったかもしれない。すでにこの頃、民間の倉庫業者・運輸業者が諸国の官物の保管・運送を請負っていたと見られるのである。その彼らこそ、実に問丸であるに違いない。

(四) おわりに

問丸に関する最初の史料は『長秋記』の保延元年（一一三五）八月十四日条であろう。石清水八幡宮放生会に当たり、勅使一行が鳥羽殿の北門前から桂河に出て乗船し八幡宮に詣ったが、

出二桂河一乗レ船、八幡迎船、桂戸居男等俄儲レ船

とある。嘉応元年（一一六九）に藤原成親が備中国に配流されるに際して、その領送使検非違使は桂河辺の「播磨問易家」に留宿したという(45)。これが播磨国所属の問ということであれば、さきに述べてきた諸国の邸・宅・納所などとの連続性を考える上での史料となるが、明確ではない。以上二例は桂の問であるが、仁安三年（一一六八）石清水八幡宮放生会勅使一行については『兵範記』の同年八月十五日につぎのように見える(46)。

昨今淀渡舟毛三坂越庄々問男各四五艘沙汰献之上、右衛門府狩取、依二別当命一儲レ之、仍無レ煩、又上下無レ怖経渡了

ここでは、荘園内に居住し領主の支配下にあった問丸の存在が明らかである。その存在形態は必ずしも明らかでないが、おそらくは泉木津の木屋預の如く、寄人的性格のものであろう(47)。また治承三年（一一七九）春日祭使奈良下向の際には、木津において船六艘を用意させたが、それは「国并庄々問丸(48)」が沙汰したものであったという。

以上によって、木津川や淀川の沿岸の荘園に問男・問丸の存在したことは明らかで、それが水運にかかわる性質のものであることも疑いない。しかし「トイ」の史料は十二世紀以降のものしか見出せない(49)。

注

(1) 代表的な論考に、徳田釼一『中世に於ける水運の発達』(章華社、一九三六年)、豊田武『増訂中世日本商業史の研究』(岩波書店、一九五二年)、西岡虎之助『荘園史の研究　上巻』(岩波書店、一九五三年)等があり、その後の研究としては、宇佐美隆之『日本中世の流通と商業』(吉川弘文館、一九九九年)がある。論点を再整理し解明を試みた力作である。

(2) 豊田武・前掲書(注1)。

(3) 清水三男『日本中世の村落』(日本評論社、一九四三年)五八頁。

(4) 阿部猛「中世の水路関に関する一考察—問丸との関係—」(『日本歴史』一三五号、一九五九年)は清水氏の問題提起に応えようとしたひとつの試みであるが不十分である(「水路関と問」と改題のうえ本書一二章所収)。

(5) 西岡虎之助・前掲書(注1)。

(6) この小論は昭和四十年(一九六五)八月三日、北海道学芸大学史学会における発表に補訂を加えたものである。大会席上またその後個人的に批判・助言を賜わった田中整治・松井秀一・藤岡次郎三氏に深謝する。

(7) 新村出『言葉の歴史』(創元社、一九四〇年)所収。

(8) 加藤繁「唐宋時代の倉庫に就いて」(『支那経済史考証』上巻、東洋文庫、一九五二年)。

(9) 但し未見。神田喜一郎『日本書紀古訓考証』(養徳社、一九四九年)の引用による。

(10) 神田喜一郎・前掲書(注9)。

(11) 西岡虎之助「荘園における倉庫の経営と港湾の発達との関係」前掲書(注1)。

(12) 後考に備え、「参天台五台山記」(史蹟集覧・第二六冊)の関係部分を引用しておく。
延久四年六月十四日条「申時、着二問官門前一、見二都督門一、如二日本朱門一、左右楼三間、前有レ廊、並大屋向レ河懸レ簾、都督乗船時屋也」、同十六日条「巳時、問官着二客商官舎一、乗二轎子一、具二数多眷属一来着、予上二官舎一、住二一屋内一、運二納船物一、以二官夫一運納、予行二向問官許一付二申文一一見了」、同十八日条「家主食如二昨日一、銭三貫借二送問官一開封後可レ返者」、同二十日条「巳時、以二快宗一供奉為首交遣問官市、申時沙汰了、如レ員以二小船一運来、問官之恩不可思議也、小船賃三百文、銭与了」、同八月二十三日条「申時、推官并左蔵都監来船謁了、拝二見皇帝大后御経一、感歎无レ極、問官春開封之間、深思之由示レ之、彼又為レ悦」、同十月十二日条「雖二宣旨未一レ下、旦辰時拽船過二一里一、至二開封県水門一問官前止レ船、巳時内殿崇斑、具甥来向点レ茶、午時官人来、梢工屑レ福、売物取上、堤上如レ山、但豆蔻等貴物隠二船内一、依日本僧船不入見過了」。

(13) 「問官」とは現代中国語で裁判官のこと。

(14) 豊田武・前掲書(注1)二二〇頁。

(15) 加藤繁・前掲書(注8)四七七頁。

(16) 加藤繁「居停と停搨」前掲書(注8)所収。

(17) 『国史資料集　第二巻上』(龍吟社、一九三九年)。

(18) 豊田武・前掲書(注1)二〇一頁。

(19) 西岡虎之助・前掲論文(注11)二八七頁。

(20) もっとも、文永のこの段階において「百石ニ一石」の問職得分を単純に倉庫料ないし運送監督料と考えるのは疑問で、別稿「水路関と問」(本書一二章所収)で述べたように、一種の関税的性質を持っているのではないかとも推量する。

(21) 古代の倉庫については、以下の論考を参照。八幡一郎『稲倉考』(慶友社、一九七八年)、薗田香融「倉下考」(『史泉』六号、のち『日本古代財政史の研究』塙書房、一九八一年)、村尾次郎『律令財政史の研究』(吉川弘文館、一九六一年)第三章、八木充「古代穀稲収取に関する二、三の問題」(『日本歴史』一六七号、一九六二年)、同「律令制における田租」(歴史学研究別冊『現代歴史学の課題』のち『律令国家成立過程の研究』塙書房、一九六八年、所収)、井上辰雄『正税帳の研究』(塙書房、一九六七年)。

(22) 竹内理三編『寧楽遺文』上巻二二一頁以下。

(23) 高井悌三郎『常陸国新治郡上代遺跡の研究』（一九四四年）。
(24)『類聚三代格』巻十二・延暦十年二月十二日太政官符。
(25) 同右・巻十二・延暦十四年閏七月十五日太政官符。なお阿部猛「桓武朝における地方行政の監察」（『古代学』一〇―二・三・四合併号、のち『平安前期政治史の研究　新訂版』高科書店、一九九〇年）参照。
(26) 同右・巻十五・弘仁十四年二月二十一日太政官奏。
(27) 阿部猛「弘仁十四年の公営田制について―研究史的に―」（『帝京史学』六号、のち『日本荘園史の研究』同成社、二〇〇五年）。
(28) 吉田晶「納所小論」（『史林』四一―三、一九五八年）。
(29)『平安遺文』三巻八七九号・八八六号・八九三号・八九四号。
(30)『江次第抄正月』所引「頼隆抄」。
(31)『類聚三代格』巻二十。
(32) 村井康彦「公出挙制の変質過程」（『史窓』一七・一八号、のち『古代国家解体過程の研究』岩波書店、一九六六年所収）。
(33) この点から、地方土豪である富豪層の「宅」を以て律令制的土地所有に敵対的な土地所有形態（中世土地所有）の萌芽と評価し、これに領主制の歴史的起点を求めようとする学説が生まれる。戸田芳実「中世の封建領主制」（『岩波講座　日本歴史中世2』一九六三年、のち『日本中世の民衆と領主』校倉書房、一九九四年所収）。
(34) 竹内理三編『寧楽遺文』中巻四七八頁。
(35) 福山敏男「奈良時代に於ける法華寺の造営」（『日本建築史の研究』桑名文星堂、一九四三年）。
(36) 但し、この推測には不安がある。それは、岩橋小弥太「宅司考」（『上代官職制度の研究』吉川弘文館、一九六二年）が明らかにしているように、古代において、三位以上の貴族の家政機関「家」に類するものとして四位・五位の官人の場合、「宅」と称するものがあったことである。「造営輔藤原宅」「小野備宅」「大宰大弐宅」「右京大夫宅」などと史料に見える。本文の「丹波宅」の丹波が人名である可能性、また丹波守である可能性もある。果たせるかな、吉田孝は「律令時代の交易」（弥永貞三編『日本経済史大系　1　古代』東京大学出版会、一九六五年、のち『律令国家と古代の社会』岩波書店、一九八三年、所収）なる論文で、「丹波宅は、造東大寺司木工所の財政担当者丹波広成の宅であった可能性が強い」と述べている。吉田の考察は詳細をきわめ、興味ふかいものがあるが、結局確証はない。しかし、考証の過程から明らかにされたつぎの指摘は重要な問題を提起している。「『○○宅』と呼ばれる経済主体が、それが造東大寺司の庄であるか、官人らの私宅であるかは確定できないとしても、というよりむしろ庄の実体が――官人宅によって実質的には構成されていたと解したほうが正しいかも知れないが――当時の経済活動の重要な要素であった」（三六二頁）。

(37)　竹内理三編『寧楽遺文』中巻六四一～六四三頁。

(38)　福山敏男・前掲書（注35）二九八頁以下、高柳光寿「東大寺薬師院文書の研究」（『日本歴史』一〇一・一〇二号）。

(39)　『続々群書類従』第五。この史料は西岡虎之助「荘園における倉庫の経営と港湾の発達との関係」（『荘園史の研究　上巻』岩波書店、一九五三年）において紹介されている。

(40)　阿部猛「摂関期における徴税体系と国衙」（古代学協会編『摂関時代史の研究』吉川弘文館、一九六五年）。

(41)　『平安遺文』三巻六五〇号。

(42)　同右・三巻六四四号。

(43)　同右・三巻六六四号。

(44)　同右・二巻六二九号、三巻六四五号・六七一号。

(45)　『兵範記』嘉応元年十二月二十八日条。

(46)　狩取とは御贄所などの漁撈民。これについては、西岡虎之助・前掲書（注39）一八五頁、豊田武・前掲書（注1）一九五頁。

(47)　運輸業者の存在形態については、西岡虎之助・前掲論文（注39）、豊田武・前掲書（注1）、徳田釼一・前掲書（注1）、阿部猛「平安京の経済構造」（伊東多三郎編『国民生活史研究　2・生活と社会経済』吉川弘文館、一九五九年）参照。

(48)　『山槐記』治承三年二月八日条。なお本文の「国并庄々問丸」の「国」は「園」の誤りではなかろうか。

(49)　問については宇佐美隆之『日本中世の流通と商業』（吉川弘文館、一九九九年）が詳しく論じている。

一二　水路関と問

(一)　問　題

中世の関所については従来多くの研究[1]があり、その性格などについては、ほとんど明らかにされ、研究の余地もないようにも思われる。しかし、細かい点について考えてみると、なお納得のいかない事柄もないではない。これから考えようとすることも、そのひとつである。それは、関所（とくに水路関）の機能に関することであって、多分に推測的にすぎる嫌いはあるが、あえて提示して大方の御示教をまちたいと思う。

史　料　中世、とくに室町時代の十五世紀に、諸国各地に関所が濫設されて、これが一般の交通・運輸の妨げとなったということは、すでに多くの書の示すところであって、中学・高校の教科書にまで記述され、誰知らぬものもない。この立論の根拠は、大概つぎの六種の史料であろう。

第一は『碧山日録』長禄三年（一四五九）九月七日条で、

近歳諸州路、国俗之強豪者、置レ関以征レ之、往来悉難焉、相公命二諸吏一而破レ之、因レ為レ改二造伊勢之大廟一、於二安城之七路一自二諸州一入京之路、其数七也、前月廿一日、各置二一関一征レ之而已、往来咸喜レ此也、俗子真語之

第二は、『経覚私要鈔』享徳二年（一四五三）正月八日条で、

諸関及二百八十計一之間、舟共不レ上云々、然而古市関近所之間、以二其力一毎事可二沙汰一之由仰含了

第三は、同じく『経覚私要鈔』康正三年（一四五七）七月十四日条で、

自レ関春若来了、新関六百十六在レ之云々、仍月俸不二出来一云々、不レ可レ説次第

第四は、『蔭凉軒日録』寛正三年（一四六二）十二月八日条で、

河上諸関三百八十箇所有レ之、仍洛中衰微并当時毎月俵米忘転之由、都聞歎申披二露之一、被レ置二根本之諸関一被レ破二新関一則可乎之由申レ之、竊与二飯尾左衛門大夫一評之由白レ之、有二御領掌之気色一也

第五は、『輯古帖（三）』所収文書で、

返々あまりに御ゆかしく候て人を進之候、関所のあつかひ之程ニ此方に逗留仕候

一昨日此方へ罷著候間、人を進之候、久参会不レ申候条御床敷存候、仍太神宮御橋之儀ニよりて、桑名より日永まて諸関六十ケ所、悉人別一銭つゝと申合、半々事行候者、其方へも可レ参候(2)

第六は、『大乗院寺社雑事記』文明十一年（一四七九）七月二十六日条で、奈良から美濃国明智荘まで酒三荷を送ったときの費用の明細が示されている。その中に「関々分」として、各地の関で払った関銭が列記されている。

十文宇智橋、五十法性寺内裏関、六十神楽岡、百山中、百四十坂本七関、廿ムサ、五十枝林三関、百四十九院カンヘキ、百アヲキ、三十ヲノ二関、十サメカヰ、卅二文アツサ、卅二文トリヰマエ、卅二文ナカトマチ、五十ナカサウ、五十カワラクチ、四十カシワハラ三関、五十タケクラへ

清水三男の提言

以上の史料は、たしかに関所の数の多かったことを証するに足るものである。ただ、第五史料は臨時的なものと考えられるから除外する。陸上関はともかくとして、もっとも問題になるのは淀川上の関で、第二史

料が「諸関及百八十計」といい、第三史料が「新関六百十六在之云々」という点である。あの淀川べりに、一八〇〜六一六という多くの関が設置されたありさまを、われわれは頭の中に描くことができるであろうか。しかも、従来の解釈によれば、淀川を通る船が、それら数百の関でおのおのなにがしかの関料を徴収されるというのであるから大変なことである。いったいそのような状況を想像しうるであろうか。問題は「常識」から出発する。果たせるかな、かつて清水三男は、その著『日本中世の村落』（日本評論社、一九四二年、五八頁）でつぎの如く述べている。

室町時代淀川べりに数限りなく置かれた関所の如き、その一つ一つがその地に領主権を有する事によって、商業管理の権を主張して、上から無理に設定した関所であるとしたら、到底理解できぬ。第一そんなに多くの領主を考えられないし、そんなに多くの関が互ひに衝突せずに存し得ない事明らかであるからである。之を問と考へるならば、淀川に運んだ荷がこの地の何れかの問に寄托されたり、何れかの舟宿の世話となったものと考へれば、各荷の主毎に、常定の問（関）があって、その関にのみ関料を払ひ、他は関する所なかったと考へれば、極自然に関所濫立の事情が理解できるのである。

わたくしは、この清水の提言が従来まったく顧みられなかったことに奇異の感をさえ抱くのである。

(二)　利用料の論理

関の成因　中世における、いわゆる「経済的関」の成因については、相田二郎が『中世の関所』で詳細に述べている。氏はそれを四つに分けて考えておられる。①河川の「渡賃」より起こるもの、②港湾修築費より起こるもの、③河守の食料より起こるもの、④勘過料・兵士米より起こるもの、これである。

第一の事実を示すものは『吾妻鏡』建保三年（一二一五）二月十八日条で、「仰二諸国関渡地頭一、可レ被レ止二旅人之煩一、但如二船賃用途一者立二料由一、可レ募二其替一云々」とある。第二の港湾修築費は、古くは弘仁七年（八一六）十月二十一日太政官符[3]に、大輪田船瀬について「若致二損壊一、拘以二解由一、其収二官私船米一、及役二水脚等一事」とみえる。これは、往来の船舶の積載の米の幾分かを徴収し、また乗組の水夫を使役したのである。[4]その後、中世において関料徴収の目的として掲げられたものには、この修築費が一般的である。第三の河守食料は文字通りであるが、治承二年（一一七八）六月二十日源俊通書状[5]に、「官食料許ハ河守か食料ニ一支ハ取候也」とある。ただし、河守の具体的な職務は不明である。第四の勘過料・兵士米は同性質のもので警固料であること、相田の考証の通りである。

また、西岡虎之助は港湾・河川の関料＝津料を、①修築料、②港湾利用料、③河川利用料の三つに分けている。[6]以上の相田・西岡両氏の分類を合わせて大別すると、つぎの三つになる。①河海関係の施設費（港と河岸）、②警固費、③河川面の利用料。これらのうち①・②については、まず問題はないものと考えてよい。問題は③である。

利用料　「河川面の利用料」というのを詳しくみるために、大和国山辺郡藤井荘における津料の場合を考えてみよう。藤井荘はもと左大臣藤原頼長領で、保元の乱後、没官されてのち院領となった。地理的には伊賀国西境に接する山地で、東大寺領黒田杣とは名張川の一支流を堺にして隣接し、西岸が藤井荘、東岸が黒田杣だった。[7]この黒田杣上方（南方）から川を下す材木にたいして藤井荘が津料を課したが、これに抗議した黒田杣司らの言葉はつぎの如くであった。[8]

黒田杣は勅施入の地で、「河流又寺家進止之例也、自レ昔敢不レ及二他妨一」るところであった。しかも、藤井荘は元来が黒田荘（杣）内笠間村のうちで、一時他領となったが、保元二年（一一五七）にふたたび当荘内に入ったのである。「随更非二指津一、何始可レ取二津料一乎」。このような具合に、藤井荘以下の川沿いの「庄々数十所」が「毎庄可レ取二津料一歟」、そうすれば「何物可至本所哉」と。すなわち、ここでの問題は荘内を流れる河川は荘領である、したがって、そこを通過するものは河川面の利用料を出すべきであるという論理にある。現在、ふつう「関所の濫設」が云々されるときには、この「利用料の論理」で考えられている。もしそうだとすると、淀川沿岸の場合、六一六の関にほぼ同数の領主を考えなければならない。しかし、わたくしは清水三男と同じく、「そんなに多くの領主を考えられない」のである。

通過する船から、どの関も一定の関料を徴収する――すなわち、通過船がどの関にも一定の関料を納めなければならないとしたら、関が三つあろうと、五つあろうとも、通過船の数が一定な限り、それぞれの関の収入は一定不変のはずである。寛正四年（一四六三）八月二十九日兵庫北関升米置石請文[9]は、請料の減少の理由を述べて、「当時事外依升米和市増并川関等巨多、請口減少者也」といっている。この史料の解釈はどうなるのか。「利用料の論理」からすると、「川関巨多」のため交通量が減少し、収入が減少したという解釈になる[10]。それ以外に解釈の仕方はないであろうか。また、先掲『経覚私要鈔』康正三年（一四五七）七月十四日条の「自レ関春若来了、新関六百十六在レ之云々、仍月俸不二出来一云々」というのも、「利用料の論理」からは「交通量の減少」で説かねばならぬであろう。一方、「利用料の論理」では、すっきりとは説明のつかない事実もある。例えば越前国三国湊の場合をみよう。三国湊は坪江郷内に発達した港である。九頭竜河口の要津として越前平野の関門にあったこの地は、中世を通じて春日神社領だったが、三国湊の津料は長谷寺の領するところであった。すなわち、下地の領有と、同一地に設定した関の領有が分離していたのである[11]。このような事実を「利用料の論理」はどう説明するか。わたくしは、ここで、さきに引いた清水三男の提言に立ち戻ろうと思う。

㈢　関と問丸

豊田武は、『増訂中世日本商業史の研究』（岩波書店、一九五二年、三二二頁）でつぎのようにいう。「兵庫関にあっては、廻船の来港如何によって関税収入額が決定される有様であった。すなわち、永正頃関税請負分の減少したのは、廻船がこの関によりつかなくなったためといわれ」たと。これは、おそらく先掲寛正四年八月二十九日兵庫北関升米置石請文についての解釈であろうと思われる[12]。氏は「廻船がこの関によりつかなくなった」といわれるが、おそらく「交通量（入港船）の減少」ということでいわれたのであろう。しかし、わたくしは「よりつかなくなった」というのを別な意味に解したい。すなわち、清水三男の提言の如く「関＝問」と考え、関＝問の濫設により、他の関＝問に廻船をとられた、すなわち、よりつかなくなったと解釈するのである。「関＝問」という理解は、あまりにも奇にすぎるように思われるかもしれない。しかし、必ずしも奇矯なものでないことは、いくつかの史料から裏付けられるのである。

史料　承久二年（一二二〇）十一月十三日付草部末友処分状[13]をみると、末友はその所領を嫡男末時以下三人の子に譲っているが、嫡男末時分に丹波国川関御問、次郎僧覚真分に小塩保御問、三郎男友成分に野々村御荘御問がみえる。嫡男分の「川関御問」は看過できない。豊田武は、これらの問は、いずれも材木の搬出に関係があろうと推測している[14]。

文和四年（一三五五）十月九日付右衛門尉義幸書状[15]によると、若狭国大飯郡大島八幡宮に、毎年の「入船馬足料」のうち三貫文を、小浜の刀禰の沙汰として進上することにしたという。また康暦元年（一三七九）十二月、臨川寺領年貢運送について、小浜津で馬足役が課されるのを停止している。[16] この馬足役なるものは、小浜津に着岸した貨物を駄馬に積みかえるさいに、その分量に応じて課されたものであろう。しかして、これが関所料と同義に用いられたことは、元亀四年（一五七三）正月十一日付播磨国書写山衆徒等事書[17]に、「一、津料事　号二馬足一成二商人并諸人煩一云々」とあるによって明らかである。着岸の貨物を駄馬に積みかえる仕事は、当然問丸の管理に属したにちがいない。暦応三年（一三四〇）九月、臨川寺領加賀国大野荘年貢が小浜に着岸したとき、「仰小浜津問居検二納之一、加二警固一可レ令二運送一[18]」と守護代に下知されている如くである。

　康暦二年（一三八〇）十一月二十一日付将軍家御教書[19]によると、近江国から臨川寺へ米を運上する途中、問丸が「称レ有二私論一、寄二事於左右一、留二置大津松本等一」いたという。この事件の詳細は不明だが、貨物積みかえの一定のルールにつき手違いがあったりしたので、紛争が起こったのであろう。やや飛躍的な考え方であるが、問丸による一種の「積みかえ強制」の如きものを想定できるのではないか。時代は下るが、天正十三年（一五八五）の道川文書[20]に、

　当津船道中北国西国江出荷之事、従二当郡一出候事候儀、先当津之舟ニ荷物積、其以後何之舟ニも積可レ申候

とある。こうした運輸の独占は、一方では商品の独占・集中にも通じ、同じく天正十九年の前田利家朱印状[21]には、「能加越中より敦賀へ相越米船共、いづれも高島屋所へ米を上、可レ令二裁許一候」とある。これは戦国大名の分国下に一般的にみられた独占的御用商人[22]のひとつの形であるが、こうした機能を問に認めることができはしまいか。臨川寺の近江米を留め置いた問丸の行為も、独占的機能の侵害にたいするものと推測できないだろうか。

　正長元年（一四二八）七月十一日付和田親平安堵状[23]によると、三河国大浜の称名寺は「大船問料」と「小船役」の徴収の権利を安堵された。この問料は、本来は大浜に入港する船舶の貨物の陸揚げ・倉庫保管・委託販売の手数料で

あるが、小船役とともに、一種の関料と化していたことをうかがいうる。

長禄三年（一四五九）十一月十二日付越前国莇野保年貢算用状[24]に、「百卅五文　海上関船賃坊領（房料）等」とある。これは湖岸の海津から坂本までの間の分であるが、これらの費目が一括して記載されていることも、まったく意味のないことではなかろう。房料は倉庫料と思われるが、関料・船賃の取扱いが問丸の手で行われていることを推測させる。

湖北今津の問丸は、問屋の手数料のほかに、通過する貨物にたいする関税＝駄別の徴収権をも有していたが、天正十年（一五八二）にいたり、豊臣秀吉により駄別を停止され、「庭物」のみ、一駄につき米一升を許されたという[25]。庭物は積みかえ手数料と思われるが、実際に問丸の手を煩わさない通過貨物にも手数料をとっていたのであろう。

敦賀津問職　以上の如く、問の機能から発する手数料の徴収から関税的なものへの関連を推測したのであるが、こうした考え方に基づいて、例の有名な文永七年（一二七〇）の勧学講条々[26]の史料をみよう。それによると、延暦寺領越前国藤島荘上下郷所出の勧学講料米一六八〇石を敦賀津に運び、江丁によって陸揚げされ、馬借により湖北の海津に運ばれた。しかして、その費用として、

一、問職事

敦賀津百石ニ一石、中山駄賃一石ニ二斗也、定式云々、然而為江丁之沙汰賃ニカク事不定也、荷ノハヤル時ハ一駄一石ニ一斗四升五升是ヲカク、荷ノ無時ハ一斗許ニ是ヲカクナリ

とある。ここで問題となるのは「敦賀津百石ニ一石」という記載である。この問の得分は、いったいいかなる仕事にたいするものかが明らかでない。豊田武は、「問職の条下に中山の駄賃の記事がある以上、年貢米運送の監督が問の仕事かと思われるが、さらにまた倉庫管理の機能もそのなかに含まれていたのではあるまいか」[27]と推測され、西岡虎之助も、「問の得分はその管理する倉庫もしくは屋の貸与料である」[28]といわれる。しかし、これも縷述せる如く、一

種の関税的なものと理解できはしないか。西岡は、「問職が津を独占すれば、津料はいきおい問職の管理下に属する」とし、敦賀津の場合につき、「問職の得分率・屋賃率・津料率の三者が、いずれも米石別一升であるのも、それぞれ相互間に必然的連関性のあることを知らしめる」[29]といわれるが、そうした見方が成りたつであろう。

(四)　問丸と関料徴収請負

兵庫北関入船納帳　以上、数項にわたって、関料と問料との関係を推測したのであるが、ふつう問丸と関の関係といえば、問丸が関料の徴収を請負った事実を指している。例えば、応永三十年（一四二三）八月五日、兵庫両関の関料徴収を兵庫問丸の孫太郎・光円・道有が請負っており[30]、寛正四年（一四六三）八月二十九日、淀の問丸と思われる藤野三郎左衛門が兵庫北関代官職に任命されている[31]。しかし、問丸と関の関係をもっとも具体的に示す史料は、有名な文安二年（一四四五）の兵庫北関入船納帳[32]であろう。便宜上、その一部分を抜き書きしてみる。

兵庫北関入船納帳
正月分
二日入
家島　ナマコ二百合　百廿文　正〔月脱カ〕十日　助太夫　孫四郎
平島　クレ百卅石　〆三百七十文　二月十一日納　五郎次郎　衛門太郎（中略）
二月
二日入

三原　塩卅五石　百六十文　同日　大夫二郎　道祐
垂水　三原塩十五石　百文　同日　藤五郎　南孫太郎

まず右の史料は、いかに読むべきであろうか[33]。順次上段から、

①入港の月日、②入港船所属地、③貨物品名、④同数量、⑤関料、⑥同納入日、⑦船頭名、⑧問丸名

と考えられる。このうち、①〜④・⑦は問題はないであろう。⑧を問丸と考える理由はつぎの如くである。納帳にみえる孫四郎以下一二名のうち、孫太郎と道祐は、先引応永三十年八月四日付問丸等請文[34]の「孫太郎」「道有（祐）」と同一人と思われる。それに、納帳にも「南孫太郎」と記されているが、これは兵庫南関の孫太郎ということで、兵庫港在住の問丸であることを十分に推測させる。⑤・⑥が問題である。⑤を徳田釼一[35]は「関料」としているが、豊田武は納帳のつぎの部分、すなわち、

由良榑百石　〆三百文　二十一　大夫太郎　木屋　三百文代替　二月（二）四日

※ただし、徳田の引用史料ではつぎのようになっており、この方が正しい。

同所（由良）　榑百石〆　三百文公方へ二十一　三百文代替二月二日　大夫太郎　同（木屋）

右の史料を掲げて「由良の榑百石が木屋の手によって三百文に売払われ、大夫太郎が現金三百文を木屋より請取った史実と解すべきではなかろうか[36]」と述べる。しかし、豊田の如く、この金額を貨物の売却代金とすると、それはきわめて不都合であることが、ただちにわかる。例えば米の値段をとってみると、納帳では表1のようになっている。最高のもので一石が約三三文、最低は一石約四文である。鎌倉・室町時代の米価は石当たり一貫文前後で、二貫文を超えることはまずないとみてよいから、納帳の額はケタ外れといえる。すなわち、これは米価ではありえない。塩についても、納帳では表2の如くであるが、これも常識外れの安さである。時代はやや下るが、永禄頃、奈良で塩一

表1

(石)	(文)
3	100
28	520
7	130
55	200
60	230
40	170
20	110
160	1070
180	2220
150	1000
170	1120
55	220

表2

(石)	(文)
40	120
37	110
50	400
300	767
180	450
300	750
230	570

升が五〜六文であるから、[37]石当たり五〇〇〜六〇〇文である。

このように、豊田の推測はまったく根拠のない誤解であることがわかる。氏のこのような誤解は、問丸の「委託販売機能」のみを重視した結果生じたもので、納帳をもって「兵庫の問丸が……委託販売をなしていたことが明瞭になる[38]」史料であるとする点は修正されなければならない。やはり、わたくしは徳田と同じく、納帳記載の金額を「関料」と考えたい。さきに掲げた史料の一部に「三百文代替二月二日」とある部分は、おそらく問丸が「たてかえた」の意であろうか。上段には「三百文公方へ二十一」（豊田の引用では「公方へ」がない）とあるが、これが東大寺側へ関料を納入した事実を示すのかと思う。

関と問　以上のように考えると、兵庫北関へ入港した船からの関料の取りたては問丸が行っていたことがわかる。この問丸の徴収した関料が関代官の許に納入されるのであろう。一般にいわれている「問丸と関との関係」ということも、ただ関務代官職の請負という面だけでなく、右に述べたような、個々の船からの関料徴収の面をあわせ考えて論ずべきものである。現実の問題としても、東大寺が関料を徴収するとはいうものの、入港船から直接それを徴収することは困難だったろう。やはり、船荷を扱う問丸の力をかりなければ、それは不可能だったはずである。しかも、おそらく問丸と船（船頭）との関係が固定していたと思われるから、[39]なおさらのこと、問丸に関料徴収を依頼すれば効果はあったのである。右の兵庫北関入船納帳の場合は、明らかに東大寺の収納する関料についてのものであって、前項に述べた「関＝問」の仮説を直接に立証する史料とはなしがたいのであるが、それにしても、やはり関と問との関係の深さ——というよりも、「関と問との同質性」を推測させる史料とはなしうるのではないか。

かなり、混乱した叙述となったが、いわんとするところを要約すればつぎの通りである。すなわち、水路関の成因は多様であり、一概に論じえないが、そのひとつとして、港湾・河岸における問丸の荷揚・積替作業の独占権に基づくものがあるであろうということ。淀川沿岸に六百余という水路関があったという史料の解釈に当たって、この考え方を用いると比較的常識的な解釈がえられるのではないか。具体的にいえば、淀川をさかのぼる船が、通過するすべての関——もっとも多い場合には六百余——に関料を払うのではなくて、荷物を陸揚げしたり、また船に積みこんだりするとき、たとえ実際に問丸の手を煩わさなくとも、その河岸にある問丸に手数料名義で関料を払わねばならなかったのではないかということである。(40)

注

(1) 相田二郎『中世の関所』(畝傍書房、一九四三年)、徳田釼一『中世に於ける水運の発達』(章華社、一九三六年)、新城常三『戦国時代の交通』(畝傍書房、一九四三年)、同『中世水運史の研究』(塙書房、一九九四年)、豊田武『増訂中世日本商業史の研究』(岩波書店、一九五二年)、西岡虎之助「荘園における倉庫の経営と港湾の発達との関係」(『荘園史の研究 上』岩波書店、一九五三年)、栢原昌三「兵庫両関税務の研究」(『史学雑誌』三〇―四・五・六号、一九一九年)など。

(2) なお、本文書には「按㆓橋銭㆒、右状(=寛正四年三月内宮引付)中云、有㆓由緒㆒於㆓橋賃本関㆒者有㆓其謂㆒云々、寛正四年以前既置諸所以可見焉、然此手簡為㆓寛正以前之書㆒也明矣」という御巫清直の識語がつけ加えられている。

(3) 『類聚三代格』巻十六。

(4) 水脚役は嘉祥二年(八四九)に至って身役をやめ、「一人日米一升五合」の役料を納めることになった。『類聚三代格』巻十六・嘉祥二年九月三日太政官符。なお、阿部猛『律令国家解体過程の研究』(新生社、一九六六年)三八一頁参照。

(5)『平安遺文』八巻三八三四号。
(6)西岡虎之助・前掲論文(注1)。
(7)同右・二三七頁。
(8)『平安遺文』六巻二九一六号。
(9)東大寺文書・四—三〇。
(10)竹内理三『寺領荘園の研究』(畝傍書房、一九四二年)三四七頁。
(11)相田二郎「北陸の要津越前三国湊と関所」前掲書(注1)。
(12)豊田武『増訂中世日本商業史の研究』前掲(注1)は「永正頃」としているが、「寛正」の誤植か。
(13)『鎌倉遺文』四巻二六七〇号。
(14)豊田武・前掲書(注1)一九八頁。
(15)『越前若狭古文書選』長楽寺文書・二号。
(16)臨川寺重書案文・乾、相田二郎・前掲書(注1)七二頁。
(17)書写山文書、相田二郎・前掲書(注1)七三頁。
(18)・(19)　臨川寺重書案文・乾、徳田釼一・前掲書(注1)四八頁。
(20)『敦賀郡古文書』三一二号。
(21)同右・続集・七二号。
(22)豊田武・前掲書(注1)四四〇頁。
(23)称名寺文書、豊田武・前掲書(注1)二三二頁。
(24)三宝院文書、徳田釼一・前掲書(注1)三七頁。
(25)豊田武・前掲書(注1)二三一頁。
(26)『国史資料集　第二巻上』五五七頁。

(27) 豊田武・前掲書(注1)二〇二頁。
(28) 西岡虎之助・前掲論文(注1)二八七頁。
(29) 同右・二九七頁。
(30) 東大寺文書・四―三一、徳田釼一・前掲書(注1)一三一頁。
(31) 同右・四―三一、徳田釼一・前掲書(注1)一五九頁。
(32) 林屋辰三郎編『兵庫北関入船納帳』(中央公論美術出版、一九八一年)。
(33) この部分の理解については佐々木銀弥『中世の商業』(至文堂、一九六六年)による。旧拙稿の理解を改め小林保夫「入船納帳にみる国料と過書」(林屋辰三郎編・前掲書〈注32〉所収)の理解に従う。
(34) 東大寺文書・四―三一、徳田釼一・前掲書(注1)一三一頁。
(35) 徳田釼一・前掲書(注1)八〇頁。
(36) 豊田武・前掲書(注1)二二六頁。
(37) 小野晃嗣「興福寺塩座衆の研究」(『日本中世商業史の研究』法政大学出版局、一九八九年)。
(38) 豊田武・前掲書(注1)二二六頁。
(39) 納帳に「塩飽　山崎胡麻八十三石（中略）二郎五郎　道右 元ハ越後屋」とあるのは、問丸と船との関係が固定していたことをうかがわせる。
(40) 私の推測について、その是非を明確に述べられた論文を知らない。ただ新城常三は、「その論拠の詳細をここに紹介する余裕はなく、その内容には傾聴すべき点あるものの、しかし結論としては、やはり無理があり、同調できない」と述べられ、結論的には私の推測を否定された。新城常三『中世水運史の研究』前掲書(注1)六八二頁。

〈付記〉本稿を成すに当たって、渡辺一郎氏から有益な御教示を得たことを感謝する。氏の江戸時代の河岸《かし》についての知見は、中世の関と問丸の関係を考えるうえですこぶる有益であった。

一三　田舎市

(1) 東西市と地方市場

平安京における官市＝東西市は、国営市場として律令国家の運営に不可欠な存在であった。律令租税体系のもとで大量の物資が都に搬入されるが、それらのうち官衙および官人らの消費の余剰は、何らかの手段によって東西市で払い下げるか交易するかしなければならなかった。また、交易によって定められた貢納物を市場で調達する必要もあった。市の周辺には「某国調邸」などと呼ばれる諸国の倉庫があって、納入すべき調物、交易すべき物資を蓄積していたものと思われる。物資の全国的移動は地方から都への集中であって、その媒介の役割は国家権力が担ったといわれる。[1] しかし、平安初期においても、官物以外の一般物資の移動はすこぶる活発なものがある。したがって東西市の機能についても、単に官物の払い下げの面だけを強調することはできない。少なくとも十世紀をさかいとして、物資の集中が主として民間運輸業者の手によって行われるようになり、また官衙工房制が崩れて、やがて独立の工匠が出現したとき、平安京の商業も東西市を離れて「町」の商業にかわっていった。[2]

都をめざして各地から上ってくる商人も多く、また都の珍しい品物を携えて地方に下る「田舎《いなか》わたらひ」する商人も多くなった。『新猿楽記』に記す「商人主領」八郎真人は「東臻二于俘囚之地一、西渡二於貴賀之島一、交易之物、売買之種、不レ可レ称レ数」といわれている。彼らは、大規模な場合には「馬百余疋ニ諸ノ絹糸綿米ナド負セテ、常ニ下リ上リ」した（『今昔物語集』巻廿九の第三十六）。このような商人の往来の背景には、全国的な市場の存在を考えねばならない。

東西市に対する地方市場は、奈良時代においては、海石榴市《つばいち》・軽市《かるのいち》・阿斗桑市《あとくわのいち》・餌香市《えがのいち》・小川市・阿倍市《あべのいち》・深津《ふかつの》市《いち》・難波市《なにわのいち》などが著名であり、このほか『風土記』にも二、三の市の名が見えている。天平宝字六年（七六二）造石山寺所が摂津難波市に使を遣わして食糧品を購入させ、兼ねて綿を売却させているのは難波市の殷盛をうかがわせるものである。[3] 深津市については『日本霊異記』（下・二七）にその機能をうかがわせる記事がある。すなわち宝亀九年（七七八）十二月に、備後国葦田郡大山里の品知牧人は「正月物」を買うために深津市に行ったが、その市では馬や布・綿・塩などが売買されていた。しかも、海を渡って讃岐国の人が馬を買いにはるばるやってきていたという話は、その市場圏の大きさをうかがわせる。美濃国小川市には尾張国愛智郡の一力女が船に蛤五〇石、熊葛の練韃二〇枚を積んで売りに行った（『今昔物語集』巻第廿三の第十七）。紀伊国安諦郡（現有田郡）の私部寺の前の金持の家に入った盗人は、盗み取った絹一〇匹を持って、その北の辺にあった市に行き売った（同・巻第十七の第四十八）。また、大和吉野山の一山寺の童子は師の求めに応じて紀伊国の海辺で魚八隻を買い櫃に入れて持ち、一ノ市〔補注1〕で人に咎められたという（同・巻第十二の第二十七）。さらに弘法大師が弟子どもを市に遣わして葬送の具どもを買わせたという話もある（同・巻第十四の第四十）。

醍醐寺が永治二年（一一四二）饗場川の北辺に月三度の市を開き、石清水八幡宮も康平六年（一〇六三）に宿院河原に午の市を開いたというように、荘園領主が市を開催することもあった。[4] 平安時代末期になれば、地方荘園の中に市場が見られるようになってきたのである。長承（一一三二―三五）の頃、歌長清国の男末房なる者が伊勢国益田荘星川市で交易しようとしたので、荘下司久米為時が津料を取りたてようとしたが、それを拒んで乱妨した。とり押えたところ、末房は伊勢神人と号して荘政所から逃脱した。そのとき抑留した物品は「□五十隻、鰯九束、米四升五合、稲十三把」であった（『平安遺文』九巻四七〇一号）。市に出入する者は津料（市場税）を取られたのである。
右のように、市の有様を示す史料は乏しい。平安時代の地方市場の史料は、管見の及ぶところ、つぎに述べる南郷荘市が最も具体的であるから、それを見たい。

(2) 南郷荘の位置

昭和七年（一九三二）に発表された清水三男の「庄園と市場」(5)には平安末期の一史料としてつぎの史料が引用されている。

「南郷出挙米解文」
進上　麦一斗
御出挙米二斗
い□古くほて十〔補注2〕
又三くほて
右自㆓南御庄㆒進上如㆑件、□（例カ）神祭かつを（鰹）ハ田舎市ニハ凡出不㆑候也、又白米六斗事、出挙ハいまた取紀不㆑候也。
安元二年四月廿四日
魚モあち（鯵）、さは（鯖）は所市ニハ候、其外魚不㆑候也（『平安遺文』七巻三七五七号）

清水はこの史料に見える荘園および市の所在について「恐らく奈良近辺の東大寺領」とのみ推定し、明確な地点を指示しなかった。つぎに、豊田武はこの史料によって「海岸地帯の市である点よりして、東大寺領備前南北条の市」かと述べている(6)。しかし、この推定はおそらく誤りであろう。南郷荘関係の他の史料を見ると、

抑昨日、相慶等相共国中相尋候とも、あろち、秦楽寺《じんらくじ》・田原本《たわらもと》辺尋候とも、凡不レ候也（『平安遺文』七巻三七五三号）

とか、また、

すたれ（簾）は三わ（輪）の市にて買得候也（同・七巻三七五四号）

とあることなどから、清水のいうように、大和国内の東大寺領であろう。南郷荘が大和国内にあったとすれば、それは現在のどの辺に比定されるであろうか。私はこれをのちの旧北葛城郡瀬南村南郷の付近と推定したい。南郷は大和高田の北方、箸尾町の南方に位置し、もと広瀬郡に属した。広瀬郡は城戸《きど》・上倉・山守・散吉《さぬき》・下勾《しもまがり》の五郷より成るが、それら諸郷の方域は明らかでない。しかし、南郷はおそらく散吉郷に属したと思われる。鎌倉期にはここを根拠地とする土豪南郷氏の名が見え、室町期には一乗院方国民箸尾氏の幕下にあって、大乗院方国民の一員であった。現に南郷にはかつての城塁のあとをわずかに残しているという(7)。

(3) 南郷荘の構造

南郷荘は、東に葛城川、西に高田川が流れる平坦部にあった。ほとんど田・畠をもって占められ山林は乏しかった。荘には預所が置かれ、安元二年（一一七六）頃、紀守時なる者が任命されていた。

荘の内部構造についてもほとんど語ることができない。しかし、幾つかの名《みょう》によって構成されていたことは史料によって明らかである。時延名・相慶名・相継名・大殿名・包延名・延貞名などの名が見える（『平安遺文』七巻三七五四号・三七五九号・三七六一号・三七二六号）。相慶は安元年間に実在の人物であり、自己の名前を冠した名の名主だったわけである。これらの名には「御作半」がつけられていた。作半は、本来佃の系譜をひき、のち任意契約の小作地＝地子田に変化したものであって、地子率が収穫の五〇％に当たる。のちの刈分小作に当たり、一般に新開地や川成などに多いものである。[8] 相慶名・大殿名などの作半の地子麦が各三斗であるのは、おそらくその地積が同一だったことを示すもので、あるいは名別均等公事に対する補償的意味を持っていたかもしれない。名が公事徴収単位であったことはまず疑いないが、それが単一の経営体であったか否か知ることは難しい。平安末期のこの頃、とくに畿内において、名が統一ある経営体であるとは必ずしも考えられないからである。[9]

御□(出)挙白米六斗

進上（中略）

荒券(巻)一クチフ員十　守時　荒券一さは員十相慶

荒券一ナサハ員十　武次　荒券一大干十五信恩

右自南郷御庄進上如件

四月廿七日

右の史料は、南郷荘から神祭料として諸物を進上したときの進上状である。ここに見える守時以下四人はいかなる者であろうか。相慶が相慶名の名主であることは前に述べた。守時は、しばしばその名において進上状を提出しているが、彼は当荘の名主であるとともに預所・沙汰人であった。信恩も、相慶名・大殿名・延貞名・包延名などの各名から作半地子や公事物を提出した際の責任者として署名している。してみると、彼も沙汰人的な地位の者であろうか。またつぎの史料を見ると、

進上　たわひと〻進上

笋(たけのこ)　宗清十本

貞末廿二本

麦六斗

右進上如件

五月廿一日

僧定覚（下略）

（『平安遺文』七巻三七八九号）

宗清・貞末もおそらくは名主であろう。とすると僧定覚は沙汰人的な存在かと思われる。しかしこれ以上追求することは不可能である。

(4) 南郷荘の公事

荘民が領主に対して種々雑多な公事を負担したことは周知の通りである。畿内荘園では、年貢の収取とともに——というよりも、むしろ公事・夫役の収取がきわめて多量に行われた点については、とくに詳細に研究されている。(10) 東大寺から南郷荘に対して賦課された公事物はつぎの如く雑多なものであった。

あろち、いろこ、莚、まこも、すだれ、クチフ、あぢ、さば、かつを、大干、牛旁、栗、薪、松把、粽、糯米、ヨモギ、昌蒲、笋（筍）、橘、いちご、雑紙、国絹、塩

これらの公事物が名主に対して賦課されたことは疑いなく、それら沙汰人・荘官によって纏められて領主に進上された。

進上された公事物は荘民の製作・生産物であることもあったが、それ以外は市場で求められた。南郷荘にも市があった。安元二年（一一七六）の史料には、

魚もあち、さは所市ニハ候、其外魚不候也（『平安遺文』七巻三七五七号）

と見える。「所市」はいうまでもなく南郷荘内の市のことであろう。この場合、求められた魚は神祭料としての「か

つを」であったが、これは「田舎市ニハ凡出不候也」といわれた。安元三年五月には「国絹」が求められたが、「抑国絹ハ田舎市ニハ一切不候」（『平安遺文』七巻三七八八号）と述べている。

このように、地方市場は品物の種類も少なく貧弱なものであった。「所市」に求める物が存在しなければ近辺の市に買いに行った。安元二年四月「あろち」を求めて守時と相慶は「相共国中相尋」ね、秦楽寺・田原本辺の市も探したが見出せなかった（同・七巻三七五三号）。同じとき「すだれ」は「ミわの市」で買い求めた（同・七巻三七五四号）。近所の市で求められなければ、それに相当する米または麦で納入された。安元三年「国絹」を求め得なかったときは麦で納め、領主に対して「奈良辺尋可レ御候」といっている（同・七巻三七八八号）。

(5)　地方市場の性格

市場の成立に関して、市場を成立せしめる人びとがいかなる者たちで、また領主がこれにいかに関与したかについて、従来二様の考え方が存在した。

第一は、荘園領主経済の点からの説であって、年貢・公事等の銭納化（また特定物品化）などの領主側の強制に基づき、領主経済の必要上から設置されたものである、というものである。もちろん、すべての市場がこの理由のみで生まれたとするのではないが、これを強調する。豊田武の意見はこの立場を代表している。(11)

第二は、地方市場は在地の人びとの需要に応ずるために自然に発達したものであって、多くの場合、荘園領主の市場に対する関係は、領主の経済活動の外において成立した市場に課税したり、これを利用するにすぎないとする意見で、清水三男を以て代表される。(12)

しかし、この両説はいずれも一面的である。両説とも、一を以て他を制するほどに明瞭な解答とはならないであろう。つぎにこの点に焦点を合わせて考えてみたい。

少なくとも平安時代に、市場に出入して多くの商品を買う余裕を持ち、また余剰生産物を売却しうる余裕を持つものは、ごく一部のものに限られていたであろう。それらは「多く農村で地代徴収によって生活していた領主の代官や名主の層であった」[13]といわれる。市場の機能が主としてどこにあるかという問題になるわけであるが、つぎに掲げる諸例は前述の第一の意見の根拠となるのである。いずれも中世の事例であるが、それを見よう。

寛正（一四六〇—六六）頃、備中国新見荘では年貢の米・大豆・麦を売る場合に大枡ではなく小枡を以てしたが、これは年貢の余剰を領主代官が売却したことを示している。また備後国太田荘で正安（一二九九—一三〇二）頃、年貢が尾道で売却されているのも同様に考えられる[14]。領主代官・名主層の市場関与を示す事実は、鎌倉中期以降に著しくなってきた年貢・公事の銭納である。美濃国大井荘では文永（一二六四—七五）頃から年貢銭納が行われ、紀伊国南部荘でも代銭納が行われた。若狭国太良荘でも嘉元四年（一三〇六）の年貢米は和市一斗四升で銭に換えられた[15]。この傾向は南北朝期からいっそう進んだ。信濃国佐久郡にあった大徳寺領伴野荘では建武元年（一三三四）にその年貢・公事を貨幣で表示している。もちろん、そう表示されたからといって、必ずしも現銭で上納されたとは限らないのであるが、貨幣表示を持っていることはその事実をうかがわせる。伴野荘には「一遍聖絵」に見える著名な市場があったが、その機能をみるべきである[16]。

以上のように、鎌倉中期から荘園年貢の銭納化の傾向は進行したが、注意すべきことは、これはあくまで荘園から領主に対して銭納だったことを示すもので、名主・作人から荘官の許に差出される年貢はいぜんとして現物が中心だった。すなわち、年貢は荘官らによって換金されたのである[補注3]。右は、市場の機能が主として荘園年貢の換金にあること、すなわち市場を主として利用したのは代官層であったとする意見の根拠となるべきものである。

つぎに右説に対する清水三男の意見を見よう。市場＝商業の発達は何よりもその根拠を荘園内の中小地主層の生活向上（＝余剰生産物の析出）に求めなければならない。先に述べた南郷荘市の如く、そこで、あぢ、さばのような海の物が売買されたことは、「その市が荘園領主がその貢納物を処分するための市場として設けたものではなく、村人の需要に応ずるため自然発達した」ことを示す。また各地の市場開設に関する事情を述べた祭文などでも、それが「権力的に設置されたのでなく」「この地方の人々のため自然に起こったものなる事を物語って」いると。(17)

以上大概二様の見解があるが、いずれも適確な説明とはなしがたい。第一の説をとるにしても、市場で売却された年貢・公事物はどこへ流れて行くのであろうか。またもし領主への上納物が市場で調達されるような場合、それはどこから流入してくるのであろうか。また、それらの商品を生産した者は誰なのであろうか。そこには広汎な農民の市場参加を考えなければ、とうてい理解できないのではなかろうか。

第二の説をとる場合にも、実証は必ずしもなされていない難点がある。そのうえ清水は論点をやや取り違えている。第一説を批判しようとしながら、実は目標を誤っている。それは「権力的に設置された云々」という点である。すなわち、市場の機能の問題を市場の設置主体の問題にすりかえている。いま問題にしているのは市場の主機能がどこにあったかという点なのである。市場を地方土豪や荘園領主が音頭をとって開設したか否かは当面の問題に関わらないのである。狂言に見える市の開設に関する話は、所の領主によって市が開設された例を示している。例えば「牛馬」を見ると、

是は此所の目代で御ざる。天下おさまり、目出たい御代なれば、国々に市あまた有る、中にも、此所御富貴に付、牛馬の新市を御立なされ、何者にはよるまい早々参り、一の杭に繋だ者を、末代までも被仰付うとの御事で御座る、先此よしを高札に打う（『狂言』上、岩波文庫）

とあり、市場が領主の手で開かれたことを示すが、しかし「此所御富貴に付」という点を看過してはならない。すな

わち該地域の生産力の問題に関わりがあるのであって、市場の機能は明らかに農民一般の需要・供給を前提とする。主機能はそこにあったとみなければならない。清水はおそらく右のような例を以て、領主は「市場に課税したり、之を利用したりするにすぎない」と立論されたのである。[18] しかし、これは市場の主機能ではない。清水の説は第一説と同一次元の論ではないのである。

第一・第二の両説は、実は市場成立の前提の点ではそれほど大きな見解の相違はなかった。ごく一般的に考えても、農業生産力の向上がその基礎に考えられている。

注

(1) 石母田正・松島栄一『日本史概説 I』(岩波書店、一九五五年)。
(2) 阿部猛『律令国家解体過程の研究』(新生社、一九六六年)。
(3) 松平年一「奈良時代に於ける市と米価に就いて」(『歴史学研究』一―七、一九三四年)。
(4) 豊田武「商業史」(『新講大日本史』第十一巻、雄山閣、一九三九年)。
(5) 『歴史地理』六〇―一六、一九三二年。のち『中世荘園の基礎構造』(高桐書院、一九四九年)所収。
(6) 豊田武『増訂中世日本商業史の研究』(岩波書店、一九五二年)。
(7) 『大和志』下巻。『角川日本地名大辞典』29・奈良県。現在は広陵町に属し、「市場垣内」の地字も残る。
(8) 渡辺澄夫『畿内庄園の基礎構造』(吉川弘文館、一九五六年)。
(9) 阿部猛『日本荘園成立史の研究』(雄山閣出版、一九五八年)、稲垣泰彦『日本中世社会史論』(東京大学出版会、一九八一年)。
(10) 渡辺澄夫・前掲書(注8)。

(11)　豊田武・前掲書(注6)。
(12)　清水三男『日本中世の村落』(日本評論社、一九四二年)。
(13)　豊田武・前掲書(注6)。
(14)　阿部猛『日本荘園史』(大原新生社、一九七二年)。
(15)　小野武夫『日本庄園制史論』(有斐閣、一九四三年)。
(16)　阿部猛『中世日本荘園史の研究』(大原新生社、一九六七年)。
(17)　清水三男・前掲書(注12)。
(18)　同右。
〔補注1〕「一ノ市」とは何か。「或る(ひとつの)市」のことかとも思われるが、いまひとつ、思いつきにすぎないが、国衙の市のことではあるまいか。但し傍証がない。

〔補注2〕「くほて」とは「窪手」「葉椀」と書き、神への供物を盛る具のことで、柏の葉で作る。

〔補注3〕十四世紀、東大寺領美濃国大井荘では、戦乱のために市が立たず、ために米穀などの売却ができず、法華会料銭を調達できないと訴えている。市場が農民たちにとって必須のものとなっていることを示している。本書一二〇頁参照。

一四　荘園制と出挙

(一)　荘と出挙

倉附　延暦二十年（八〇一）十一月三日付の多度神宮寺伽藍縁起資財帳[1]に、つぎのような記載がある。

倉

合稲壱仟伍佰玖拾束
　通修理料伍伯玖拾弐束伍把
西塔修理料弐伯弐拾伍束
同法阿弥陀悔過料伍伯肆拾束
講経料壱伯陸拾伍束
悲田料陸拾柒束伍把

倉附
　市无五伯木部坂継外垣倉納弐伯壱拾伍束
出挙伍伯捌拾束捌把伍分

　　未納捌伯陸拾陸束壱把伍分

「悲田料」までの五項目は、多度神宮寺の有する（公認された）出挙本稲の名目である。合計は一五九〇束で、その穎稲は「市无伍伯木部坂継」の外垣の倉に収納されていたのである。村井康彦も指摘するように、坂継はこの寺にゆかりの深い豪民であって、寺家の出挙稲をその私倉に収納し、出挙していたものであろう(2)。では出挙の対象となったのは、いかなるものたちだったろうか。対象を、豪民坂継の周辺にある不特定の農民とみることもできるかもしれないが、それよりも、のちに述べる例から判断して、多度神宮寺領内の農民が出挙をうけたと考えた方がよさそうである。

愛智荘の場合　貞観十八年（八七六）十一月二十五日付の東大寺領近江国愛智荘定文(3)は著名な史料であるが、それによると、水田一二町（うち佃二町）からの収入は、「大津定」四五石で、講経料・宗学衆施灯料に宛てた残りの米五石は「毎年売納息利加用」とされ、また「房中頃年所息利銭并愛智庄息利稲等、此治田買加料也」といわれている。すなわち、荘園からの収益稲の一部が出挙され、銭出挙の利銭とともに、治田買得のための代価に充てられていたことがわかる。右の定文より以前、貞観八年（八六六）に、僧高徳は保有の墾田一段を「充所負稲弐拾伍束伍把価直」て、東大寺僧安宝に売却しているが(4)、これが定文にいう買得の実例というべきものであろう。右の如き、出挙による荘園の拡大は、おそらく一般に行われたところであったと思われる(5)。

延喜格　荘家の出挙について注目すべきつぎの史料は、『類聚三代格』（巻十九）に収める延喜二年（九〇二）三月十三日付太政官符である。

　太政官符
応レ禁下断諸宮王臣家仮二民私宅一号二庄家一貯中積稲穀等物上事

右諸院諸宮王臣家、於㆓諸国部内㆒、或本有㆓田地㆒自立㆓庄家㆒、或新占㆓山野㆒収㆓其地利㆒、因㆓此等事㆒、各求㆓便宜㆒、借㆓民私宅㆒積㆓聚稲穀等物㆒、号㆓称庄家㆒好妨㆓官物㆒、国吏之力不㆓敢制止㆒、出挙収納不㆑能㆓自由㆒、公事難済職此之由、去天平九年九月廿一日、及天平勝宝三年九月四日両度格云、臣家之物貯㆓蓄諸国㆒、自㆑今以後、宜皆禁断、若有㆑犯者科㆓違勅罪㆒、其物没官、国司郡司即解㆓見任㆒者、左大臣宣、奉㆑勅、先後格旨禁制厳峻、諸国牧宰無㆑有㆓履行㆒、宜重下知勿㆑使㆓更然㆒、仍須仮号㆓庄家㆒為㆑国致㆑妨者科㆓違勅罪㆒、物皆没官、其称使及庄検校専当預等、放縦不遜以妨㆓国務㆒者、不㆑論㆓蔭贖㆒決杖六十、但元来実為㆓庄家㆒不㆑妨㆓国務㆒者不㆑在㆓制限㆒

延喜二年三月十三日

あらためて右官符を要約すると、権門が諸国に田地を保有して、その経営のために荘家をたて、あるいは山野を占取して、その地利を収納するために、百姓の私宅を借りて稲穀などを貯え、これを「庄家」と称して、国司が出挙利稲を収納しようとしても応じない、天平九年格・天平勝宝三年格で、臣家の物を諸国に貯えることは禁断されているが、重ねて禁断する。ただし、もとから荘家として認められていて国務に妨げないものは制の限りではないと。右官符の引用する天平九年（七三七）九月二十一日格（『類聚三代格』巻十四）とは「臣家之稲貯㆓蓄諸国㆒、貸㆓与百姓㆒求㆑利交関」するのを禁じたものであり、天平勝宝三年（七五一）九月四日格（同・巻十四）も、私稲の出挙を禁じ、また豊富な百姓が銭財出挙に当たって「貧乏之民」の宅地・園圃を質物にとるのを禁断したものである。これを予備知識として前掲太政官符をみると、権門が百姓私宅＝荘家に貯えた稲穀とは、出挙のためのものであることは明瞭である。したがって、官符の趣旨は、権門の大土地所有の抑制という点もさることながら、主要な眼目は「庄」を拠点とする私出挙の禁止にあったとみることができる。

さきの天平九年格は、私出挙の全面的禁止を令したものとして著名であるが、それ以後、この政策は律令国家の基本政策として平安時代にも維持された。[6] 延喜の直前、寛平七年（八九五）三月二十三日付太政官符（同・巻十四）は、同じく天平九年格を引用して、「比年如レ聞、或王臣家出二挙私物一妨二民農業一、因レ茲租税難レ収調庸未進」と述べ、私出挙を厳禁した。翌八年四月二日太政官符（同・巻十五）も、権貴の家が「庄家之側近」と称して「平民之田地」を妨げ、あるいは「売買不レ和点二領三四十町一、或寄二事負累一責二取五六載券一」り、租を輸さず税（出挙）をうけぬことを述べ、五位以上のものの私営田を禁じている。

　延喜格は直接的には右の寛平八年格を継承している。令制租税体系の変質にともなって、正税出挙が租税体系の中心に据えられてきた時期に当たって、政府の関心は「庄」を拠点とする私出挙によって公出挙が妨げられるのをいかに排除するかという点にあった。[7]

納所　十一・十二世紀の国衙領および荘園内に「納所」と称するものがあり、徴税組織の一環として重要な役割を担っていたことについては、すでに吉田晶が明瞭に指摘している。[8] しかも、納所が収納機関にとどまらず、出挙を通じて作手の集積を行っている事実は重要である。永久四年（一一一六）閏正月十一日、伊賀国黒田荘の住人葛木成光は、如意房得業御房の出挙稲六二束の代に田二段（在名張郡中村条）の作手職を沽却したが、その売券に加えられた在地の刀禰・下司らの署判の文は、「件田弐段、安道預納所稲陸拾弐束・籾柒斗捌升代所二渡遣一明白也」[9]といっている。すなわち、成光の借りた出挙稲とは安道納所の稲であった。[10] 永久五年（一一一七）十二月八日、秦安元は「安道納所御出挙籾壱石壱斗弐升伍合、稲弐拾弐束半之代」に田一段と苗代を去り渡し、[11]また元永二年（一一一九）十一月十三日、坂上常貞は「安道納所御出挙籾参石参斗弐升之代」に田一段を去り渡した。[12] これらは質物に置かれたものが質流れになったのであるが、保安二年（一一二一）には、百済真久が安道納所の米籾の出挙をうけて逃亡したあとをうけて、山辺末任が真久旧領二段のうち一段を去り渡した。去文は「指置質物」と明記している。[13] 納所が年貢米などの収納の機能とともに、出挙機能を有し、それを通じて作手職の集積をすすめていたことが十分に推測できるであろう。

(二)　利稲・利田

まず、つぎの一史料から考察の手がかりを得たい。

東大寺修理料利稲

東大寺返抄　山辺郡　（裏）「茂順」
検納利稲伍佰束事　（裏）「南二百束 北三百束」
右当年料内、泰（秦）今春所レ進検納如レ件、故返抄
長保弐年十二月十五日　（署判略）[14]

右の史料は東大寺が山辺郡に宛てて出した「利稲伍佰束」の請取状である。所進者の秦今春は名主または「名」の呼称であり、裏書の茂順は山辺郡司多米茂順である[15]。また裏書の「南――北――」は山辺郡の南郷・北郷の意であろう。さて、ここにみえる利稲とはいったいなにか。その呼称と「伍佰束」という表現からして、これが出挙利稲であろうということは容易に推測される。しかも他の史料をみると、それが「修理料利稲」[16]「修理稲」[17]「勅修理稲」[18]などとも呼ばれていることがわかる。とすると、それは東大寺修理料を捻出するための出挙利稲にちがいない。しかし、東大寺がその所領農民に出挙して利稲を徴収したという単純な理解でよいかどうか。長保元年（九九九）十二月十三日付の宇陀郡の安倍忠則宛東大寺返抄[19]に「右利稲、当年料内国□符偁、以二従儀師承日名官物一充下者、而依二見進一検納如レ件」とあり、同年十二月十九日付の山辺郡南郷宛返抄[20]に「件利稲国符二百卌束」とあるのによれば、それは東大寺の恣意に

よる出挙ではなく、国符に基づくものであると知られる。「勅修理稲」と呼ばれていることからもうかがわれるが、元来、それは勅施入の出挙稲である。

東大寺がもつ勅施入の出挙稲とは、天平十六年（七四四）七月二十二日、大和国正税のうちから割き取った稲二万束であり、「毎年出挙、以其息利、永支二造寺用一」とされたものであるにちがいない。[21] この出挙稲は『延喜式』（巻二十六）では「国分寺料一万束」として記録されている。これらの出挙稲は国司の手によって出挙され、その利稲が各寺に送進され修理料に宛てられた。しかし、十世紀に入ると国分寺稲は式数を減省し、「或国僅挙二半分一、或国殆絶二本穎一」というありさまだったから、天慶二年（九三九）に漸次加挙して式数を回復せよと命ぜられている。[22] しかし、やがて残る出挙本稲も無実となり、「徴二利稲於作田一」[23]という、いわゆる利稲率徴制へと移行する。いま問題にしている十世紀末の東大寺の利稲が、本稲を欠いた率徴制によるものであると考えるのは妥当性がある。さきに引いた宇陀郡安倍忠則宛返抄[24]に「以従儀師承日名官物充下」との国符によって進納された由が記されているのは、そのことをうかがわせる。利稲率徴制の具体的運用とは、かかる特定の「名」または郡・郷・荘などに利稲を率する（割当てる）ことなのであった。[25] これは、承徳元年（一〇九七）十二月二十四日付宣旨所引近江国司解[26]に、「当寺（東大寺）封戸准物代内、見下之弁不レ過二三百斛一、其残併下二符国内名一所レ令二弁補一也」といわれた封戸物の弁補と同様な状況とみることができる。[27]

利稲に関する史料は、東大寺領大和国小東荘大田犬丸負田関係文書の中にも見出せる。永承元年（一〇四六）の同負田結解[28]に、

所済准穎四百四束

米四石二斗　別弁検田段米八斗七升四合

穎三百廿束
十一月十日造酒司返抄米二斗
十二月廿二日東大寺返抄十師供日黒米四石
十二月廿二日同寺返抄利稲当于(年カ)料稲二百玖拾束

とある。これも率徴制の利稲が小東荘の大田犬丸負田（名）に割当てられていたことを物語っている。大田犬丸負田（名）のその後の歴史が示すように、不特定の名（また郡・郷・荘など）に割当てる浮免から、やがて坪付を定めて定免（田）化の途をたどる。利稲を負担する田地の固定はすなわち「利稲田」ともいうべきものの成立を意味するのではないか。

利　田　保延元年（一一三五）七月二十七日付藤原敦光勘文（『本朝続文粋』二）に、

如レ聞、近来無二検田数之増減一、不レ尋二農民之貧富一、推称二利田一徴二納租税一、地広民富者自叶二其心一、地狭民貧者暗奪二其心一、富者寡貧者衆、旁醜論レ之可レ謂二苛酷一、又雖二検田数率法過差一

という。ここにみえる「利田」とはなにか。敦光勘文のいう「租税」とは令制の「租」と「税＝正税出挙」を意味する。また文中に「雖二検田数率法過差一」という率法はおそらく公田官物率法と称されるものであろう。しからば「利田」と称するものは、検田によらずに賦課する租税徴収の対象というほどの意になる。利田の称はその後もあまり史料にみえないものであって、その性格をとらえがたい。

久安六年（一一五〇）九月十六日付伊予国弓削島荘百姓等解(29)は、国衙が勅事と号して神宮役夫工米・内裏造営料・乳牛役などを賦課したのにたいして、

嶋中所在田代纔一町余許之処、抑如二国中広所之例一、勘二加永年数代利田一、令レ竿二数負累一、巧負二四町七段三百歩

料田一、是材木雑物等、被二宛負一之条、是□有二留守所阿党一歟云々

といっている。この利田は敦光勘文のいう利田とは少し意味が異なるようである。

応保元年（一一六一）十二月付土佐国幡多郡収納所宛行状写(30)は、収納使西禅が蹉跎御崎千手観音に経供田三町を宛てた文書であるが、「随又彼下地非二本利田内一、不レ及二地主之訥《(ママ)》借進一、而所二謹進一也」と述べている。これも内容をとらえがたいが、公領としての諸課役を免除されるというほどの意を含むとすれば、利田とはまさにその裏がえしで、諸課役を負うべき田というほどの意になろうか。

長寛二年（一一六四）七月付越前国曽万布荘百姓等重解(31)につぎの如くある。

当御庄本免田者、本数卌五町也、即以二件所当一被レ充二仏聖料一、敢無二合勺之余剰一、御庄建立以来及二百余歳一之間、不レ致二懈怠一所二備来一也、而号二勘出田一、被レ割二取彼十七町一後、以二所レ残荒熟十八町之所当一備進、仏聖多及二闕乏一之由、為二悲歎一之処、又称二利分田一、暗押二課三町六段二百卌歩田一、弁二済其所当一之間、弥為二仏聖之費一、庄民之歎尤切也

これも「利分田」と称するものが、国衙の「所当」を負う田であることを示している。

久安年間、伊賀国東大寺領黒田・玉滝両荘民の出作公田における官物段別率法をめぐる紛争にさいして、久安四年（一一四八）に国司藤原信経は「然而付二古作田一徴二下官物一之時、乍レ出二利田之□（請）文一、不レ弁二其所当一(32)」と訴え、翌五年の東大寺僧覚仁と伊賀国目代中原利宗の初度問注記(33)によると、覚仁は、

於二田数一ハ請二国検田一テ以彼田文致二沙汰一ス、殆不レ可レ有二相論一、当御任ニ宗広（伊賀国目代）沙汰之時、或行二検田一、或行二利田一、定二田数一早、而利宗之時、尚可二検注一之由、雖二申行ト一モ、恐二苛法一テ所二退申一也

といい、利宗はつぎのように述べている。

当任之始、宗広検二注国内一之日、東（大脱）・寺庄寄二事於左右一、不レ令レ遂二検注一、経二五箇年一之後、令レ申二此由一、似レ無二証拠一、雖レ出二利田請文一、又以不レ弁二其所当一ス、実否結解状ニ顕然歟

右によれば、出作公田の官物徴収に当たっては、①検田をせず旧田文にしたがって田数を確定する、②検田により田数を確定する、③検田をせず、利田請文の提出によって田数を確定するという、三通りの方法があったことがわかる。いま問題とするのは第三の利田請文の提出である。これは、ふつう田堵の請作にさいしての請文の提出に相当するものであるが、領主（この場合は国衙）からいえば、それは「散田」である。前掲史料に「行利田」とは、「行検田」に対比すれば国衙側の行為としていわれていることが明らかであるから、それはまさに「行散田」といいかえてもよいであろう。(34) それは当然、「所当」弁済の誓約でもあって、ここでも「利田」は所当の弁済と表裏をなして現われる。

以上、利田について乏しい史料を掲げてきたが、いったい利田とはなにか。竹内理三が、利田とは出挙稲を割りつけられている田か、と推測しているほか、(35) これについて研究のあるを知らないが、ほぼ当たっているのではないか。

前掲伊賀国東大寺荘出作公田についていえば、同国の官物率法は、

別符～段別見米五斗
公田～段別見米三斗、准米一斗七升二合、油一合、見稲一束、穎二束
院御荘出作公田～段別見米三斗、准米一斗七升二合、穎三束(36)

となっており、これにたいして東大寺は見米段別二斗を主張したのであった。官物率法のうち注目されるのは「見稲」と「穎」であって、これが見米とはちがって「束」で表現されていることから、本来、出挙に関係あるものと推測される。すなわち、率徴制利稲の系譜をひくものではあるまいか。

㈢　平安末期の私出挙

登美行近解　申渡進領田事
合参佰歩
在五条三里廿五坪
副進本公験等
右件田、相伝所領也、而以二先日一所二借申一絹肆疋代、藤原宗任限二永年一所二渡進一如レ件、以解
治暦二年七月十一日　　登美（花押）[37]

右の史料は、それじたいなんの変哲もないものであって、あえてとりあげるほどのものではないかもしれない。しかし、つぎのような理由で注目すべき史料であることが理解されよう。『平安遺文』を通覧して気づかれることのひとつに、院政期にいたるまで、出挙（私出挙）米・銭等の借用状がほとんど見出せないこと、また当然、田地その他財物の保有権の移動について「質入れ」をうかがわせる史料の存在しないということがある。もちろん、私出挙・質入れの事実がなかったのではない。前項にもふれた「荘」を拠点とする出挙もあり、八・九世紀における富豪層による各種出挙の実態もすでに明らかにされている[38]。にもかかわらず、借用状の如きものは残存していない。多くの田・畠・家地の売券が存在するが、それが事実上、私出挙による負債弁済のためのものを含んでいたと推測されるのに、次第は右の如くである。

さきに掲げた史料は、負物代に領田を渡し進めたというものだが、こうした史料は、十一世紀半ばすぎまで、ほと

んど発見できないのである。永保二年（一〇八二）五月七日付大和国僧某家地売券案(39)は、出挙代としての財物の移転を明記する初期の史料である。僧某は家地二町を興福寺僧慶義に絹三〇〇疋で売却したが、この地は弟子僧頼昭から「出挙物等之代」に取得したものだと述べている。また嘉保二年（一〇九五）正月十日付大江公仲処分状案(40)によると、所領山城国藤泰荘は父伊勢守が僧春照から「負物之代」として取得したものといっている。嘉保二年六月八日付法隆寺上座慶元解(41)によると、永保四年（一〇八四）に安朝は寺主長好の出挙米九斗を返弁できずに、田四段を質物としてとられたが、安朝の弟僧永能が本利八石余を弁済してとり戻し、その後、永能は慶元の出挙物代にこの田地を入れたという。承徳二年（一〇九八）に安芸国橘頼時は所領田三段を稲六〇束で、高田郡司藤原某に売却したが、それは「一倍稲」を弁済せんがためであったという。「一倍稲」とは出挙のことにちがいない(42)。康和元年（一〇九九）に僧良秀は、法隆寺北山田の田二段を権都維那師長暹から借用した絹八〇疋の質物に入れた(43)。天仁元年（一一〇八）に大和国栄山寺権上座定昭は「出挙稲并寺家地子物等未進負畳之方」に私領田地を渡した(44)。永久二年（一一一四）に大和国僧寂因は、地子未済および借田米の代に畠二段の作手を権寺主経秀に去り渡した(45)。

さて、『平安遺文』の中で、出挙米借用状の最も初期のものは、つぎの史料である。

謹解申請借出挙米事

合捌㪷□升

右件米、以来秋時、加二息利一、依レ員可二弁進一之状、如レ件

永久五年三月二日

僧禅徳（略押(46)）

その後、長承四年（一一三五）三月九日付浄力出挙米借状(47)、保延四年（一一三八）三月二十三日付僧行円出挙米借状(48)、長寛二年（一一六四）の僧壱楽出挙米借状(49)以下、多くみえる。

さきにも引いた嘉保二年六月八日付法隆寺上座慶元解[50]によると、出挙籾九斗を借りて数年後には本利合わせて八石余になったという。当時の出挙利率は五〇～一〇〇％であり、また永万二年（一一六六）七月五日付僧永祐出挙米借状[51]に、

件米以二明年七月日一、加二五把利一可二弁進一、件七月過者、追月加二壱把利一可二弁進一

とあるように、返済利稲は、一二か月で五〇％、一七か月で一〇〇％になった。かくして、出挙によって、主要な財物である家地・田・畠などが質物として入れ置かれ、所有者を転々とかえるということになる。農業技術水準の相対的な低さは、出挙を梃子として農民分解を促進し、また小領主層を耕作農民へ、さらに奴隷へと転落させる主要な契機となった。

(四)　借　上

借上の語義　出挙の称は古代・中世を通じてみられるものであるが、鎌倉時代には借上の称が一般的なものとして知られている。そして、直ちに思い起こされるのが、延応元年（一二三九）九月一日付の追加法（一二〇条）の「諸国地頭等、以二山僧并商人借上輩一、補二地頭代官一事」である。ところで、借上の原義は、秋山謙蔵[52]によると「貢租の為に、非常に高い利率で、銭を借り上げる」ことだという。そのさい、つぎの史料が根拠としてあげられている。

筥崎宮寺政所下　公文所（花押）

可三早下二行橘左近景康借上代米伍石一事

右件米引二募当年貢米内一、無二懈怠一令二下行一、景康借上、慥可レ被レ進二請文一者、公文所宜承知、不レ可二違失一之状、

依レ仰如レ件

承久二年二月　日

筥崎宮寺政所下　公文所（花押）

可三早下二行借上銭拾貫文代米伍拾石一宮斗事

右件米任二御下文旨一、無二懈怠一令二下行一、慥可レ被レ進二其請文一也、是先日定成所被レ進二借上一了、当留守行明可レ被レ替二借上米代一也、公文所宜承知、不レ可二違失一之状、所レ仰如レ件

承久二年三月　日(53)

右の史料によると、米一升（筥崎宮枡）が二文という安さである。鎌倉期の米価は一升＝一〇文程度が常識的数値だから、右の場合は高率な利息が含まれているとみなければならない。秋山はまた、『源平盛衰記』（巻九）に、

近来行人とて、山門の威に募、切物奇物責めはたり、出挙借上入れちらして、徳付き、公名付なんどして、以ての外に過分に成り、大衆をも事ともせず

とあるのも「借り上げ」の例とされる。豊田武(54)や奥野高広(55)も、行人（堂衆）が高利貸をしたのだと解釈しておられる。右の文の解釈はむずかしいが、「借上」を「かりあげ」と読まねばならぬ理由が、わたくしには理解できない。「入れちらして」というのも適確につかめないが、しかしともかく、「借り上げる」という動詞は、やがて「借り上げ」という普通名詞になり、ついには「かしあげ」になったという。これは、ごくふつうに行われている説である。

右のような起源説にたいして、「借上」は「出挙」の和訳であろうという説がある。中田薫(56)は「借《カシ》は出、上は挙《アゲ》」といわれる。すなわち中田は、「徳政雑々記」から左の部分を引用している。

一対二成田藤八郎借用料足一貫文一事、為百廿文銭上来候旨言上候条、任二徳政御法一被二棄破一候也

一対二出町加々女借用料足一貫文一事、依好取雖預状調遣レ之、為二百卅銭一三月挙来、残七百文事任二徳政御法令一
棄破□也

一今町対二野老屋借用料足二貫文者挙銭一也、八百文三文子加二利平一之段無レ紛之旨言上候条、企二徳政之法一令二棄
破一□也

また、建武以来追加・永享五年（一四三三）十月十三日「諸土倉盗人事」の「於二利平上来質一者、以二一倍一可レ致二其沙汰[57]一」や、大日本古文書『観心寺文書』（四〇六頁）の天文二十一年（一五五二）十一月二十六日付利銭請取状の「うけとり申りあけの代物の事、四くわん」、同文書（四一八頁）の天文二十三年十一月十九日付請取状の「うけとり申りあけれうそくの事」などを掲げて根拠としている。この中田の説は、ずいぶんとうがった説であるが、『庭訓往来抄』が「借上《カシアゲ》」として、「銭ヲカシテ十日々々ニ利ヲ加ヘ上ルヲ云ナリ」というのと同趣旨である。この説は、さらに大日本古文書『石清水文書之二』（五五六頁）の永仁三年（一二九五）伏見天皇綸旨の、

一、同神人等号二当宮神物一、致二挙銭借上一可二停止一事

神人等（中略）近年好而致二挙銭借上一、称二当宮之神物一太以狼藉也、向後一切可二停止一

という文とあわせて裏打ちされている。これらは「借上」が「出挙」そのものの別名である証拠だというのである。
以上の二説をみると、中田説の方が無理がないように思われる。秋山説の根拠となった筥崎宮政所下文の場合、「借上」を「カリアゲ」と読まねばならぬ積極的理由はない。

借上の初見　借上は秋山のように考えれば、元来「借り上げる」という動詞であり、中田の如く考えても「借（貸）して利をあげる」という動詞である。それが「借上」という、そのような行為を示す普通名詞になり、やがて金融業者の代名詞となるわけである。借上を行うものを「借上人」と称した例もあるが[58]、ふつうはたんに「借上」と

いわれた。ところで、借上の史料上の初見は従来どうみられていただろうか。以前には、初めに掲げた延応元年の幕府法あたりに初見を求めていたが、奥野高広(59)は寿永三年（一一八四）二月七日付後白河院牒(60)によって、初見をこれに求められた。その一部を示す。

右、得㆓彼社司等今月二日解状㆒偁、謹検㆓案内㆒、自㆓去年秋之比㆒、為㆓平家等㆒打㆓塞西海道㆒、云㆓御米㆒云㆓供菜㆒不㆑令㆓運上㆒之間、擬㆑及㆓御相折闕如㆒之処、社司等奔㆓営東西㆒借㆓用借上物㆒、于㆑今支㆓御料闕之㆒而相㆓待運上物㆒之間……

とある。これは、明らかに、いま問題とするところの借上の史料とすることができる。しかし、すでに中田薫は承安四年（一一七四）八月三日付感神院神人等申請社家政所裁解なるものを紹介しておられる(61)。

右所令㆑言㆓上案内㆒事、元者去々年比、右近将監則宗自㆓借上神人則永之手㆒、令㆑借㆓用巨多物等㆒之剋、入㆓私領田弐段畠肆段質券㆒畢

これより以前、承安二年（一一七二）の土佐国雑掌紀頼兼・主殿寮沙汰人伴守方問注記(62)に借上がみえ（後述二八八頁）、さらに保延二年（一一三六）九月付の明法博士勘文案(63)に借上の字がみえる。管見によると、右は借上の初見史料である。右勘文によると、日吉神社の神人は、所領荘園からの上分米＝御供料を預かり、これを諸人に出挙していた。出挙にさいしては「領地」を質にとったのであるが、借り手は「各乍㆑出㆓文書㆒、不㆑致㆓其弁㆒」「近年以降、上下諸人借㆓請神物㆒之後、更無㆓償之□㆒」というありさまで、ために「季節御祭欲㆑及㆓闕怠㆒」と日吉社は訴えた。大津神人から出挙米を借りた人びととして、左の人名が列挙されている。

能登前司（散位藤原国貞・二通、散位源国吉・二通、僧隆快・四通） 高島住人等（散位藤原貞資） 賀茂住人四郎大夫忠遠（散位藤原国貞） 故肥後前司（散位橘成親） 讃岐守（散位源貞元） 参河守（散位貞元代成元） 左

大弁宰相殿（散位橘成親）　能登守（同上）　越中国庁官田堵等（散位源宗貞）　物売四条女（同上）　美作前司（中原成行）　清原俊任并男三郎（散位藤原貞資）　大膳進（散位藤原恒時）　越前国木田荘住人検校（散位藤原忠恒）　珍貞妻（散位藤原恒時）　肥後介散位大江朝臣（若江兼次）　蔵人大夫（同上）　内匠助（同上）　大炊頭（大中臣景元并僧智慶）〔カッコ内の人名は、出挙の仲介者か？〕

借り手に受領層が多く含まれている点は注目される。

神人・山僧　神人・僧侶が私出挙を行い、諸人を譴責するという史実は、院政期から鎌倉期の重要な問題のひとつであった。大治二年（一一二七）五月十九日付太政官符(64)は、雑事五箇条を淡路国に下したものだが、そのうちに、権門勢家の使がみだりに私挙物を責め徴するを止どめるべき条がある。「権門勢家使・神民・悪僧等横二行部内一、猥致二譴責一・《(東脱カ)》作之勤為レ斯被レ妨、西収之稼為レ斯多廃、門敗《(マヽ)》之費、尤在二此事一」というわけで、出挙の責めを停止するというのである。出挙が院政期の政治問題として為政者に意識されていたことは、その法令に十分に示されているが、保延元年（一一三五）の藤原敦光勘文（『本朝続文粋』二）に、つぎのように述べられているのも注意される。

諸国土民為レ逃二課役一、或称二神人一、或為二悪僧一、横二行部内一対二捍国務一、加以二京中所住浮食大賈之人一、或於二近都一借二一物一、向二遠国一貪二三倍一、或当春時与二少分一、及二秋節一取二大利一、若送廻之寒燠、殆傾二終身之貯資一、窮民不レ堪二其力一挙レ家逃亡、又永売二妻子一為二彼奴婢一、天下凋残、職而之由

保元元年（一一五六）七月に保元の乱が起こり、その直後の閏九月十八日に新制七箇条が出された。これがいわゆる保元の荘園整理令である(65)。その第四条は「可レ令下仰二本寺并国司一、停中止諸山悪僧行事上」として、直接的には興福寺・延暦寺・園城寺・熊野山・金峯山の三寺両山を対象としたものであった。

彼三寺両山、夏衆・彼岸衆・先達・寄人等、或号二僧供料一加二増出挙利一、或称二会頭料一掠二取公私物一

というのが、その内容をなしている。[66]

長寛元年（一一六三）七月十日に宣旨を下して、「延暦寺僧徒、日吉神民等、京中猥入、出挙物譴責之輩、可二搦進一」[67]と命じた。治承二年（一一七八）七月十八日付太政官符[68]は、ほぼ保元新制を継承したものだが[69]、その第七条で私出挙の利を一倍に制限するとともに、第十条で、

近年諸社神人諸寺悪僧、或横二行京中一決二断訴訟一、或発二向諸国一、侵二奪田地一、就中延暦・興福両寺悪僧、熊野先達、日吉神人等殊以蜂起、同下二知諸国一、慥令レ搦二進其身一

と命じている。出挙の文字はみえないが、前後の法令をあわせみれば、その「濫行」のうちに出挙の利を責めとるということが含まれていたことは疑いない。建久二年（一一九一）三月二十二日の宣旨（『続々群書類従』第七）も保元令を継承したもので、その第六条で、諸社神人が「横二行洛中一、致二出挙違法之責一」することを禁じ、第七条で諸寺諸山悪僧が「称二出挙利分一催二徴国郡一、号二仏僧供料一、責二煩人庶一」するを禁じた。寛喜三年（一二三一）の宣旨[70]は、山僧神人らが「於二在家一乱責二負累物一」するを禁じた。

多くの法令が、諸寺悪僧・諸社神人の出挙を問題にしていることは右の如くであるが、祇園社・日吉社・興福寺・延暦寺・園城寺・熊野山・金峯山などが代表的なものとみられていた。承安元年（一一七一）十一月九日、小野為遠はその所領田一段（在近江国蒲生下郡桐原郷）を負物代として山門東塔南谷の増善房に渡した[71]。建保元年（一二一三）頃、大津神人が越前国で出挙を行っていたのを、守護大内氏の代官が妨げ、神人の訴えによって罪科に処された。同じ頃、京都三条猪隈あたりで山僧・神人が出挙の利を呵責して狼藉を働き、殺害人を出し、また寛喜元年（一二二九）に、日吉二宮々子法師が楊梅町辺の民家に負物を責めて、これを咎めた武士と闘乱におよび、打ち殺されたという[72]。

承安二年（一一七二）九月の主殿寮年預伴守方解(73)によると、主殿寮納物（油・大粮米など）の収納については、土佐国の場合は借上友連の代官有利が、備中国の場合は借上有末が主殿寮使として下向し、実際の徴収に当たっていたという。いわゆる年貢徴収の請負にほかならない。借上のこのような活動は鎌倉期に入ると大きな政治問題となって顕現する。延応元年（一二三九）七月二十六日、幕府は山僧をもって荘園の預所や地頭代に補任することを禁じた（追加法一一六条）。この山僧が高利貸付を行う僧であることは同年九月十七日の法令（追加法一二〇条）で明らかである。すなわち「諸国地頭等、以二山僧并商人借上輩一、補二地頭代官一事」を禁じたのである。御家人の「私領」の売買について、「凡下之輩并借上等」に売り渡すことを禁じたのも（追加法一四五条）、高利貸資本の浸透による御家人層の没落を防止しようとする措置であった(74)。

㈤　出挙と土地集積

貨幣経済の進展にともなって、とくに都市近郊において、商工の民が土地保有者として進出してくる事実は、つとに指摘されている。いうまでもなく、荘園制下の土地保有は「職」の保有によって示されるが、それは多くの場合、名主職・加地子名主職・作職の保有であった。室町期、東大寺領大和国添上郡河上荘では、その「作人」中に東大寺・興福寺の僧侶および商工業者が多く出現しているし、山城国上賀茂社境内六郷においても、茶屋・さうめん屋・檜物屋・米屋・魚屋・ろうそく屋・麹屋・酒屋・帯屋・塩屋・日銭屋・畳屋・瓦屋・縫物屋などが「作人」として名を連ねている(75)。これらは、いずれも加地子名主というべきものであろう。室町期の寺院が、荘園制における本所・領家・預所職の保有のみならず、名主職・作職などを集積していった事情は、興福寺・東大寺・大徳寺・勝尾寺など多くの場合により験証される。その集積は寄進・買得・質流れなど多様な契機をもつものであるが、出挙に基づくものも多かったであろう。

寺院の金融　室町期の出挙＝高利貸付は、鎌倉期の借上にかわって土倉をもって代表される。京都では正和四年（一三一五）に日吉社神人支配の土倉のみで三〇〇軒に達し、その総数は想像以上のものがあった[76]。奈良では不明だが、明応七年（一四九八）に、「徳政之物忩奈良中質物不レ取レ之、不レ可レ然、於二徳政一者不レ可レ有二許可一旨加二下知一云々、大小二百ケ所計在レ之云々[77]」といわれている。寺院そのものが高利貸付を行うことはもちろんで、僧侶のなかにも、東大寺西室大夫法眼見賢の如きは、将軍義政に寵されて政界にも活躍した高利貸であり、嘉吉元年（一四四一）に将軍家の料足四万貫を預かり、また奈良の銭貨一万四〇〇〇貫・米二〇〇〇石、京・坂本に十余万貫を擁したというようなものもいた[78]。

時代はだいぶ下るが、天文・弘治・永禄・元亀頃の借用状が「興福寺文書」中に多く残されている。一例を示す。

借用申御米事
合三斗者御クラモト ホツシン井ン
右此御米ニハ、斗へツニ二舛ツヽリブンクワエ、来秋中ニ御サタ申へキ者也、タトエ天下一同ノトクセヰユキソロトモ、此御米ニハ一言□申コトアルマシクソロ、仍後日状如レ件
弘治三年丁巳十二月三日
ヒコ四郎（略押）

「御クラモトホツシンキン」は御倉本（元）発志院であるが、文書にみえる興福寺の諸院・坊中の倉本をみると、発志院・厳荘院・三蔵院・光林院・法蔵院・阿弥陀院・安養坊・常妙院

など八か所がかぞえられ、ほかに東大寺クワンヲンキン（観音院？）の名もみえ、あとは寺外のものである。注目されるのは、右の例はすべて「借用申御米事」とあって「料足」と明記したもののないことである。また文書がすべて略押をもっていることなどから、借り手が農民だったらしいことが推測される。借り手の住所は古市・清水・長井など奈良近郊のものが多く、近世初期における高利貸資本の近郊農村への浸透の様子がここにもみられる。

我孫子屋の土地集積　中世末期、京都大徳寺がその寺院経済維持のために、いかなる方策をとったかについては、すでに佐々木銀弥[79]の研究があるが、その経済的基礎のひとつとして、小規模な加地子名主職を集積していたことも指摘されている。以下に述べるのは、結局は大徳寺養徳院の有に帰した一町九段余の田畠に関する史料の紹介である。

文明三年（一四七一）閏八月十二日、道金・智位両人の名前で田畠一町九段七五歩が大徳寺養徳院宗熙に寄進された。その寄進状[80]によると、該田畠は我孫子屋次郎[81]の私領で、その遺言により寄進されたものであった。我孫子屋には妻子がなかったので、その跡を道金・智位両人に「可ㇾ取成ㇾ之由申置」いたのであった[82]。我孫子屋の注文書は文明二年に他所に預けおいたところ紛失したので、新たに目録を作り、それを本券とした[83]。寄進された土地は幕府によっても確認された[84]。その後、この地にたいする押妨が重なり、養徳院は幕府に訴え出たものとみえ、文明十四年（一四八二）六月、摂津守護代薬師寺元長に宛てて幕府奉行人連署奉書が出されている[85]。さて我孫子屋次郎の遺言により養徳院に寄進された土地については、道金の作成した文明三年十月三日付の坪付注文なるもの[86]がある。表示すると表1の如くである。

表の如く、土地集積の期間は応永から永享にかかるときで、買得と質物による取得のふた通りある。ところで、表にみるように、土地を手放したものの名と作人の名の一致するものが六例ある。これは作職保留の売却ということになるであろう。また表1に年貢も注記しておいたが、例えば表1の1の場合、「本役公田三斗代、春秋銭百文」であ

表1

No.	地　字	地積	入手方法	旧　主	入　手 年月日	年　貢	作人名
1	堀　田 弓道前	段 歩 3. 60	買	大成寺	応永18. 2.17	本役3斗代 春秋銭100文	大成寺
2	〃	1. 60	質	——	〃 32. 4.29	——	六郎四郎
3	屎池内 道ソイ	1.120	〃	宗　久	永享 3. 1.14	本役3斗代 春秋銭100文	宗　久
4	堀田屎池	2.180	〃	道　場	〃 5. 4.17	〃	持　見
5	〃	1.150	〃	又二郎	応永16. 1.29	——	又二郎
6	〃	1.120	買	法　善	正長 1.12.—	本役3斗代 春秋銭100文	——
7	〃	2.120	質	覚　阿	応永18. 2. 9	——	覚　阿
8	〃	60	買	刑部太郎	〃 19.11.11	——	刑部太郎
9	〃	80	〃	又二郎	〃 16. 3.30	——	又二郎
10	堀田屋敷内 屎池内	1.270	〃	光薗寺	〃 21. 2.29 29. 2.17	役公田	——
11	堀田前屋敷 屎池内	1. —	〃	〃	〃 29. 2.17	〃	——
12	堀畑，アラレカキ内	50	〃	又三郎	永享 4. 5.18	本役	——
13	堀畠大元畠	90	〃	彦九郎	応永 ——	〃	——
14	堀　畑 南ソイ	90	質	法　善	永享 8.12.28	本役無	——
15	堀　畠 小別当	5	質	大成寺	応永24. 7. 2	本　役	——
16	苅田畠 茶　園	180	質	道　観	〃 21.12.29	〃	——
17	羅畠，アホシ塩内	1. 60	質	尼かかし	〃 19.12. 6	本役衣羅畠 段別50文， 米1升宛	——
18	苅田畠 堀　前	180	〃	福　蔵	永享 2. 6. 1	本役公田畠	——

る。本役は荘園領主にたいする負担であり、「春秋銭百文」は公事銭で、文字通り春・秋の二回納めるものである。

正長の徳政　前掲表1の2の土地について、つぎのような記載がある。

応永卅二年癸卯卯月廿九日質流、中年徳政ニ出マシキ物ヲ取、後公方御成敗之任旨返付候

また5の土地については、つぎの如くある。

応永十六年正月廿九日、又二郎質流、本券徳政時、西堀衛門一郎取□を依公方御成敗返付

つぎに16の土地については、

正長二年八月三日、公方ヨリ御付候、本ハ応永廿一年甲午十二月廿九日道観ヨリ流候

とある。右にみえる「中年徳政」とは、いうまでもなく正長元年（一四二八）の徳政をさしている。ところで、また右文中の「公方」とは室町将軍をさすことも明らかである。正長の土一揆＝徳政一揆については、その規模の大なることはよく知られているが、実際の状況を示す史料は案外少ない(87)。幕府は正長元年十一月二十二日に「近日とくせいとかうして、土一揆等酒屋土倉において質物をおさへとり、乱入狼藉を致す事(88)」を禁じているが、実際にはおそらく国ごとに一定の徳政掟法が定められて行われたものと思われる。

春日神社の「社頭之諸日記」十一月二十五日条に、

一、見質本三分一ニテ可レ請事
一、憑支大小ヤフルヘキ事
一、五ケ年以前ノ借書ハタヽ可レ出事
一、去年以前地下ノ未進ナスヘカラサル事

とある。これはいうまでもなく奈良の場合である(89)。正長元年十二月の手掻叡春言上状(90)によると、叡春は応永二十七年

（一四二〇）三月に越中国高瀬荘地頭職を質物として料足を借りたが、同年秋に借金を返済した。ところが、銭主方は、このたびの徳政にかこつけて地頭職を抑留した。これにたいして、叡春は「今度徳政御掟法之内、於五ケ年以前借物者、一向被㆓弃置㆒」ということであるから、銭主の処置は不当であると訴えている。また「史徴」所引興福寺大般若経後語(91)には、

去八月比ヨリ御徳政ト云テ、王城江州五畿内徳政ノ行早、河内国ハ廿一箇年、田畠売買等悉本主返早、出挙利銭ハ札ノ銭トテ一文出質ノ主取早、借書皆主取早、爰南都ハ本二分一ニテ、質モ借書モ万物本主取ベキヨリ定早、

憑支ハ自国他国破早

とある。我孫子屋の場合、応永十六年（一四〇九）に質流れとなったものも取戻しの対象になっているから、摂津国では一九年間は適用範囲にあったということになる。それが16の土地の場合、正長二年八月三日に幕府の命により返付されたことがわかる。しかし、その幕府法は現在発見できない。以上数枚の史料で、我孫子屋の土地集積状況と正長の徳政についてのひとつの資料をみた。

注

（1）『平安遺文』一巻二〇号。なお史料中の「倉付」については、小山田義夫「倉付についての一考察」（『中央大学経済学論叢』三五―四、のち『一国平均役と中世社会』岩田書院、二〇〇八年、所収）がある。

（2）村井康彦『古代国家解体過程の研究』（岩波書店、一九六五年）二三四頁。但し、出挙本稲一五九〇束を寺の「墾田・田代よりの収益」であると村井は述べているが、別置された稲と見る方がよいのではないかと思われる。

（3）『平安遺文』一巻一七二号。

（4）同右・一巻一五〇号。

（5）同右・十巻四九七三号、永久六年（一一一八）二月九日大和国池辺荘別当田畠売券に「右件田畠者、元者、藤原三子池辺御庄出挙并修理殿之米参斛代弁進所也」とあるのも荘の出挙の史料とすることができよう。なお、藤原宮跡出土木簡（弘仁元〜二年）は仮に宮所庄関係資料とされる難解なものであるが、初期庄園の経営について貴重な情報を提供するものとして今後なお検討を要する。村井康彦「宮処庄の構造—宮都と国衙の間」（『国立歴史民俗博物館研究報告』8、一九八五年）参照。
（6）吉田晶「八・九世紀における私出挙について」（大阪歴史学会編『律令国家の基礎構造』吉川弘文館、一九六〇年）。
（7）阿部猛『律令国家解体過程の研究』（新生社、一九六六年）第三編第三章第一節㈠。
（8）吉田晶「納所小論」（『史林』四一—三、一九五八年）。
（9）『平安遺文』五巻一八四七号。
（10）本文の作手職は如意房から弟子の静雅に伝えられ、のち永治元年（一一四一）に東大寺僧永賢に六石の代価で売却された。同右・六巻二四五六号。
（11）同右・五巻一八七九号。
（12）同右・五巻一九〇三号。
（13）同右・五巻一九一九号。
（14）同右・九巻四五八九号。
（15）同右・二巻四〇二号。大仏供白米・灯油・利稲についての返抄に記載された人名とその性格については、阿部猛「東大寺大仏供納所返抄について」（『日本歴史』一五〇号、一九六〇年）を参照。
（16）同右・九巻四五九二号。
（17）同右・九巻四五九五号。
（18）同右・十巻四九一一号。
（19）同右・九巻四五八〇号。
（20）同右・九巻四五八一号。

(21)『続日本紀』巻十五。なお、竹内理三『奈良朝時代に於ける寺院経済の研究』(大岡山書店、一九三二年)、阿部猛「古代における寺院の造営形態Ⅰ」(東京教育大学昭史会編『日本歴史論究』二宮書店、一九六三年、所収)。
(22)『政事要略』巻五十五・天慶二年二月十五日太政官符。
(23)『朝野群載』巻二十六・寛治七年勘解由使勘文。
(24)『平安遺文』九巻四五八〇号。
(25)同右・二巻四〇三号・四一五号、九巻四五八一号・四五八九~四五九二号・四五九四~四五九六号。
(26)同右・四巻一三八八号。
(27)竹内理三『寺領荘園の研究』(畝傍書房、一九四二年)九五頁、阿部猛『日本荘園成立史の研究』(雄山閣出版、一九六〇年)第二編。
(28)『平安遺文』三巻六三九号。
(29)同右・六巻二七〇九号。
(30)同右・六巻三一八四号。
(31)同右・六巻三二九六号。
(32)同右・六巻二六五五号。
(33)同右・六巻二六六四号。
(34)散田・請作および伊賀国の東大寺荘出作公田の請作の問題については、村井康彦「田堵の存在形態」(『古代国家解体過程の研究』岩波書店、一九六五年)、戸田芳実「国衙領の名と在家について」(『日本領主制成立史の研究』岩波書店、一九六七年)、赤松俊秀「杣工と荘園」(『古代中世社会経済史研究』平楽寺書店、一九七二年)。
(35)『平安遺文』七巻附録、竹内理三「改訂覚え書」。
(36)同右・五巻一九五八号。
(37)同右・三巻一〇〇九号。

(38)　吉田晶「八・九世紀における私出挙について」(『律令国家の基礎構造』吉川弘文館、一九六〇年)。
(39)　『平安遺文』四巻一一九一号。
(40)　同右・四巻一三三八号。
(41)　同右・四巻一三四六号。
(42)　同右・四巻一三九三号。「一倍」の理解については、本書一六章所収「一倍・半倍考」を参照。
(43)　同右・四巻一四一一号。
(44)　同右・四巻一六九七号。
(45)　同右・四巻一八一二号。
(46)　同右・五巻一八六七号。
(47)　同右・五巻二三一五号。
(48)　同右・五巻二三八三号。
(49)　同右・七巻三三二六号。
(50)　同右・四巻一三四六号。
(51)　同右・七巻三三九六号。
(52)　秋山謙蔵『日支交渉史研究』(岩波書店、一九三九年)三五〇頁。
(53)　『大日本史料』四編の十五。
(54)　豊田武『日本商人史—中世篇—』(東京堂出版、一九四九年)一一一頁。
(55)　奥野高広「借上と土倉」(『史学雑誌』五九—一〇、一九五〇年)。
(56)　中田薫「借上」(『法制史論集　第三巻』岩波書店、一九四三年)一一一九頁。なお、借上の起源について佐藤泰弘は、従来の諸説が字義の解釈に陥った点を批判し、「貸借行為の実態を史料に即して具体的に跡付ける作業が必要である」として、新しい見解を披陳している(「借上の予備的考察」『甲南大学紀要』文学編一二四、二〇〇二年)。

(57) 佐藤進一・池内義資編『中世法制史料集　第二巻』(岩波書店、一九五五年) 七四頁。
(58) 秋山謙蔵・前掲書(注52)三五一頁。
(59) 奥野高広・前掲論文(注55)。
(60) 『平安遺文』八巻四一二八号。
(61) 中田薫・前掲論文(注56)一一一九頁。「大正十二年予が京都博物館にて書写せるもの」との注記がある。
(62) 『平安遺文』七巻三六〇七号。
(63) 同右・五巻二三五〇号。
(64) 『勘仲記』弘安十年七月十三日条。
(65) 『兵範記』保元元年閏九月十八日条。阿部猛・前掲書(注7)五八五頁以下。
(66) 保元二年三月十七日太政官符案(『平安遺文』六巻二八七六号) は、保元元年新制のうち二条を除いて「雑事五箇条」として同内容の法を公布している。但し本文所引の部分の「出挙利」を「出古利」と書いている。
(67) 『百練抄』第七・長寛元年七月十日条。
(68) 『平安遺文』八巻三八五二号。
(69) 水戸部正男『公家新制の研究』(創文社、一九六一年) 一〇六頁。
(70) 佐藤進一・池内義資編『中世法制史料集　第一巻』(岩波書店、一九五五年) 七八頁。
(71) 『平安遺文』十巻五〇五三号。
(72) 豊田武・前掲書(注54)一一一頁。
(73) 『平安遺文』七巻三六〇七号。
(74) 乾元元年(一三〇二) に私財を投じて播磨国福泊の築堤工事を行ったという安東市右衛門入道聖蓮は北条氏得宗被官だったが、文永頃、宴遍法印に一五〇貫文を貸し、山門の悪僧と結び近江国堅田浦で年貢運上船から右借銭代を割取しようとして訴えられた。窮乏する御家人のある一方、このような富裕層も形成されていたのである。佐藤進一「幕府論」(『日本中世史論集』岩波書店、一九九〇年）二七頁。
(75) 清水三男『日本中世の村落』（日本評論社、一九四二年）第二部（三）（四）。
(76) 奥野高広・前掲論文（注55）。
(77) 『大乗院寺社雑事記』明応七年正月十九日条。
(78) 永島福太郎『中世畿内における都市の発達』（思文閣出版、二〇〇四年）、同「金融業の一僧」（『日本歴史』一三号、一九四八年）。
(79) 佐々木銀弥「荘園制解体期における寺院経済の転換形態」（『経済学季報』一四号、一九五六年）。
(80) 『大徳寺文書之三』一二二六号。
(81) 我孫子屋については知識を欠くが、堺の商人か。
(82) 『大徳寺文書之三』一二二八号。
(83) 同右・一二二七号。
(84) 同右・一二三〇号。
(85) 同右・一二三一号。
(86) 同右・一二二九号。
(87) 正長の土一揆については、三浦周行「土一揆」（『日本史の研究』岩波書店、一九一八年）、中村吉治『土一揆研究』（校倉書房、一九七四年）一五六頁。
(88) 佐藤進一・池内義資編前掲書（注57）建武以来追加一八八条。
(89) 中村吉治・前掲書（注87）。
(90) 佐藤進一・池内義資編前掲書（注57）二〇四頁。
(91) 同右・三三八頁。

一五　飛ぶ伝承

―山崎の長者―

㈠　資財宝物帳

奈良県王子の北、信貴山中腹にある朝護孫子寺は、平安末期に描かれたという『信貴山縁起絵巻』の存在によって著名である。絵巻の成立は十二世紀の半ばすぎであろうという。おおまかにいえば、『古本説話集』（十二世紀前期の成立という）所載の説話が絵巻につくられ、同じ話が『宇治拾遺物語』（一二一二―一二二一年成立）に採り入れられたという関係にあるらしい。

絵巻は、本寺の中興の僧命蓮の奇行を記したもので、その「飛倉の巻」はとくに名高い。ところで本寺には承平七年（九三七）六月十七日の日付を有する「資財宝物帳」（『平安遺文』十巻四九〇四号）なるものが存在する。「資財宝物帳」はつぎのようにいう。

右命蓮、以㆓寛平年中㆒、未㆑弁㆓菽麦㆒幼稚之程、参登㆓此山㆒、但所㆑有方丈円堂一宇、安㆓置毘沙門一躯㆒、爰愚私造㆓闇（庵）室㆒、限㆓十二年㆒山蟄勤修之間、更無㆓人音㆒、仏神有㆑感、彼此同法出来、専位（住カ）㆓於此山㆒、更無㆓他行㆒、自然臻㆓于六十有余㆒其間奉㆑造㆓本堂四面庇㆒、自余宝殿尊像又宝物房舎等所㆓造儲㆒也

この部分、『古本説話集』の「信濃国聖事第六十五」を引用するとつぎの如くである。

> いまはむかし、しなの丶国に、法師ありけり、さるゐ中《田舎》にて、ほうしになりにければ、まだずかい《受戒》もせで、『いかで、京にのぼりて、東大寺というところにまいりて、ずかいせん』とおもひて、かまへてのぼりて、ずかいしてけり、さて、もとのくにへかへらむと思ひけれど、『よしなし、さる無仏世界のやうなる所に、いかじ、こ丶にいなむ』とおもふこ丶ろつきて、東大寺の仏の御前に候て、『いづくにか、をこなひして、のどやかにすみぬべき所』と、よろづのところをみまはしければ、ひつじさるのかたに、やま、かすかにみゆ、そこにおこなひて、すまむと思ひて、ゆきて、山の中に、えもいはずおこなひて、すごす程に、すゞろに、ちゐさやかなるづしぼとけを、丶こなひいでたりければ、そこにちいさきだう《堂》をたて丶、すゑ《据》たてまつりて、えもいはずおこなひて、としつきをふるほどに、山ざとに、げすにん《下司人》とて、いみじきとくにむ《徳人》ありけり（1）

所伝によると、信貴山寺は聖徳太子の開創というのであるが、もちろん信じうるものではない。ところで「資財宝物帳」は、命蓮が信貴山に入ったのは「未㆑弁㆓菽麦㆒幼稚之程」すなわち、豆と麦の見分けもつかない幼稚の頃だという。一二年間もっぱらこの山で修行したというので、受戒以前に信濃国で僧として年月を送っていたというのも疑わしい。また『扶桑略記』（第二十四）裏書の延長八年（九三〇）の記事によって、沙弥命蓮が延喜の帝（醍醐天皇）の命に応じて上京し、左兵衛陣に候し、加持祈禱を行ったと知られる。絵巻の詞章は史実からかなり離れたものになっていたことがうかがわれるのである。

延長八年（九三〇）七月、醍醐天皇は四六歳で病を患った。八月、度者五百人を定め、また諸社に奉幣した。そして八月十九日、修験の聞こえある河内国志貴山寺の沙弥命蓮を召して加持祈禱させた（『扶桑略記』）。絵巻の詞書は、

> そのころ、えむぎ《延喜》のみかど、ごなうおもくわづらはせたまひて、さまぐ〵のおほむいのりども、みすほう《御修法》、

みど《(御読)》経など、よろづにせらるれど、さらにえをこた《(怠)》らせたまはず

と記している。詞書によると、命蓮は参内することを拒み、剣の護法を送って、めでたく帝の病は平癒したという。ここは史実と相違している。藤原忠親の日記『山槐記』永万元年（一一六五）六月二十八日条は、新院（二条天皇）について、

或人曰、新院《(二条天皇)》御悩猶不レ軽、今日石屋聖人密参入奉レ灸二御胸一所各廿一草一、相模守信保奉レ灸(石屋)聖人療二転屍病一云々、自平中納言《(清盛)》被レ挙云々、(醍醐)天皇獲麟之時、召二信貴山命蓮聖人一、令二(近衛)院崩一給之時、召二三瀧聖人一、雖レ有二先蹤一、至二于医療一□《脱カ》可不・者也、後聞、又有二御飡食事一、其後御痢□御絶入、其後又不二聞食一云々

とある。平安末期、命蓮についての説話は貴族社会において広く知られたものとして流布していたのであり、二条天皇の病にも、命蓮の加持祈禱が想起されたのであった(2)。

寛平年中に命蓮が山に登ったとき、堂一宇があり、毘沙門一躯が安置されていた。それが、しだいに発展して「資財宝物帳」に記されたような規模になったというわけである。毘沙門安置のことは「資財宝物帳」や『宇治拾遺物語』には見えるが、『古本説話集』には明記されていない。「絵巻」は首部を欠いているが、詞書の末尾で、朽ちた飛倉の木の端を得た人はこれを守りとし、「毘沙門造り奉て持し奉る人は、必ず徳つかぬ人はなかりけり」と書いて毘沙門天信仰を喧伝する(3)。命蓮は天台の僧である。それは、寺の鎮守の神として山王を勧請したこと、備えつけのお経が、法華経のほか、いくらかの真言経と大般若経六百巻であるという点から推測される(4)。

さて「資財宝物帳」は承平七年（九三七）の日付を持つが、内容を見ると、寛弘八年（一〇一一）、寛仁元年（一〇一七）の事柄も記載されていて問題は残る。現存の「資財宝物帳」は江戸時代の修復を経ており、巻末に別筆で、「右朝護孫子寺資財宝帳、依二破壊一令二修復一、奉納寺家文庫者也／享保七稔六月日　中院良訓大法師」とある。しか

し、内容については、基づく何らかの史料があったと見てよいであろう。朝護孫子寺は文明十五年（一四八三）大火にあい、天正五年（一五七七）には織田信長による松永久秀の信貴山城攻略戦の折にも多くの坊舎を失った。そのゆえか文書に乏しく、全く傍証を欠くといってよい。確かなことはいえないにしても、「資財宝物帳」の示すところは、ほぼ十一世紀までの状況と仮定しておきたい。

寺の建造物などについて、これを「資財宝物帳」によって見ると、まず御堂は「九尺間三間桧皮葺四面庇」の規模で、延喜年中に造立されたものという。のち延長年中に改造し、さらに承平年中に「御楳立、未葺」――垂木はとりつけたが、いまだ屋根を葺いていない状況にあったらしい。毘沙門堂は「三間」「在レ戸」と記されているが、これがいつの頃からか「本堂」と呼ばれるようになった。他に僧坊があり、一宇は五間三面板敷、一宇は三間二面板敷である。三間二面の東屋中坊、五間二面の東屋、五間二面の西経所と大衆屋二宇がある。倉が一宇あり「在二板敷戸等一」という。この倉が「絵巻」の校倉（飛倉）に相当するであろうという。(5)

「絵巻」によると、敷石の上に土台を井桁に組み、その上に校木を積み重ね、上に寄棟造本瓦葺の屋根をかけている。「絵巻」の中での毘沙門堂と倉との位置関係は、江戸時代の「大和名所図会」における本堂と宝蔵の位置関係と同じである。この倉に収蔵されるものは、金泥法華経一部、墨写法華経数部、大般若経一部六百巻で、これらは綾槻厨子に納めてある。綾槻厨子は文槻厨子とも書く。木目のある槻材で造った厨子である。宝物としては他に鍾二口以下、楽器は羯鼓以下、また釜・足鍋などの厨房具を掲げる。

㈡　飛　鉢

さて、「絵巻」に描かれた例の鉢である。「絵巻」では、鉢の外側に蓮弁が刻まれ、金色である。「絵巻」の第一巻は「山崎長者の巻」あるいは「飛倉の巻」と呼ばれるが、現存の「絵巻」は詞書を欠いている。いきなり画面から絵巻が始まるのである。そこで、『古本説話集』や『宇治拾遺物語』の文を参考にして話の筋をたどると、つぎのようになる。

山の麓に、ひとりの徳人が住んでいた。命蓮は秘法を以て鉢を飛ばせ、それに里から食物を運ばせていた。あるとき、例の如く鉢が飛んできたが、徳人の家では、ふくつけき（欲の深い）鉢だといって食物を入れず、倉の隅に抛っておいた。人びとは鉢のことを忘れ、倉の扉を閉めてしまった。すると突然、倉がゆさゆさと揺らぎ始め、地上一尺ばかり浮かび上った。人びとが驚き騒ぐうちに、倉の中から鉢がころがり出たと思うと、鉢に倉が乗り空高く昇り、飛行を続けて命蓮の住房のそばへどさりと着地した。徳人は、倉を返して欲しいと歎願したが、命蓮は、倉は返すわけにいかないが、中の米俵は返してやろうという。千石の米を運ぶてだてはないと徳人はいう。そこで命蓮が一俵の米を鉢に乗せて飛ばすと、雁が列をなして空を行くように米俵は飛翔し徳人の家に落ちた。

「絵巻」のこの部分は「山崎長者の巻」と呼ばれている。しかし『古本説話集』では「山ざと《（里）》に、げすに人《（マヽ）》とて、いみじきとくにむ《（徳人）》」といい、『宇治拾遺物語』では「此山のふもとに、いみじきげす徳人ありけり」というのみで、「山崎」という特定の地名が出ているわけではない。山崎の地名は十三世紀後半の「阿裟縛抄」（『大日本仏教全書

『広益国産考』所載〈油を搾る図〉

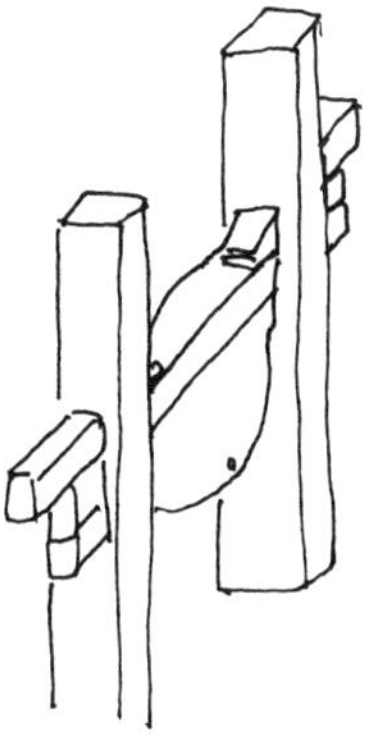

〈絵巻に見える長木〉

41』）巻第二百の「諸寺略記」に初めて見え、

聖人毎日一鉢を飛ばし以て其の時料を乞う、家ごとに信向（仰）し人々施しを争う、箇中《このうち》山城国大山崎村に巨富の家有り、空鉢頻りに飛び至る、家主、例の施しと偁《とな》えて、与《とも》に敢えて懈《おこた》らず

とある。「絵巻」に描かれた川を淀河とし、また徳人の家の裏に見える長木（また立木とも）すなわち荏胡麻の油を搾る装置から、山崎である可能性はある。[6] そこで「山崎長者の巻」と呼んでいるにすぎないのである。

ところで、米俵が空を飛ぶ図柄については『古今著聞集』（巻十一）に「鳥羽僧正以レ絵諷ニ供米不法一事」なる説話がある。

鳥羽僧正は近き世にはならびなき絵書なり。法勝寺金堂の扉の絵かきたる人也、いつ程の事にか供米の不法の事有ける時絵にかゝれける、辻風の吹たるに米の俵をおほく吹上たるが、塵灰のごとく空にあがるを、大童子法師原はしりよりて取とゝめんとしたるを、さまざまにおもしろう筆をふるひてかゝれたりけるを、誰かしたりけん、その絵を院御覧して御入興ありけり、その心を僧正に御尋有ければ、余りに供米不法に候て、実の物は入候はて、糟糠のみ入て軽く候ゆへに辻風に吹上られ候を、さりとてはとて小法師原が取とゞめんとし候がおかしう候を書て候と申されければ、比興の事也とて、それより供米の沙汰きびしくなりて不法の事なかりけり

この史料もあわせて、「絵巻」を鳥羽僧正覚猷の作に比定する向きもあったが、いまは否定されている(7)。ただ、米俵が空を飛ぶという題材は、あるていどの時代にも広く理解されるものであったことを示している。

さて、朝護孫子寺には、説話の「飛鉢」と称する銅製金メッキの鉢を現蔵する。高さ四寸九分五厘、口径内則八寸二分五厘ないし七寸七分五厘のもので、

聖徳君奉二施入一金御鉢一口、施主前上総講師寛運　延長七年歳次己丑（『平安遺文』金石文編・六〇頁）

という銘がある。延長七年（九二九）というのは命蓮が死ぬ一〇年ほど前である。参考までに、鉢の規模を他の史料で見ると、例えば天平十九年（七四七）二月十一日法隆寺伽藍縁起并流記資財帳（『寧楽遺文』中巻）に八口の鉢が記載されているが、材質・口径（寸）・高さ（寸）はつぎの如くである。

①白銅　六・八×四・四　②白銅　六・〇×四・七　③銅　五・三×五・三　④鉄　七・三×五・一　⑤鉄　七・四×四・六　⑥鉄　七・〇×四・九　⑦塞鉢　六・八×四・八　⑧薫鉢　七・〇×四・七

「絵巻」は十二世紀の作と見られるが、その主要な内容をなす飛倉の話は「鉢」の存在をひとつの材料としていると思われる。いったい、飛鉢の伝説は広く行われていたものらしい。つぎに飛鉢の説話について見よう(8)。

㈢　飛鉢の説話

「三宝絵」（永観二年〈九八四〉成立）中巻には、役行者《えんのぎょうじゃ》のこととして、「古人伝云、役行者みづからは草座に乗て、母をば鉢にのせて唐へわたりにけりといへり」とあり、これが比較的早い史料とされる。「本朝神仙伝」の第二十話は、浄蔵[9]が大峯を通ったとき一人の禅僧に会い路を尋ねたところ、「僧銅の瓶を喚びて送らしめたり、瓶空を凌ぎて行くに、浄蔵随ひて路に達《いた》りぬ」という。同類の話は「大日本国法華験記」（巻上・第十一）にもあり、吉野奥山の持経者某が水瓶を虚空に飛ばして客の案内をさせたと沙門義睿は証言している。「本朝神仙伝」第二十八話には、「愛宕護山の仙は、何の人なるかを知らず、時に樵客に逢へり、銅の瓶の飛び来りて、大井の水を酌みつ、その帰る所を見るに、この山に留れり」とある。水を汲む瓶の話は『宇治拾遺物語』（巻十三の十三）にもあり、清瀧川の聖は水瓶を飛ばして水を汲んだという。また「本朝神仙伝」第二十七話には、飛鉢の法を行う比良山の僧某の話がある。

比良山の僧某は、神験方《くら》ぶものなし、兼て仙の道を学びて、また飛鉢の法を行へり、大津に来りたる船に、この鉢、去らずしてあり、挟抄《かんどり》・水手《かこ》、頗るこの鉢を厭ひて、米一俵をもて鉢の上に投げ置きつ、この鉢飛び去るに、船の中にありし俵、皆悉くに相随ふこと、秋の雁の雲霄に点ずるがごとし、綱丁はもて帰命頂礼したり、その後、米は船の中に反りたり、相伝へて云はく、一行禅師、昔我朝に来りしとき、適この事を見て謂ひて曰く、辺土なりといへども、学ばざるべからず、かくのごとき人ありといへり

といい、「絵巻」と同巧である。

米俵が鉢に乗って空を飛ぶ話は『元亨釈書』に二話ある。一つは、巻十五の泰澄の弟子臥行者の話である。和銅五年（七一二）羽州の官租米を乗せた船が通るのに向かって臥行者が鉢を飛ばして米を乞うたところ、船師神部浄定が、この官米は数が決まっているから割いてやるわけにはいかないと答えた。臥行者が山に帰ると、船の米が雁のように連なって山へ飛んでいった。浄定は山に登り臥行者にあやまり、入用の分を除いて米を返して貰うことになった。しかし、けわしい山からどのようにして米を運ぶことができようかと浄定がいうと、臥行者は船の支度をして待てという。浄定が船に戻ると、米は空を飛んでかえってきたという。

同様の話は巻十八にもある。大化元年（六四五）八月、船師藤井某が官租米を乗せて通りすぎたところ、法道が鉢を飛ばして米を乞うた。藤井某は、御厨の米であるから私の一存ではどうにもならないと断わった。鉢が飛び去ると米俵が雁の群の如くこれについて飛び去り、山中の庵所に至った。藤井某が庵に赴いてあやまったところ、法道は笑って許し、千石の米はまた空を飛んで船に戻ったという。(10)

『続本朝往生伝』の第三十三話には寂照上人の話がある。上人は宋の国に至り、かの国の高僧が飛鉢の法を行っているのを見たという。上人も本朝の神明仏法を念じて同法を行うことができたという。この話は『宇治拾遺物語』（巻十三の第十二）や『今昔物語集』（巻第二十の第三十九）にもある。

『元亨釈書』（巻十四）慈信伝によると、彼はつねに鉢を飛ばして食を乞い、空鉢上人と呼ばれていたという。延喜年中、霊告により、摂津国中山の十二面観音像を山城国山崎に遷し、鉢を飛ばして営造したという。『今昔物語集』（巻第十一の第二十四）には久米仙人の話がある。都の造営に当たって、仙人は「大中小の若干の材木」を南の杣から飛翔させたという。

「阿娑縛抄」（巻第二百）にある信濃国善光寺の縁起に、本尊の仏像は空を飛んで百済国に至り、その後、浪に浮かんで難波津に流れついたものであるという。また大和国多武峯では、十三重塔の造営に関連して、十二重まで完成したものの十三重めの資材が揃わず困っていたところ、夜半雷が鳴って大雨大風があり、翌朝見ると材木や瓦が積みあげられていたという。資材が空を飛んできたのであった。山城国笠置寺の縁起に、天智天皇の皇子は「飛雲之馬」に乗っていたという。摂津国勝尾寺の縁起に、神護景雲二年（七六八）善仲聖人は草座に乗って空高く飛んだとある。

京都の青蓮院には「飛鉢儀軌」「飛空大鉢法」と題する十二世紀の写本もあるという。しかし、私どもは、伝えられるような秘法の存在を信ずることはとうていできない。そこで鉢が飛ぶのではなく、南方熊楠のいうように、「やえん（野猿）」ケーブル様の仕掛があったのだろうと考える（「寂照飛鉢の話」『南方熊楠全集』第二巻、平凡社、一九七一年）。やえんというのはいまでも材木の運び出しに山地で用いられている装置である。(11)

飛鉢・飛倉の話は何も信貴山に限られないが、おそらく何らか由緒ある「飛鉢」があって、それに附会されて「飛倉」の話が構成されるというものではあるまいか。ところが「資財宝物帳」にはそれらしい鉢の存在は示されていない。「資財宝物帳」の日付を信ずれば、承平七年（九三七）には右の鉢はいまだ朝護孫子寺にはなかったと見るべきであろう。

(四)　寺　領

「資財宝物帳」には、寺の財政を支える所領の記載がある。いずれも檀越の施入によるもので、都合一五人から寄進されており、最も早いのは延喜十六年（九一六）、新しいのは寛仁元年（一〇一七）である。所領の所在地は、大和国平群郡・広瀬郡、河内国安宿郡・若江郡・大県郡・渋川郡・高安郡などである。地目別の合計地積は左の如くである。

田　一町五段一四〇歩
畠　一町九段二〇〇歩　（田・畠）三町四段三四〇歩
地　一町一段一四〇歩
家地　二段
林　四段（以上計五町四段一二〇歩）
山　一処
池　一処

もし右に列挙したものがその所領のすべてだとすれば、「資財宝物帳」もいうように、「雖レ有二十方施主施入田地一其数乏少、所以難レ動《勤》二常灯修理一」というべきであろう。「資財宝物帳」を見る限り、一部の貴族（藤原恒佐）[12]を除けば、山麓の人びとのささやかな施しによって寺は維持されていたといえる。「絵巻」には、命蓮が醍醐天皇の病気を法力で療したので、「そうづ《僧都》僧正にやなるべき、まだそのてらにさう《荘》などをもよせむ」と恩賞の沙汰があったが、これを固辞したと書かれている。初期の寺の経済的基礎が「資財宝物帳」に反映しているのかも知れない。[13]

注

（1）『宇治拾遺物語』（巻八の三）に収める「信濃国聖ノ事」は『古本説話集』のそれとほとんど同文である。

（2）益田勝実『説話文学と絵巻』（三一書房、一九六〇年）二三一頁以下、亀田孜「信貴山縁起虚実雑考」（『仏教芸術』二七号）。

（3）笠井昌昭は「信貴山縁起は毘沙門天の功徳を説く経典説話の隠喩」で、「そこに古代からの『餅の的』型の白鳥伝説にみる農耕信仰の底流を見出」すことができ、「倉稲魂《うかみたま》に代表される稲霊信仰が仏教的潤色をうけて毘沙門天信仰と融合したところに信貴山の縁起説話は誕生したのである」と述べている。笠井昌昭「信貴山」（『国文学　解釈と鑑賞』四七―三、のち『信貴山縁起絵巻の研究』平楽寺書店、一九七一年所収）。

（4）藤田経世・秋山光和『信貴山縁起絵巻』（東京大学出版会、一九五七年）一六二頁。

（5）建造物についての詳細は、福山敏男「信貴山の住房と校倉」（『日本建築史の研究』桑名文星堂、一九四三年）を参照。絵巻に見える倉（校倉）の構造は、福山敏男の解説によると「敷石（地覆石）の上に土台を井桁に組み、その上に校木が組み累ねられ、上には寄棟造本瓦葺の屋根がかけられてゐる。妻を正面としてこゝに両開きの板扉があり、鉄鏁がとりつけられ、内から飛び出して来た鉢の勢のために扉が打ち開かれて、片方の扉の打立金（壺金）がとれて鏁にくっついてゐる。手前の扉の表の上方、板の合せ目に畫いてあるものは飾金物とは認め難く、奇異な形をした輪廓の中に竝んだ五つの赤色の宝珠形の中の墨書は梵字らしいから、五仏の種子を書いた紙を押したものであらうか。側面に二本の間柱があるのは珍らしい。校木は断面四辺形となってゐるが、これは実際にかゝるものが在ったかどうか疑問で、或は今日正倉院の御倉以下普通に見る校倉に於けるが如き形のものを描く積りでかうしてしまったものではあるまいか。この様な本瓦葺の、立派な形式の校倉が下種の長者の家にあったとするのは説話の構成上の必要からの処置であるに過ぎず、当時の地方の住宅を論ずる場合、この倉を取扱ふのは正当ではあるまい」（福山敏男論文）という。福山は校倉は説話構成上の必要から描かれたにすぎないと述べたが、いまひとつ、前の文の冒頭の記述「敷石（地覆石）の上に土台を井桁に組み、その上に校木が組み累ねられ」ているという点に注目する。絵巻の校倉には東大寺や教王護国寺の倉庫などと違って構造物の下に束がないのである。一般に校倉の場合、束の長さだけの床下の空間がある。絵巻ではそれがない。倉を飛ばすためには実は束が邪魔なのである。千野香織・西和夫『空を飛ぶ倉』（『フィクションとしての絵画』ぺりかん社、一九九一年）。

（6）藤田経世・秋山光和・前掲書（注4）一七六頁、福山敏男・前掲論文（注5）。なお、絞油の技術については、津田秀夫「燈油」（講座『日本技術の社会史　第一巻』日本評論社、一九八三年）を参照。また中世の山崎については、脇田晴子『日本中

世都市論』（東京大学出版会、一九八一年）、小西瑞恵『中世都市共同体の研究』（思文閣出版、二〇〇〇年）を参照。

（7）小松茂美「『信貴山縁起』の周辺」（『日本の絵巻　4　信貴山縁起』中央公論社、一九九三年）。

（8）以下、藤田経世・秋山光和・前掲書（注4）一六四頁、日本思想大系7『往生伝　法華験記』（岩波書店、一九七四年）四四三頁補注、長谷川隆一「飛鉢説話考」（『仏教史研究』）など参照。

（9）浄蔵は三善清行の八男。多くの霊験をあらわしたことで知られる。その伝記的考察については、平林盛得「浄蔵大法師霊験考序説」（『聖と説話の史的研究』吉川弘文館、一九八一年）参照。

（10）のちの史料であるが、「峯相記」（阿部猛・太田順三編『播磨国鵤荘資料』八木書店、一九七〇年）に、播磨国の法花山の法道仙人の話が収められている。

「仙人空鉢ヲ南海ニ飛シテ供養ヲ請ク、或時宰府ノ船頭藤井摩呂正税ト号シテ供養ヲ致サス、其時船中ノ米俵一モ残ラズ群雁ノ如ク当山ニ飛来ル、船人驚起ス、但一鉢ノ米ヲ当山ニ留テ、余ハ船中ヘ還シ遣ス、一俵落チ留ル所ヲ米堕ト号ス」という地名起源説話となっている。この話は、前述の『元亨釈書』の説話を下敷にしている。

（11）杉山二郎『遊民の系譜』（青土社、一九八八年）一一二頁以下。なお、空を飛ぶ思想について、『is』四五号・特集「空中遊戯」の諸論考は興味ふかい。

（12）藤原恒佐（八七九―九三八）は左大臣良世の子。延喜十五年（九一五）従四位下で参議となり、承平七年（九三七）右大臣に至る。在任中、六〇歳で没した。贈正二位。

（13）筑土鈴寛「信貴山縁起」（『復古と叙事詩』青磁社、一九四二年）は、絵巻の「製作の意図」に触れつつ飛鉢について考察した味わいふかい文章である。

一六　一倍・半倍考

㈠

前近代の史料に、しばしば「一倍」という用語が現れる。国語辞典類、たとえば『日本国語大辞典』（小学館）は、「二倍の古い言い方」と説明し、『古語大辞典』（同上）も、「今でいう二倍のこと。今の三倍、四倍はそれぞれ二層倍、三層倍という」と記している。[1]

私も数十年前の学生時代、史料講読の時間に「一倍とは二倍のこと」と教えられ、疑わずに今日に至った。確かに諸論文・事典類・史料集などを見ると、みな「一倍とは二倍のこと」と解説している。

この問題について本格的に論じたものを寡聞にして知らないが、半世紀以前に、石井良助は「一倍と二倍」と題する短文を書いている（『法学セミナー』一一の二、一九五七年）。その中で石井は明治八年（一八七五）十二月二日の太政官布告第百八十三号を掲げている。

自今公文中総テ計算上一倍ノ呼称ヲ止メ、従前ノ諸規則等ニ一倍ト有之分ハ二倍ト改正候条、此旨布告候事

但譬バ原金一円ノ二倍ハ二円、十倍ハ十円ト計算候儀ト可心得候事[2]

これによれば、少なくとも幕末から明治初期には、二倍を意味する一倍の語が常用されていたことがわかる。しかしだからといって「一倍とは二倍のこと」という理解をさかのぼらせて中世・古代に及ぼすことは妥当であろうか。

日本思想大系『中世政治社会思想　上』（岩波書店、一九七二年）は、嘉禄二年（一二二六）正月二十六日付の御成敗式目・追加一七条の「可レ禁三断私出挙利過二一倍、并挙銭利過半倍一事」の条文を掲げて私出挙の利の一倍、挙銭の利の半倍を超過してはならぬという原則を確認したことについて、その頭注は「一倍　二倍」「半倍今の一倍、すなわち元金と同額」としているが、これは正確だろうか。追加法一七条が再確認した原則とは、建久二年（一一九一）三月二十八日宣旨（『鎌倉遺文』一巻五二六号）が、

一、可レ停三止私出挙利過二一倍一事

仰、三代之格雖レ為二半倍一、雑令之文、猶極二一倍一、云レ彼云レ是、不レ可レ不レ用、但近年其利日加、其物月増、謬以重レ質、更代軽レ財、一年之中以二半倍一雖レ為二利分一、両年之後、以二一倍一為二定数一、早下二知京畿諸国一、自今已後、一倍之外、縦雖レ出二証文一、慥令レ従二禁遏一

といい、建暦二年（一二一二）三月二十二日宣旨（『鎌倉遺文』四巻一九二一号）が出挙息利は一倍の定数を守れと命じ、貞応二年（一二二三）四月三日の追加法八条が「雖レ経二年序一、不レ可レ過二一倍二」というのを継承しているが、一倍の法は令制にさかのぼるのである。雑令の次の条文、

凡公私以二財物一出挙者、任依二私契一、官不レ為レ理、毎二六十日一取レ利[3]、不レ得レ過二八分之一一、雖レ過二四百八十日一、不レ得レ過二一倍一[4]、家資尽者、役レ身折酬、不レ得二廻レ利為一レ本、若違レ法責レ利、契外掣奪、乃非二出息之債一者、官為レ理、其質者、非レ対二物主一、不レ得二輙売一、若計レ利過レ本不レ贖、聴下告二所司一対売上、即有レ乗還之、如負レ債者逃避、保人代償

凡以二稲粟一出挙者、任依二私契一、官不レ為レ理、仍以二一年一[5]為レ断、不レ得二一倍一、其官半倍、並不レ得下因二旧本一更令レ生レ利、及廻レ利為上レ本、若家資尽、亦准二上条一

などによるのである。ここに見える「一倍」は一〇〇%、すなわち利息は元金と同額の意であり、「半倍」とは五〇%、すなわち利息は元金の半分であることは明らかであろう。「法曹至要抄 中」八七条は、右の令文を引用したあとに、つぎのような案文を付している。

案レ之、公私出挙者、雖レ経二多年一、其利不レ可レ過二一倍一也、一倍謂挙二十物一徴二廿物一之類、但稲粟之類、官徴二十五束一類也

と。「一倍」は「二倍」であるが、元利合わせて二倍であり、半倍は五〇%プラスのことである。同様な証言をさらに加えると、雑令の文について「裁判至要抄」は、

案レ之、出挙利雖レ経二年序一、不レ可二一倍一、縦令借二十物一、返二廿物一也

案レ之、銭出挙、雖レ歴レ年不レ過二半倍一、仮令、借二一貫文一、返二一貫五百文一也

と記している。

(二)

『今昔物語集』(巻第十四の第三十八)に、次のような話が見える。妻の父から二〇貫文を借りて陸奥国掾に任官して赴任した男があった。本文には「一年ヲ経ルニ、借レル所ノ銭一倍シヌ①、僅ニ本ノ員返シテ②、一倍セル所ノ銭ヲ③不償ズ」とある。①の銭は借りた二〇貫文であり、ここの「一倍」は二倍として理解できる。②の「本ノ員」は借りた

二〇貫文のことである。③は利息のことを述べているのであり、ここの「一倍」は借りた二〇貫文の意であり、一〇〇%の意で用いられている。

銭・米などを借りた時、返済するには、当然のこととして、元金に利息を加えて返す。元金に利息一倍（元金と同額）を加えて、合計元金の二倍ということになる。令の規定から続けて考えれば、元金一と利息一で計二となる。軽罪にあたる盗みの場合は「以㆓一倍㆒令㆓弁償㆒」めるが、この場合、一〇〇文を盗んだ者は当然一〇〇文は返却しなければならないが、加えて、償いとして盗んだ金の一倍すなわち一〇〇文、計二〇〇文を返弁するのである。借金の場合「本直ニ加㆓壱倍利㆒可㆓返進㆒」[6]という文言が普通である。

式目追加五五条は、

天福元年四月十六日庚寅、大風以前出挙者、不㆑論㆓上下親疎㆒、停㆓止一倍㆒、以㆓五把利㆒、可㆑為㆓一倍㆒之由被㆑定、遍為㆑令㆑下㆓知諸国㆒、差㆓定奉行人㆒、被㆑注㆓遣六波羅㆒云々

という。五把利とは五〇%、半倍のことである。[7]元弘三年（一三三三）八月九日尾張斎俊売券（『鎌倉遺文』四十一巻三二四五九号）は、斎俊が私領の畠四段を八貫文で中島又三郎に売り渡した証文であるが、「それなんちのときは、本銭一はい十六貫文をもって、さたいてきて卅日の中に、わきまふへし」の文言がある。

永享二年（一四三〇）十一月六日の建武以来追加二〇二条は、

於㆓自今以後㆒者、雖㆑及㆓拾ケ年㆒、任㆓本法㆒、以㆓一倍㆒可㆑令㆓弁償㆒之、於㆓十ケ年已後㆒、以本銭三分［仮令銭十貫文者三十貫文也］

という。右の文中「三分」[8]というのは「仮令銭十貫文者三十貫文也」とあるように、いまいう三倍のこと、すなわち本銭一〇貫文と息利二〇貫文の和三〇貫文ということである。「一倍」とは（本銭と同額の）息利を加えて本銭の二

倍ということである。(9)

㈢

近世初頭の『日葡辞書』は、イチバイについて「物を倍して、すなわち（一倍）、倍数で数える言い方」とし、ichibai, nisôbai, nizôbai, sanzôbai を例示する。西鶴の『日本永代蔵』（一六八八年）は、

　一年一倍の算用につもり、十三年目になりて元一貫の銭八千百九十二貫にやなる

と記す。一年ごとに二倍となる計算で、この「一倍」は二倍のことである。

十七世紀半ばの板倉氏新式目（五一条）は、質物が紛失した時、質屋は債務元本の一倍を弁償すると規定している。「其政は質物者相当の半分ニ依二貸来一也、為損質物者、新敷二時之直段一可レ弁」という。この「一倍」は二倍とも理解できるが、質物を半分に値踏みする点から考えると元本同額と解することもできよう。(10)

将軍吉宗の元文元年（一七三六）に貨幣改鋳が行われたが、それは「米価下直にて諸武家困窮に及ぶ事を御歎思召上られ、米価騰踊の為に吹替被二仰付一」れたのであり、「吹替はじまると、則米価高直に相成、一倍の直段にて武家方御潤沢を蒙られしなり(11)」となった。また、式亭三馬の『浮世風呂』（四・下）に「人一倍《ひといちべえ》だ」という表現が見える。他人に較べて一倍（＝二倍）という言い方は現在でも行われる。さらに、おもに上方で使われた語に「死一倍《しにいちばい》」がある。(12)親が死んで遺産を相続した時は、元金を倍（二倍）にして返す条件で借金をすることである。

(四)

以上、あれこれと史料を並べ立てたに過ぎないが、本来「一倍」とは文字通り元金の一倍（同額）のことであり、「半倍」とは元金の半額のことであった。ところが貸金の場合、元金（一）と利息（一）を合わせて（二）を返すとき「利息一倍を加えて返弁す」と表現したが、それが簡略化されて「一倍を以て返弁す」という文言になったのではあるまいか。そして、中世後期以後近世には、一倍といえば二倍のことという理解が一般に行われるようになったのであろう。この紛らわしい用語が、明治八年の太政官布告によって明確化されたのである。「一倍とは二倍のこと」という理解が常に妥当するとは限らないことは繰り返し述べた。いわんや「半倍今の一倍、すなわち元金と同額」という説明には同調できないのである。(13)

注

（1）①「政基公旅引付」文亀二年五月二十二日条に「地下今迄雖二堪忍申一、於レ今者違乱猶増陪」とある。②「長宗我部氏掟書」十八条に「其主人三増陪可レ懸レ科事」とあり、③『甲陽軍鑑』品四十上に「子息則政の代に、三双倍四双倍に身上成りたる人も」とあり、応永二年（一三九五）十一月十五日香取大神与幹田地本銭返売券（「香取文書纂」巻十六）に「一言もいらんを申候はんともがら候はば、本銭三ぞうばいにて、わきまい申候はんには」とある（中田薫「日本古法に於ける追奪担保の沿革」『法制史論集　三』岩波書店、一九四三年）。永禄十二年（一五六九）三月一日撰銭令（四天王寺文書）に、「うちひらめ、なんきん、以二十増倍一用之」とあり、同二年五月七日得地正税并奉加官銭納支帳（東福寺文書）に、「二百文　吉見商人返礼　但南京弐貫文」とある。十増倍は一〇倍のこと、なんきんは精銭の一〇分の一の価値で流通せしめられたのである（小葉田淳『改定増補日本貨幣流通史』刀江書院、一九四三年）。なお、江戸時代後期の故実家栗原信充は「三倍」「四倍」の語を用いている（『柳庵随筆』）。

ついでながら、「倍」には「二倍、倍まし」「ますます、いよいよ」の意がある。「陪」には「重ねる」「ます」「たすける」「つぐなう」「みちる」の意がある。厩牧令に「凡因二公平一乗二官私馬牛一、以レ理致レ死、送レ価納二本司一、若非レ理死失者徴陪」とある。この徴陪を日本思想大系の補注は「ハタリミチヨ」と読み、皮宍の代価との差額を徴することとしている。

（2）太政官布告の文章は冨山房刊『大日本国語辞典』にも掲載されているという。

（3）『令義解』によると、六十日未満は利息を取らない。

（4）「法曹至要抄　中」九一条は、弘安十年（一二八七）五月二日格を引用して「毎二六十日一取レ利、不レ得レ過二八分之一一、雖レ過二四百八十日一、不レ可レ過二一倍一歟」を確認し、つぎのような案文を付している。「案レ之、挙銭之利、雖レ為二半倍一停二止銭貨一、以レ米致レ弁者、以二銭一貫一宛二米一石一、毎二六十日一取レ利、并満二四百八十日一者、可レ為二一倍之利一矣」と。利息は六〇日に八分の一で、四八〇日で一倍となる。

（5）『令義解』によると、一年とは、春に出挙を受けて秋冬に返還するまで。

（6）『鎌倉遺文』七巻四四五二号・貞永二年二月二十七日紀利包売券。

（7）『中世政治社会思想　上』（岩波書店、一九七二年、一一〇頁）は「一倍法は元本に対する一〇〇パーセントの利息超過禁止令であるのに比して、五〇パーセントを一倍の内容とするの意か」と注をつけている。なお、「把利」については高橋久子「五把利から五割へ」（古辞書研究会『日本語と辞書』第一輯、古辞書研究会、一九九六年）参照。

（8）永享五年十月十三日の負物年紀法（建武以来追加二〇五条は「仮令［十ケ年者倍　十ケ年過者三倍］」という。

（9）佐藤進一『古文書学入門』（法政大学出版局、一九七一年）は次の文書を掲げている。

借申　利銭事

合弐貫文者

右用途者、毎月貫別五十文充加二利分一、来十月中ニ可二返申一候、若無沙汰に候て、一倍をすき候ハハ、四町北の縄本より

四段め四郎か作一段を、何ケ年たりといふとも、此用途の本利に当たり候ハん程、つくりめされ候へく候、仍為後日借状如件

応永十年四月三日　　　　　　　　　　　　　　左衛門四郎（略押）

右の文書の「一倍をすき候ハハ」の部分について佐藤は「もし元利あわせて元本の二倍をすぎたら、という意」と注をつけ、また他の箇所で「中世では一倍は二〇〇パーセントのこと」と述べている。なお、本郷恵子は「利子は元本の金額を超えてはならないという一倍法の原則（一倍とは、元利あわせて元本の二倍の意）」と解説されている（『中世人の経済感覚』NHKブックス、二〇〇四年）。

(10) 中田薫『法制史論集　第三巻』（岩波書店、一九四三年）所収。

(11) 「吾職秘鑑　一」（日本財政経済資料　巻二）、また「享保撰要類集　十」（『東京市史稿』産業編・十四）によると、評定所一座から老中に上申した書付がある。それは、貨幣量の増加が社会的に有益であるとし、増歩金を一〇〇両につき六五両とすれば、一両に二石の米は一石六斗となるが、諸色値段は倍になり「世上」では難儀するであろう、増歩が二〇ないし三〇両ほどでは、一両に米一石二斗ないし一石三斗となり、諸色が倍になっても「世上」では難儀しないだろうと述べている。「世上」とは世間一般のことではなく、「米穀販売者＝武士階級を指している」というのが吉原健一郎の理解である。また史料中の「倍」について『東京市史稿』は「位」と読んでいるが、吉原説に従い「倍」と読みかえた。吉原健一郎「元文の貨幣改鋳と江戸の銭相場」（和歌森太郎先生還暦記念『近世封建支配と民衆社会』弘文堂、一九七五年）。

(12) 佐竹昭広『古語雑談』（岩波新書、一九八六年）。

(13) 主題に関連する論考として、石川晶康「鎌倉幕府法に於ける『一倍弁償』規定」（『日本歴史』三三三号、一九七五年）があるが、石川は「一倍＝二倍」の理解を前提として論述しておられる。なお、本論文公表後、中野栄夫「半倍・一倍小考」（『日本社会史研究』七二号、二〇〇七年）が公にされた。

〈付記〉本稿を成すに当たり、吉原健一郎、中野栄夫、鈴木敏弘の諸氏からご助力・ご助言を賜わった。記して謝意を表する。

一七　中世の商人観・利潤観

日本思想史上における経済倫理の問題はきわめて興味ふかいテーマにもかかわらず、十分には解明されていない。経済思想の研究といえば、ほとんどは江戸時代以降に関するものであって、中世以前については手薄である。現在手にすることのできる最も拠るべき業績は、六〇年以前に刊行された、豊田武の『日本商人史　中世篇』（東京堂、一九四九年、第二篇第二節「商人の社会的地位」）であろう。史料的にもこの業績を超えることは難しいが、私なりの見方によって纏め直してみたい。

(一)　概　史

詐欺行為　商行為・営利行為に対する侮蔑の念、また商人に対する軽蔑の念は、明治以来、資本主義の発達に伴って次第にうすれてきたのではあるが、二十世紀に至るも消去できないものであった(1)。商行為また商人に対して与えられた侮蔑の言葉は時代によって差異があるが、それは各時代における商業の性格ないしは時代における商業の比重にかかわりのあることは当然である。平安時代の貴族にとっては、商人はとるにたりない「いやしきもの」であった。

賤《アヤシ》ノ者持テ侍レドモ、シヤ顔ハ猿ノ様ニテ心ハ販婦《ヒサメ》ニテ有レバ(2)……

ことばたくみにて、そのさま身におはず、いはゞあき人のよききぬきたらむがごとし(3)

という言葉によってそれは端的に表現されている。また、商人が信頼するに足らず、とるに足らぬものだという意味を込めて「殆是商客児女之謂也」(4)とも表現された。このような商人蔑視の観念は鎌倉時代に入るとしだいに是正されてくるのではあるが、「極楽寺殿消息」(5)に、

人にも用を申候へ、又人の用をもきゝ候へ、すく〱あらんするほとの事をの給ふべし、まつかやうにいひて、又後にかやうに申へきなとの事は阿るへからす、あき人のあきなひするこそさ様に心ハもち候へ、それさへ人によりて申也

というように、「ことばたくみ」なる商人のかけひきをいやしむ観念は継承されている。ただ、

物をかい候ハん時、ちちやうを一度に申へし、たかくかうへからす、さのみこと葉をつくすはいやしき事なり、あき人ハそれにて身をすくれハ、やすくかうも罪なかるへし

と商行為を是認したところに時代の進展があるといえる。商人が「ことばたくみ」で「かけひき」をこととし、利潤のためには背徳行為も敢てするものであり、商行為が一種の詐欺行為の如く見られていたことは一貫している。天福二年（一二三四）正月日付高野山領備後国太田荘地頭申状(6)に「背レ法致二沙汰一事、如二借上人一也」といい、延元三年（一三三八）十一月二十六日付北畠親房書状(7)には「偏如二商人一所存ニてハ、如何ニして将来可レ叶二朝用一候哉」とあり、永享十年（一四三八）十月三日付盛珍菜畠売券(8)には「但本証文被二進制一候処、見失作候問(間)不二制進一候、若出帯輩者商人可レ為者也」と書かれている。のちの『甲陽軍鑑』は町（商）人・職人は「物をねぎる分別をいたす」ものとし（第四品）、また「賁《かざり》なく、ありように申しをくこそ」武道であり、「賁は女人或は商人の法也、一事をかざれば万事の実皆偽也」と述べている（第六品）。

あきなひ心　商人は手段をえらばず、一切を捨ててただひたすらに利潤を追求するものであるという観念は、すでに平安時代の『新猿楽記』に描かれていたところである。

八郎真人者、商人主領也、重レ利不レ知二妻子一、念レ身不レ顧二他人一、持レ一成レ万、摶レ埴成レ金、以レ言誑二他心一、以レ謀抜二人目一物也

というのがそれである。鎌倉時代の『沙石集』（巻七）は、「利簡を先」とする精神を「あきなひ心」といっているが、『徒然草』（一〇八段）は、「一銭軽しといへども、これを重ぬれば、貧しき人を富める人となす、されば、商人の一銭を惜しむ心、切なり」と、富の蓄積を理想とする商人の心を述べる。利欲は農夫商女の情であるという一休宗純の言（『狂雲集』）、『別本蒲生文武紀』[9]の「商人などこそ利銭利潤を専に存じ候へ、侍は利銭利潤をは心にかけへからす」、また博多の豪商島井宗室の遺言状[10]に、

人は、少成共、もとで有時に、所帯に心がけ、商売無二油断一、世のかせぎ専すへき事、生中之役にて候、（中略）何ぞ有時より、かせぎ商、所帯はくるまの両輪のごとく、なげき候ずる事専用候、いかにつましく袋に物をつめ置候ても、人間の衣食は調候はで不レ叶候、其時は、取出つかい候はでは叶まじく候、武士は領地より出候、商人はまうけ候はでは、袋に入置たる物、即時に皆に可レ成候、又まうけたる物を袋にいかほど入候共、むさと不レ入用につかひへらし候者、底なき袋に物入たる同前たるべく候

というのは、すべてこの考えを示しているし、『宗長手記　上』（岩波文庫『宗長日記』）に、

此等の人（商人）は仏神ともいはず、世間の盛衰をもおもはず、雪月花の興遊をもしらず、朋友にもうとく、むらさきのゆへをもかこたせず、唯利々売買の工夫、暁のね覚も他事ならんや

というのはさらに適切であろう。商行為が詐欺行為とされたり、商人が軽蔑すべきものとされながら、『徒然草』（二

一七段）に見える、ある大福長者の言葉、「人は萬をさしおきて、ひたふるに徳をつくべきなり、まづしくては生けるかひなし、とめるのみを人とす」というような拝金思想も一方には生まれてきている。鎌倉以降における商人・高利貸業者の抬頭、人の数にも入らぬとされた商人が経済的に貴族・武士を圧迫するほどに成長していった現実が、このような思想を生みだしていったのである。

(二) 宗教と利得行為

拝金思想と全く対照的な禁欲思想を持つと思われる仏教界において、寺院・僧侶が商行為をなし高利貸付を行っていたことは周知のところである。寺院の高利貸付は日本のみならずヨーロッパでも広く見られたところであるが、しかし、キリスト教は元来、利子禁止を力説していたのである。もちろん、利子に関する考え方は時代により変遷がある。

キリスト教　ヨーロッパのキリスト教会の法令は明らかに金利の取得を禁じている。三〇六年のスペイン教会々議はスペイン国中に金利禁止令を出し、聖職者が金利を取ればその聖職を剥奪し、一般信徒の場合は破門に付した。三二五年のニケア会議、七八九年のアーヘン会議以後、同様の趣旨はくり返され、十四〜十五世紀に至っている。教会の金利禁止の理由づけに古典的な表現を与えたトマス・アクィナス Thomas Aquinas は、金利取得は「明らかに正義の自然的道理に反する」といった。また、ブロムヤードの『説教手引』にはつぎのような興味ある話がのせられている。

信徒のなかにも多くの高利貸のいることを知っていた説教家が、聖堂の内にだれか高利貸がいるかと質問を出した。誰も答える者はない。そこで彼は下水夫がいるかと聞いた。すると、この商売をやっている一人が名乗り出た。そこで説教家がいうには、最下層の商売でも恥ずるところなく申し出られるのに、高利貸が恥じて申し出ないところをみると、この商売はよほど卑しいものにちがいないと。(11)

この話は、中世ヨーロッパにおける、高利貸についての教会および一般の人びとの考え方をよく示しているものと思われる。しかし、現実の経済の進展は、このような厳格な金利禁止論をそのままの形では存続することを許さなかった。「高利貸は罪であるが、しかし事情によっては許される」とか、「適正な金利を取ることは許される」と変わっていかざるをえなかった。事実、中世の教会は高利貸付を行っていたし、ローマ教会じたい最大の高利貸業者だったといえるのである。中世教会制度にはげしい非難をあびせたマルチン・ルターMartin Lutherは、高利の問題についてもきわめて厳格な考えを持っていた。彼は、「ドイツ国民最大の不幸は、いうまでもなく利子の取引である」「これを発明したのは悪魔であったが、教皇はそれに承認を与えて、世界中にいい知れぬ害毒を流している」「他人の栄養を吸いつくし、強奪し、掠奪する者」「(悪魔につぐ)人類の大敵」「凡ゆる高利貸業者をば車刑にし、殺し」「追捕し、呪詛し、刎首すべきである」とまで極言した。

これに対して、カルヴァンJean Calvinはルターとはずい分ちがっていた。彼は商業や金融が社会生活の中で必要なものであることを認めていた。彼は、高利貸を盗人としてはずかしめ、商人の詐欺と貪欲を非難する中世の伝統と訣別した。「なんじ利子を取るべからず」ではなくて「衡平と正義」を規範とする彼は、利子を取って金を貸すことは、その歩合が適度のものであり、貧しい者にも自由に貸付けが行われるならば、それは搾取ではないと述べた。「与えられたすべての機会を神の栄光のために積極的に利用する」――ここに意味がある。(12)

仏教　ヨーロッパと同様の事情はわが国でも見られた。中世末期、奈良興福寺大乗院の門跡尋尊の『大乗院寺社

雑事記』に「利銭出挙因縁事」と題する文章が記されていて、

> 利銭出挙者、於二人間道一不レ可レ有之事也、不道之第一事也、（中略）況四个大寺以下之法中、利銭出挙不レ可レ叶事也、凡悪事之第一也、背二戒律一事也(13)

と激しく非難している。しかし、彼の日乗（『大乗院寺社雑事記』）を見れば「重商主義の色彩を濃厚に」持っていた人物であることは推測できる。彼が寺院経済維持になみなみならぬ努力を払ったことは周知のところである。一条兼良を父にもつ名門の出であり、大僧正にまでのぼったが、「極めて平凡な宗教観を持っていたに過ぎない(14)」俗僧であったにしても、なんらかそこに「重商主義」を正当化する理論的裏付けを持っていたであろうと思われる。彼のみならず、仏教界には「たてまえ」と「現実」の不一致を整合せしめるための納得のいく理屈が立てられねばならなかったはずである。

本来仏教は利欲からの離脱を求める。法的にも、『僧尼令』は「凡僧尼、不レ得下私畜二園宅財物一、及興販出息上」といい、『類聚三代格』などを一見するだけでも関係法令を幾つも拾うことができる。しかし、実際には僧尼の私財蓄積・出挙は公然のこととなっていた。先に引いた尋尊の言葉の如く、利銭出挙が悪事の第一であるというのは仏教界のたてまえであったに違いないが、ルターの如き激しい非難の声は聞かれず、実際には、やや消極的な否定論しか存在しなかったのではあるまいか。

(三) 利得行為の正当化

少欲知足 利欲否定思想のひとつのかたちは「少欲知足の思想」であろう。現代社会にもつよい影響力を残しているこの思想は、中世のみならず、わが国の文献に広く見出される。[15] この思想は『老子』の「知足者富（中略）罪莫大于可欲、禍莫大于不知足」に示されている。『極楽寺殿消息』[16] に

人の身にとんよくといふ心あり、その心をわがみにまかせ給ふべからず、彼心をこくそつのつかひと思ひ給ふべし、かの心にさそわれ、地獄におつる也

という言葉や、また『徒然草』（三八段）の「財多ければ身をまもるにまどし」「金は山にすて、玉は淵に投ぐべし、利にまどふは、すぐれて愚かなる人なり」など、欲ばるな、欲ばりは身を滅ぼすもとであるという考えは多く示されている。『今昔物語集』には、僧が銭を蓄えて死し、その罪によって蛇となったという類の話が多くあるし、『沙石集』（巻七）は「ただ眼前のまぼろしの利にふけりて、身の後の菩提の財宝をうしなひ、仏法の利をえざるのみこそ多けれ」と述べている。したがってまたここから、「速ニ財ヲ投テ功徳ヲ営メ、財ハ永ク我ガ身ニ副フ物ニ非ズ」（『今昔物語集』巻第十四の第十）と述べられる。また、応永十一年（一四〇四）六月十三日付常楽院々訓条々[17]に「為レ防二賊難一蓄二諸兵器一乃是法滅之因縁也、可レ不レ慎乎、苟守二仏制一不レ貯二財宝一、即是防賊之器杖也」というのも、財宝を持たぬ方が無事安全だという消極的否定の態度を示しているものであろう。

分限思想　すでに明らかなように、「少欲知足」の思想は分限思想と結びつくものであった。『正法眼蔵随聞記』（巻二）には、

一日示して云く、人其家に生れ其道に入らば、先づ其家業を修すべしと、知るべきなり、我道にあらず己が分にあらざらんことを知り修するは即ち非なり

とあり、三度び『極楽寺殿消息』を引くならば、

ふるまひも家ゐも、もちぐそくなども、ぶんげんにしたがひてふるまひ給ふべし

とあり、さらに江戸時代の諸記録に至るまで、この「身のほどを知る」という思想は社会の倫理規範として継承される。また仏教的には『沙石集』に示される如く、「誠に何事も過去の善悪の業因によりて、今世の貧福苦楽あり」したがって、「既に定まれる貧賤の身、非分の果報を望むべからず」と、あきらめの観念を以て教えられたのであった。

因果応報　寺院が財宝を蓄積することについて、これを正当化するのは比較的容易であったであろう。それは、ひとつには、寺院としての機能を果たすために財宝は蓄積さるべきものとするのである。いうまでもなく、寺院の有する封戸・荘園はいずれも名目はこれに拠っている。承和二年（八三五）正月、封戸二〇〇戸を東寺の供僧料に宛てたとき、「以充㆓僧供㆒為㆓国家㆒薫修利㆓済人天㆒」[18]といっているのはそれを示す。「与えられたすべての機会を、神の栄光のために積極的に利用する」というカルヴァンほどの明確さはないが、基づく論理は同一である。

日本仏教が、離欲一点張りでなく、世間的財宝を肯定する一面を最初から持っていたことも明らかである。その出発点はひどく常識的な「因果応報」の理ではなかったか。善因には即ち徳、それに対する善果は即ち福であるとし、篤い信仰＝徳には福＝富が相応する。[19]『今昔物語集』（巻第十二の第十五）の「人貧クシテ世ヲ難㆑渡カラムニ、心ニ至シテ仏ヲ念ジ奉ラバ、必ズ福ヲ可給シト可信キ也」という表現は、まさにそれに当たる。

(四)　商人道成立の前提

時代と思想　ある思想が形成されるには、その時代的動向と密接な関係がある。とくに経済思想はそうである。中世において、商行為や高利貸付が詐欺行為だとか人の道に背くものと非難されながらも、現実の社会の動きはこの観念を変改させてしまった。人にもあらずと見下していた商人たちが、やがて貴族・武士の経済的基礎を動揺させる現実に直面しては、従来のような観念を改めざるをえなかった。文暦元年（一二三四）頃、京都の烏丸西・油小路東・七条坊門南・八条坊門北の付近は、「土倉不レ知二員数一、商賈充満、海内之財貨只在二其所一」[20]といわれたのは余りにも有名である。一方、中世の商業・高利貸資本が利潤を土地に投下し、地主的性格をつよめていったことも知られている。鎌倉御家人が高利貸資本の攻勢におされて、その所領を質入れし、失っていったことは周知のところである。山僧・商人・借上を地頭代官に補任するのを禁じ[21]、遂には私領を凡下・借上に沽却するのを禁止した[22]のはそれを示している。

右のような事情はモンゴル合戦以後さらに促進され、南北朝以後はさらに顕著になった。地方の荘官級の者に金を貸しつけるほどの者であれば[23]、自己に都合の悪い代官の更迭を要求することもできたのである[24]。武士のうちには武具を質入れする者もあり[25]、「歳暮の不解借銭、返二弁扶持給分一、万に事たらは」ず、「なま〱の痩侍、一所懸命の知行にも能はず」「路頭に物をこひ、家々門々に佇むものいふにたらず」、されば「所詮用脚を求め、利々売買をせむにはしかじ[26]」という思想も生まれる。

かくの如く、武士および庶民に対して勢力を持ってきた土倉に対して室町幕府は種々の対策を講じたが、幕府じたいが土倉の経済力をたのみにしていた事情のもとでは、いかんともすることができなかったであろう。

或被レ充二召莫太之課役一、或不レ被レ制二打入一之間、已令二断絶一乎、貴賤急用忽令二闕如一、貧乏活計弥失二治術一、忩有二興行之儀一者、可レ為二諸人安堵之基一乎[27]

と矛盾せる法令を発せざるを得ず、また、

於二土倉一者、雖レ為二一所一、至レ令二減少一者、云二公役失墜一、云二諸人愁歎一、旁以就二公私一非レ無二其費一[28]

と幕府はその本音を吐いたのである。

商人の実力　商業の発達によって、とくに京都のような消費地では、物資の供給は問屋商人の手に完全に握られてしまっていた。元徳二年（一三三〇）の飢饉にさいして、高騰した米価を法によって抑えようとしたため米が京都に入らず、「弥世間飢饉無レ極」[29]き状況に陥ったという事実はそれを物語る。また永享三年（一四三一）六月頃から米の移入が止まり飢饉に陥ったが、これは六人の米商人が張本で、保有米を高値で売らんとして諸国からの米の運送を止めたためであったという[30]。

すでに商人は自由に物価を変動させる実力を持っていた。このような商人の力をいかに制御するか、またいかに利用するか、これが室町幕府の課題であり、抬頭してきた戦国の諸大名にとっても、その支配確立の成否を左右する重要な課題であった。かかる事情のうちに江戸時代の商人観・利潤観が生まれてくる条件があったし、武士道に対する商人道も確立されてくる因由があったのである。

注

（1）家永三郎『日本道徳思想史』（岩波全書、一九五四年）。
（2）『今昔物語集』巻第二十八の第一。
（3）『古今和歌集』序。のちの『三十二番職人歌合』序に「よききぬをきざる商人も」というのは『古今集』序のもじり。
（4）天仁二年（一一〇九）九月二十六日官勘状案（『平安遺文』四巻一七一〇号）。
（5）桃裕行『北条重時の家訓』（養徳社、一九四七年）。
（6）『鎌倉遺文』七巻四六〇五号。
（7）横井金男『北畠親房文書輯考』（大日本百科全書刊行会、一九四二年）所収。
（8）日吉神社文書・三。

（9）豊田武『日本商人史　中世篇』（東京堂出版、一九四九年）所引。
（10）桑田忠親『日本人の遺言状』（創芸社、一九四四年）所引。また、芳賀幸四郎「近世初頭における一町人の性格」（『近世文化の形成と伝統』河出書房、一九四八年）参照。
（11）大黒俊二『嘘と貪欲』（名古屋大学出版会、二〇〇六年、三頁）は、ヨーロッパでは、中世中期までの商人はほとんど賤民の一種と認識されていたというJ・ルゴフの説を紹介している。
（12）以上の叙述は、トーニー『宗教と資本主義の興隆』（出口・越智訳、岩波文庫、一九七四年）、クラウス『中世経済倫理序説』（小林珍雄訳、伊藤書店、一九四四年）による。
（13）『大乗院寺社雑事記』延徳二年（一四九〇）十二月末日条。但し、この文章は尋尊じしんのものでない可能性がたかい。
（14）牧野信之助「尋尊僧正と時勢」（『武家時代社会の研究』刀江書院、一九二八年）参照。また、鈴木良一『大乗院寺社雑事記』（そしえて、一九八三年）参照。
（15）桜井庄太郎『日本封建社会意識論』（日光書院、一九四九年）。
（16）桃裕行・前掲書（注5）。
（17）楞厳寺文書（『大日本史料』七―六）。
（18）『続日本後紀』巻四・承和二年正月六日条。
（19）富の具体的顕現は貨幣であるが、貨幣生成の過程に宗教的事実が基礎的関係を有することは、すでに論じられている。寺社の建造に際して地鎮として銭貨を埋納したり、皇子誕生の際に銭貨を枕上に置いて寿齢を呪するなどはそれである。また、銭者宝珠ノ体也、宝珠ハ以五大為体、銭即方円和合シテ天地均等之体也、天地人三際令和合成一銭□即又五大之神也、銭ニ有文字、字ニ有義、義ニ有神、神ニ有霊、有神霊之故銭即如意宝珠也、成行者万願ヲ銭ヲ本尊ト立テ可信敬也云々（『観応二年日次記』〈『続群書類従』二十九輯〉正月二日条）
というような思想はさらに明瞭である。「貨幣は財を、従って富を、又宝を具現するものとして、容易に仏教信仰中に係与する道を見出し」ことに観音信仰においては、財の観念と密着するところがあったという。小葉田淳『我邦貨幣と厭勝的使用との関係に就ての考察」（『改訂増補日本貨幣流通史』刀江書院、一九四三年）参照。

(20)『明月記』文暦元年八月五日条。

(21)関東御成敗式目追加一二〇条。

(22)同右・一四五条。

(23)『東寺文書之四』欠年二月十八日付伊勢貞固書状。

(24)今富名領主代々次第・応永二十八年七月四日条。

(25)建武式目・追加・二六〇条・二六三条・三九八条・四三三条。

(26)『宗長手記』大永五年閏十一月条。

(27)建武式目・六条。

(28)建武以来追加・二三三条。

(29)東寺執行日記・元徳二年六月十一日条。

(30)『看聞日記』永享三年七月六日条、同十日条。

初出一覧

一　開発神話覚書（阿部猛編『中世の支配と民衆』同成社、二〇〇七年）
二　官衙領の成立（『史林』四二―二、一九五九年、『日本歴史』一八七号、一九六三年）
三　初期の武士団とその基盤（大学共同セミナー・シンポジウム発表原稿、一九九一年、『帝京史学』八号、一九九三年）
四　鎌倉時代の地頭―裁許状に見る―（『帝京史学』七号、一九九二年、同一二号、一九九七年）
五　武士と民衆（『史流』二号、一九五九年、『社会』一一七号、一九九〇年、『日本社会史研究』六六号、二〇〇六年）
六　堺論と水論―高野山領紀伊国名手荘―（『東京学芸大学紀要』第三部門二五集、一九七三年）
七　中世の下人・所従（『日本社会史研究』六八号、二〇〇六年）
八　荘園制下の手工業（『日本歴史』八六号、一九五五年、『律令国家解体過程の研究』新生社、一九六六年）
九　中世の生産技術（『郷土史研究講座3』朝倉書店、一九七〇年、『歴史と歴史教育』大原新生社、一九七三年）
一〇　中世物流組織成立前史（伊東多三郎編『国民生活史研究　2』吉川弘文館、一九五九年）
一一　問丸の起源（『北海道学芸大学紀要』第一部B一六―二、一九六五年）
一二　水路関と問（『日本歴史』一三五号、一九五九年）
一三　田舎市（『続日本紀研究』六―四、一九五九年）
一四　荘園制と出挙（『律令国家解体過程の研究』新生社、一九六六年、『日本歴史』一四六号、一九六〇年、同一二一

五号、一九六七年）

一五　飛ぶ伝承—山崎の長者—（『日本社会史研究』二九号、一九九〇年）

一六　一倍・半倍考（『日本社会史研究』七一号、二〇〇七年）

一七　中世の商人観・利潤観（『日本社会史研究』四号、一九五九年）

あとがき

大学に入ったころ、日本史研究の論点は「近代天皇制」と「封建制」にあり、時代的には、幕末・維新期と南北朝期に議論が集中していた。大きくは政治史・経済史・文化史と分けられたのだが、政治史や文化史の研究には研究者の恣意が入りやすく、なんとなく信用し難いように思えて、結局は経済史を選択した。私は漠然と、封建社会を考えるためには、その土台である「荘園制」を理解しなければと思い勉強を始めた。

当時は、竹内理三先生の『平安遺文』が刊行され始めたばかりで、史料集めにはみな苦労したが、幸い大学の先輩に島田次郎氏がおられて、多くのご指導と便宜を賜わり、この道を歩き始めた。学外では歴史学研究会の月例会などで、菊地武雄・杉山博・永原慶二氏のご指導をいただき、個人的には豊田武・斉木一馬・竹内理三先生からお教えを受けながら少しずつ基礎的な勉強を進めた。

三十歳の時に職を得て北海道に赴任したが、これが研究のうえでも一つの転機になった。おかれた研究環境からして中世史の研究は難しく、関心はいきおい古代史に傾き、「中世社会」を古代史の側から眺めるようになった。かつて提出した博士論文のタイトルも『律令国家解体過程の研究』としたように、古代の側から中世を見る視角をとった。本書には『中世社会史への道標』という気取ったタイトルをつけたが、所収論文はいずれも同様の視角で書かれているものである。

元来、理論構成が苦手な私は、「実証」の名に隠れて「個別」研究の途をとった。指導教授からは「お前の研究は何を目指しているのかよくわからない」と言われたりしたが、自分では「石を積んで城を築く」つもりであった。しかし「城」は未完のままで終わりそうである。

努力不足を年齢のせいにしたくはないが、現在の私には旧い論文を書き改める力はなく、ただ気づいた点を注記するにとどめた。

なお、末尾ながら、細かいところまで気を配って下さった同成社編集部の皆さんにお礼を申し上げたい。

二〇一一年四月

阿部　猛

中《ちゅう》世《せい》社《しゃ》会《かい》史《し》への道《どう》標《ひょう》

■著者略歴■
阿部　猛（あべ　たけし）
1927年　山形県に生まれる
1951年　東京文理科大学史学科国史学専攻卒業
東洋英和女学院・北海道教育大学・東京学芸大学・帝京大学に勤務
この間　東京教育大学・桐朋女子短期大学・日本女子大学・筑波大学・大妻女子大学・法政大学に出講
現　在　東京学芸大学名誉教授　文学博士
主要著書
『日本荘園成立史の研究』（雄山閣出版、1960）、『律令国家解体過程の研究』（新生社、1966）、『中世日本荘園史の研究』（新生社、1967）、『尾張国解文の研究』（新生社、1971）、『日本荘園史』（新生社、1972）、『中世日本社会史の研究』（大原新生社、1980）、『人物でたどる日本荘園史』（共編著、東京堂出版、1990）、『鎌倉武士の世界』（東京堂出版、1994）、『日本古代史研究事典』（共編著、東京堂出版、1995）、『北山抄注解　巻十吏途指南』（東京堂出版、1996）、『日本荘園大辞典』（共編著、東京堂出版、1997）、『荘園史用語辞典』（東京堂出版、1997）、『下克上の社会』（東京堂出版、1998）、『日本史事典』（共編著、朝倉書店、2001）『日本荘園史の研究』（同成社、2005）、『古文書・古記録語辞典』（東京堂出版、2005）、『日本古代史事典』（編著、朝倉書店、2005）、『日本中世史事典』（共編著、朝倉書店、2008）、『平安貴族社会』（同成社、2009）、『研究入門日本の荘園』（東京堂出版、2011）

2011年7月5日発行

著　者　阿　部　　猛
発行者　山　脇　洋　亮
印　刷　藤原印刷㈱
製　本　協栄製本㈱

発行所　東京都千代田区飯田橋 4-4-8
（〒102-0072）東京中央ビル　㈱同成社
TEL 03-3239-1467　振替 00140-0-20618

ISBN978-4-88621-568-0 C3321

同成社中世史選書

①日本荘園史の研究　阿部　猛著・三二八頁・七八七五円

②荘園の歴史地理的世界　中野栄夫著・四一〇頁・九四五〇円

③五山と中世の社会　竹田和夫著・二八〇頁・六三〇〇円

④中世の支配と民衆　阿部　猛編・三〇六頁・七三五〇円

⑤香取文書と中世の東国　鈴木哲雄著・三七〇頁・六三〇〇円

⑥日本中近世移行論　池　享著・三三〇頁・七三五〇円

⑦戦国期の流通と地域社会　鈴木敦子著・三三八頁・八四〇〇円

⑧中世後期の在地社会と荘園制　福嶋紀子著・三二二頁・七三五〇円

⑨紀伊国桛《かせ》田荘　海津一朗編・二八八頁・六八二五円